LES ORIGINES

DE LA

FRANCE CONTEMPORAINE

VI

LES
ORIGINES DE LA FRANCE CONTEMPORAINE

VINGT-QUATRIÈME ÉDITION

11 volumes in-16 brochés, à 3 fr. 50 le volume.

1re Partie : **L'Ancien Régime**. Deux volumes.

2e Partie : **La Révolution**. Six volumes.

    L'Anarchie. Deux volumes.

    La Conquête Jacobine. Deux volumes.

    Le Gouvernement révolutionnaire. Deux volumes.

3e Partie : **Le Régime moderne**. Trois volumes.

Table Analytique. Un volume. . . . . 1 fr.

52534. — Imprimerie LAHURE, 9, rue de Fleurus, à Paris.

LES ORIGINES

DE LA

FRANCE CONTEMPORAINE

PAR

H. TAINE

DE L'ACADÉMIE FRANÇAISE

VI

LA RÉVOLUTION

LA CONQUÊTE JACOBINE

TOME DEUXIÈME

VINGT-QUATRIÈME ÉDITION

PARIS

LIBRAIRIE HACHETTE ET Cie

79, BOULEVARD SAINT-GERMAIN, 79

1904

LA RÉVOLUTION

LA CONQUÊTE JACOBINE

II

LA RÉVOLUTION

LIVRE TROISIÈME
LA SECONDE ÉTAPE DE LA CONQUÊTE

CHAPITRE I

I. Gouvernement des bandes en temps d'anarchie. — Cas où l'anarchie est récente et soudaine. — La bande héritière du gouvernement, déchu et de son outillage administratif. — II. Formation de l'idée meurtrière dans le gros du parti. — Le lendemain du 10 août. — Le tribunal du 17 août. — La fête funèbre du 27 août. — Légende du complot des prisons. — III. Formation de l'idée meurtrière chez les meneurs. — Leur situation. — Pouvoirs qu'ils usurpent. — Spoliations qu'ils exercent. — Dangers qu'ils courent. — Leur salut est dans la terreur. — IV. Date de la préméditation. — Les acteurs et les rôles. — Marat. — Danton. — La Commune. — Ses collaborateurs. — Concordance des volontés et facilité de l'opération. — V. Les manœuvres. — Leur nombre. — Leur condition. — Leurs sentiments. — Effet du meurtre sur les meurtriers. — Leur dégradation. — Leur hébétement. — VI. Effet du massacre sur le public. — Affaissement universel et dissolution sociale. — L'ascendant des Jacobins devient définitif à Paris. — Les septembriseurs maintenus à la Commune et nommés à la Convention

I

Ce qu'il y a de pire dans l'anarchie, ce n'est pas tant l'absence du gouvernement détruit que la naissance des

gouvernements nouveaux et d'espèce inférieure. En tout
État qui s'est dissous, il se forme des bandes conqué-
rantes et souveraines : tel fut le cas en Gaule après la
chute de l'empire romain et sous les derniers descendants de Charlemagne; tel est le cas aujourd'hui en Rou-
mélie et au Mexique. Aventuriers, malfaiteurs, gens
tarés ou déclassés, hommes perdus de dettes et d'honneur, vagabonds, déserteurs et soudards, tous les enne-
mis-nés du travail, de la subordination et de la loi se
liguent pour franchir ensemble les barrières vermoulues
qui retiennent encore la foule moutonnière, et, comme
ils n'ont pas de scrupules, ils tuent à tout propos. Sur
ce fondement s'établit leur autorité : à leur tour, ils
règnent, chacun dans son canton, et leur gouvernement,
aussi brut que leur nature, se compose de vols et de
meurtres; on ne peut attendre autre chose de barbares
et de brigands.

Mais jamais ils ne sont si dangereux que dans un
grand État récemment dissous, où une révolution brusque leur a mis en main le pouvoir central; car alors ils
se croient les héritiers légitimes du gouvernement déchu, et, à ce titre, ils entreprennent de conduire la
chose publique. Or, en temps d'anarchie, la volonté ne
vient pas d'en haut, mais d'en bas, et les chefs, pour rester chefs, sont tenus de suivre l'aveugle impulsion de
leur troupe[1]. C'est pourquoi le personnage important et

1. Thierry, fils de Clovis, ne voulant pas prendre part à l'expédition que ses frères faisaient en Bourgogne, ses hommes lui
dirent : « Si tu ne veux pas aller en Bourgogne avec tes frères,
« nous te quitterons et nous les suivrons à ta place. » — Un

dominant, celui dont la pensée prévaut, le vrai succes-
seur de Richelieu et de Louis XIV, est ici le Jacobin subalterne, le pilier de club, le faiseur de motions, l'émeû-
tier de la rue, Panis, Sergent, Hébert, Varlet, Henriot,
Maillard, Fournier, Lazowski, ou, plus bas encore, le
premier venu de leurs hommes, le tape-dur marseillais,
le canonnier du faubourg, le fort de la halle qui a bu
et, entre deux hoquets, élabore ses conceptions politiques[1]. — Pour toute information, il a des rumeurs de
carrefour qui lui montrent un traître dans chaque maison, et, pour tout acquis, des phrases de club qui l'appellent à mener la grande machine. Une machine si
vaste et si compliquée, un tel ensemble de services en-
chevêtrés les uns dans les autres et ramifiés en offices
innombrables, tant d'appareils si spéciaux, si délicats et
qu'il faut incessamment adapter aux circonstances chan-

autre, Clotaire, ayant voulu faire la paix avec les Saxons, « les
« Francs, irrités, se jetèrent sur lui, l'accablèrent d'outrages et
« menacèrent de le tuer s'il différait de venir avec eux. Sur quoi,
« il se mit en marche à leur tête. » (Grégoire de Tours.)

1. La condition sociale et le degré de culture sont souvent indi-
qués par l'orthographe. — Granier de Cassagnac, II, 480. Signature de Bécard, commandant en second de l'expédition qui
ramena les prisonniers d'Orléans : « Bécard, comandant congoin-
« tement aveque M. Fournier generalle. » — *Archives nationales*,
F7, 4426. Lettre de Chemin, commissaire de la section des Gravilliers, à Santerre, 11 août 1792 : « Mois Charlés Chemin comi-
« saire... fait part à Monsieur Santaire générale de la troupe
« parisiene que le nommé Hingray cavaliers de la gendarmeris
« nationalle... ma déclarés qu'ille sestes trouvés aux jourduis
« 11 aoux avec une home atachés à la cours aux Équris ; quille
« lui aves dis quiere 800 home a peupres des sidevant garde du
« roy étes tous près a fondre sure Paris pour donaire du sécour
« a naux rébelle et a siguer avec moi la presante. »

geantes, diplomatie, finances, justice, armée, administration, tout cela déborde au delà de sa compréhen-
sion si courte : on ne fait pas tenir un muids dans une
bouteille[1]. Dans sa cervelle étroite, faussée et bouleversée
par l'entassement des notions disproportionnées qu'on y
verse, il ne se dépose qu'une idée simple, appropriée à
la grossièreté de ses aptitudes et de ses instincts, je
veux dire l'envie de tuer ses ennemis, qui sont aussi les
ennemis de l'État, quels qu'ils soient, déclarés, dissimu-
lés, présents, futurs, probables ou même possibles. Il
porte sa brutalité et son effarement dans la politique, et
voilà pourquoi son usurpation est si malfaisante. Simple brigand, il n'eût tué que pour voler, ce qui eût
limité ses meurtres. Représentant de l'État, il entreprend le massacre en grand, et il a des moyens de l'accomplir. — Car il n'a pas encore eu le temps de détra-
quer le vieil outillage administratif; du moins les
rouages subalternes, gendarmes, geôliers, employés,
scribes et comptables, sont toujours à leur place et sous
la main. De la part des gens qu'on arrêtera, point de
résistance; accoutumés à la protection des lois et à la
douceur des mœurs, ils n'ont jamais compté sur leurs
bras pour se défendre, et n'imaginent pas qu'on veuille
tuer si sommairement. Quant à la foule, dépouillée de

---

1. Le 19 mars 1871, rue de Varennes, rencontrant un fédéré
qui avait pris part au pillage de l'École d'État-major et revenait
avec deux fusils sur l'épaule, je lui dis : « Mais c'est la guerre
« civile, et vous allez faire entrer les Prussiens dans Paris. —
« J'aime mieux les Prussiens que M. Thiers; M. Thiers est le Prus-
« sien de l'intérieur. »

toute initiative par la centralisation ancienne, elle est inerte, passive, et laissera faire. — C'est pourquoi, pendant plusieurs longues journées successives, sans hâte ni encombre, avec des écritures correctes et des comptes en règle, on pourra procéder au massacre comme à une opération de voirie, aussi impunément et aussi méthodiquement qu'à l'enlèvement des boues ou à l'abatage des chiens errants.

II

Suivons dans le gros du parti le progrès de l'idée homicide. Elle est le fond même du dogme révolutionnaire, et, deux mois après, à la tribune des Jacobins, Collot d'Herbois dira très justement : « Le 2 septembre « est le grand article du *Credo* de notre liberté[1] »..C'est le propre du Jacobin de se considérer comme un souverain légitime et de traiter ses adversaires, non en belligérants, mais en criminels. Ils sont criminels de lèse-nation, hors la loi, bons à tuer en tout temps et en tout lieu, dignes du supplice, même quand ils ne sont point ou ne sont plus en état de nuire. — En conséquence, le 10 août, on a égorgé les Suisses qui n'avaient point tiré et qui s'étaient rendus, les blessés gisant à terre, leurs chirurgiens, tous les domestiques du château, bien mieux, des gens qui, comme M. de Clermont-Tonnerre, passaient dans la rue, et, en langage officiel, cela s'appelle maintenant la justice du peuple. — Le 11, les sol-

1. *Moniteur*, n° du 14 novembre 1792.

dats suisses recueillis dans le bâtiment des Feuillants manquent d'être massacrés; la populace rassemblée alentour demande leurs têtes[1]; « on forme le projet de « se transporter dans toutes les prisons de Paris pour y « enlever tous les prisonniers et en faire une prompte « justice ». — Le 12, aux Halles[2], « divers groupes de « gens du peuple disent que Pétion est un scélérat; car « il a sauvé les Suisses au Palais Bourbon »; donc « il « faut le pendre aujourd'hui, lui et les Suisses ». — Dans ces esprits renversés, la vérité présente et palpable fait place à son contre-pied : « ce ne sont point eux qui « ont attaqué, c'est du château qu'est venu l'ordre de « sonner le tocsin; c'est le château qui a assiégé la na- « tion, et non la nation qui a assiégé le château[3] ». Les vaincus sont « des assassins du peuple » pris en fla- grant délit, et, le 14 août, les fédérés viennent deman- der une cour martiale « pour venger le sang de leurs « frères[4] »; encore est-ce trop peu d'une cour martiale. « Il ne suffit pas de punir les crimes commis dans la « journée du 10 août, il faut étendre la vengeance du « peuple sur tous les conspirateurs », sur ce La Fayette, « qui n'était peut-être pas à Paris, *mais qui aurait pu* « *y être* », sur les ministres, généraux, juges et autres

1. Buchez et Roux, XVII, 31.

2. *Archives nationales*, F7, 4426. Lettre des administrateurs de police, 11 août. Déclaration de Delaunay, 12 août.

3. Buchez et Roux, XVII, 59, séance du 12 août. Discours de Le- prieur à la barre.

4. *Ib.*, XVII, 47. — Mortimer-Ternaux, III, 31. Discours de Robespierre à la barre de l'Assemblée, au nom de la Commune, 15 août.

agents, coupables d'avoir soutenu l'ordre légal quand il existait et de n'avoir pas reconnu le gouvernement jacobin quand il n'existait pas encore. Qu'on les traduise, non devant les tribunaux ordinaires qui sont suspects puisqu'ils font partie du régime aboli, mais devant un tribunal d'exception, sorte de « chambre ardente[1] » nommée par les sections, c'est-à-dire par la minorité jacobine; que ces juges improvisés, à conviction faite, décident souverainement et en dernier ressort; point d'interrogatoire préalable, point d'intervalle entre l'arrêt et l'exécution, point de formes dilatoires et protectrices. Surtout, que l'Assemblée se hâte de rendre le décret : sinon, lui dit un délégué de la Commune[2], « ce soir, à minuit, le tocsin sonnera, la générale « battra; le peuple est las de n'être pas vengé : crai- « gnez qu'il ne se fasse justice lui-même ». — Un instant après, nouvelles menaces, et à plus courte échéance : « Si avant deux ou trois heures,... les « jurés ne sont pas en état d'agir, de grands mal- « heurs se promèneront sur Paris. »

Installé sur-le-champ, le nouveau tribunal a beau être expéditif et guillotiner en cinq jours trois innocents, on le trouve lent, et, le 23 août, une section vient, en style furieux, déclarer à la Commune que le peuple, « fatigué et indigné » de tant de retards, forcera les

1. Mot de Brissot dans son rapport sur cette pétition de Robespierre. — Les noms des principaux juges élus sont significatifs : Fouquier-Tinville, Osselin, Coffinhal.

2. Buchez et Roux, XVII, 91 (17 août),

prisons et massacrera les prisonniers[1]. — Non seulement on harcèle les juges, mais on pousse devant eux les détenus : une députation de la Commune et des fédérés somme l'Assemblée « de transférer à Paris les cri-« minels d'Orléans, pour y subir le supplice de leurs for-« faits » ; sinon, dit l'orateur, « nous ne répondons plus « de la vengeance du peuple[2] ». Et, d'un ton plus impé-ratif encore : « Vous avez entendu, et vous savez que « l'insurrection est un devoir sacré », un devoir sacré envers et contre tous, envers l'Assemblée si elle refuse, envers le tribunal s'il absout. Ils se lancent vers leur proie à travers les formes législatives ou judiciaires, comme un milan à travers des toiles d'araignée, et rien ne les détache de leur idée fixe. M. Luce de Montmorin ayant été acquitté[3], l'assistance grossière, qui le confond avec son cousin, ancien ministre de Louis XVI, éclate en murmures. Le président essaye d'imposer silence ; les cris redoublent, et M. de Montmorin est en danger. Alors le président, trouvant un biais, annonce qu'un des jurés est peut-être parent de l'accusé, que, dans ce cas, il faudra un nouveau jury et un nouveau jugement, qu'on va s'assurer du fait, et qu'en attendant le prisonnier sera reconduit à la Conciergerie. Là-dessus, il prend M. de Montmorin par le bras et l'emmène à travers les hurlements, non sans péril pour lui-même ; dans la cour extérieure, un garde national lui lance un coup de

1. Récit de Pétion dans son discours (*Moniteur* du 10 novembre 1792).
2. Buchez et Roux, XVII, 116, séance du 25 août.
3. Mortimer-Ternaux, III, 461. — Moore, I, 273 (31 août).

sabre, et, le lendemain, il faut que le tribunal autorise
huit délégués de l'auditoire à vérifier par leurs propres
yeux que M. de Montmorin est toujours sous les verrous.

Au moment où on l'acquittait, un mot tragique a été
lancé : « Vous le déchargez aujourd'hui, et dans quinze
« jours il nous fera égorger! » — Manifestement, la
peur s'est ajoutée à la haine. La plèbe jacobine a vaguement conscience de son petit nombre, de son usurpation, de son danger qui croît à mesure que Brunswick
approche. Elle se sent campée sur une mine : si la mine
sautait! — Puisque ses adversaires sont des scélérats,
ils sont bien capables de faire un mauvais coup, complot ou massacre; n'ayant jamais fait elle-même que
cela, elle ne conçoit pas autre chose, et, par une trans-
position inévitable, elle leur impute la pensée meurtrière qui s'élabore obscurément dans les bas-fonds de
sa cervelle trouble. — Le 27 août, après la pompe funèbre que Sergent a composée exprès pour irriter les
ressentiments populaires, ses soupçons, précisés et
dirigés, commencent à se tourner en certitude : dix
étendards « commémoratifs[1] », portés chacun par un
volontaire à cheval, ont fait défiler devant ses yeux la
longue liste des massacres exécutés « par la cour et ses
agents » : massacre de Nancy, massacre de Nîmes, massacre de Montauban, massacre d'Avignon, massacre de
la Chapelle, massacre de Carpentras, massacre du Champ

1. Buchez et Roux, XVII, 207 (article de Prudhomme dans *les
Révolutions de Paris*).

de Mars, etc. Devant une telle parade, nulle hésitation
ne subsiste ; désormais, pour les femmes des tribunes,
pour les habitués des clubs, pour les piquiers des faubourgs, il est avéré que les aristocrates sont coutumiers
du fait.

Et d'autre part, signe aussi alarmant, « cette cérémo-
« nie lugubre, dont le sujet devait inspirer tour à tour
« le recueillement et l'indignation..., n'a pas générale-
« ment produit cet effet ». Les gardes nationaux en
uniforme, qui sont venus « apparemment pour se dé-
« dommager de ne s'être pas montrés au jour de l'ac-
« tion », n'avaient pas la tenue civique, au contraire
« un air de dissipation et même de joie bruyante » ; ils
étaient là en curieux, en badauds, en Parisiens, et bien
plus nombreux que les sans-culottes à piques[1]. Ceux-
ci ont pu se compter ; il est clair à leurs propres yeux
qu'ils ne sont qu'une minorité, une minorité très petite,
et que leurs fureurs n'ont pas d'écho ; il n'y a, pour
hâter les jugements et demander des supplices, que les
figurants et ordonnateurs de la fête. Un étranger, bon
observateur, qui questionne les boutiquiers chez qui il
achète, les marchands avec lesquels il est en affaires,
les gens qu'il rencontre au café, écrit qu'il « ne trouve
« nulle part de dispositions sanguinaires, sauf dans les

---

1. *Les Révolutions de Paris, ib.* : « Il y avait là bon nombre
« de sans-culottes avec leurs piques : mais ils étaient *de beaucoup*
« *surpassés* par la multitude des uniformes de tous les bataillons. »
— Moore, 31 août : « A présent, les habitants des faubourgs Saint-
« Antoine et Saint-Marceau sont tout ce qu'on aperçoit (*all that*
« *is felt*) à Paris du peuple souverain. »

« galeries de l'Assemblée nationale et au club des Jaco-
« bins ». Or, aux galeries sont les clabaudeurs payés,
« surtout des femmes qui sont plus bruyantes et qu'on
« peut avoir à meilleur marché »; au club des Jacobins
sont « les meneurs qui craignent un revirement ou qui
« ont des animosités à satisfaire[1] » : ainsi les seuls enragés sont les meneurs et la populace des faubourgs. —
Perdus dans cette immense cité, en face d'une garde
nationale encore armée et trois fois plus nombreuse
qu'eux, devant une bourgeoisie indifférente ou mécon-
tente, les patriotes s'effrayent. En cet état d'angoisse,
l'imagination fiévreuse, exaspérée par l'attente, enfante
involontairement des rêves qu'elle adopte passionnément
comme des vérités, et maintenant il suffit d'un incident
pour achever la légende dont la germe a grandi chez
eux, à leur insu.

Le 1er septembre, un charretier, Jean Julien[2], condamné à douze ans de fers, a été exposé au carcan, et,
au bout de deux heures, il est devenu furieux, probablement sous les quolibets des assistants. Avec la grossièreté ordinaire aux gens de son espèce, il a déchargé
en injures sa rage impuissante, il s'est déboutonné, il a
montré sa nudité au public, et naturellement il a cherché les mots les plus blessants pour le peuple qui le
regardait : « Vive le roi ! vive la reine ! vive monsei-

---

1. Moore, 26 août.
2. Mortimer-Ternaux, III, 471. Acte d'accusation contre Jean
Julien. — Quand nous renvoyons à M. Mortimer-Ternaux, c'est
parce que, en vrai critique, il apporte des pièces authentiques et
souvent inédites.

« gneur de La Fayette! au f... la nation! » Naturellement aussi, il a failli être écharpé, on l'a vite emmené
à la Conciergerie, il a été condamné sur-le-champ, et on
l'a guillotiné au plus vite comme promoteur d'une sédition qui se rattachait à la conspiration du 10 août. —
Ainsi la conspiration dure encore; le tribunal le déclare
et il ne le déclare pas sans preuves. Certainement Jean
Julien a fait des aveux : qu'a-t-il révélé? — Et le lendemain, comme une moisson de champignons vénéneux
poussés en une seule nuit, le même conte a pris racine
dans toutes les cervelles. « Jean Julien a dit que toutes
« les prisons de Paris pensaient comme lui, que sous
« peu on verrait beau jeu, qu'ils avaient des armes, et
« qu'on les lâcherait dans la ville quand les volontaires
« seraient partis[1]. » Dans les rues on ne rencontre que
figures anxieuses : « L'un d'eux dit que Verdun a été
« livré comme Longwy; d'autres, hochant la tête,
« répondent que ce sont les traîtres dans l'intérieur de
« Paris qu'il faut craindre, et non les ennemis déclarés
« sur la frontière[2]. » Le jour suivant, le roman s'am-
plifie : « Il y a des chefs et des troupes royalistes cachés
« dans Paris et aux environs; ils vont ouvrir les prisons,
« armer les prisonniers, délivrer le roi et sa famille,
« mettre à mort les patriotes de Paris, les femmes et
« les enfants de ceux qui sont à l'armée... N'est-il pas
« naturel à des hommes de pourvoir à la sûreté de leurs
« enfants et de leurs femmes, et d'employer le seul

---

1. Rétif de la Bretonne, *les Nuits de Paris*, XI⁰ nuit, 372.
2. Moore, 2 septembre.

« moyen efficace pour arrêter le poignard des assas-
« sins[1]? » — Le brasier populaire est allumé ; à présent
c'est aux entrepreneurs d'incendie public à conduire la
flamme.

III

Il y a longtemps qu'ils soufflent dessus. Déjà le
11 août, dans une proclamation[2], la nouvelle Commune
annonçait que « tous les coupables allaient périr sur
« l'échafaud », et c'est elle qui, par ses députations menaçantes, a imposé à l'Assemblée nationale l'institution
immédiate d'un tribunal de sang. Portée au pouvoir par
la force brutale, elle périt si elle ne s'y maintient, et
elle ne peut s'y maintenir que par la terreur. — En effet,
considérez un instant cette situation extraordinaire.
Installés à l'Hôtel de Ville par un coup de main nocturne,
une centaine d'inconnus, délégués par un parti et qui
se croient ou se disent les délégués du peuple, ont ren-
versé l'un des deux grands pouvoirs de l'État, mutilé
et asservi l'autre, et règnent dans une capitale de

1. Moore, 5 septembre. — Buchez et Roux, XVI, 159. (Récit de
Tallien.) — *Procès-verbaux de la Commune de Paris*, 4 septembre. (Dans la collection de Barrière et Berville, volume intitulé
Mémoires sur les journées de septembre.) La Commune adopte et
grossit la fable qu'elle a peut-être inventée. — Prudhomme
remarque très bien que la légende du complot des prisons, si
grossièrement exploitée sous la Terreur, apparaît pour la première fois au 2 septembre. Le même bruit fut répandu dans les
campagnes. Près de Gennevilliers, un paysan, tout en déplorant
les massacres, disait à Malouet : « Aussi, c'est bien terrible que
les aristocrates voulussent tuer tout le peuple en faisant sauter la
ville. » (Malouet, II, 244.)

2. *Procès-verbaux de la Commune*, 11 août.

700 000 âmes par la grâce de huit ou dix mille fanatiques et coupe-jarrets. Jamais changement si brusque n'a
pris des hommes si bas pour les guinder si haut. Des
gazetiers infimes, des scribes du ruisseau, des haran-
gueurs de taverne, des moines ou prêtres défroqués, le
rebut de la littérature, du barreau et du clergé, des
menuisiers, tourneurs, épiciers, serruriers, cordonniers,
simples ouvriers, plusieurs sans état ni profession[1],
politiques ambulants et aboyeurs publics, qui, comme
les vendeurs d'orviétan, exploitent depuis trois ans la
crédulité populaire, parmi eux nombre de gens mal
famés, de probité douteuse ou d'improbité prouvée,
ayant roulé dans leur jeunesse et encore tachés de leur
ancienne fange, relégués par leurs vices hors de l'enceinte du travail utile, chassés à coups de pied des
emplois subalternes jusque dans les métiers interlopes,
rompus au saut périlleux, à conscience disloquée comme
les reins d'un saltimbanque, et qui, sans la révolution,
ramperaient encore dans leur boue natale en attendant
Bicêtre ou le bagne auxquels ils étaient promis, se fi-
gure-t-on leur ivresse croissante à mesure qu'ils boivent
à plus longs traits dans la coupe sans fond du pouvoir
absolu? — Car c'est bien le pouvoir absolu qu'ils réclament et qu'ils exercent[2]. Élevés par une délégation spé-

<hr>

1. Mortimer-Ternaux, II, 446. Liste des commissaires de section
qui siégeaient à l'Hôtel de Ville le 10 août avant neuf heures du
matin.

2. *Procès-verbaux de la Commune*, 21 août. « Le conseil géné-
« ral de la Commune, considérant que, pour assurer le salut
« public et la liberté, *il a besoin de tout le pouvoir que le peuple
« lui a délégué* au moment où il a été forcé de reprendre l'exer-

ciale au-dessus des autorités régulières, ils ne les souffrent qu'à titre de subordonnées, et n'en tolèrent pas qui puissent devenir des rivales. En conséquence, ils ont réduit le corps législatif à n'être que le rédacteur et le héraut de leurs décrets; ils ont forcé les nouveaux élus du département à « abjurer leur titre », à se borner à la répartition des impôts, et journellement ils mettent leurs mains ignorantes sur les services généraux, finances, armée, subsistances, administration, justice, au risque d'en briser les rouages ou d'en interrompre le jeu.

Aujourd'hui, ils mandent devant eux le ministre de la guerre, ou, à son défaut, son premier commis; demain, c'est tout le personnel de ses bureaux qu'ils tiennent en arrestation pendant deux heures, sous prétexte de chercher un imprimeur suspect[1]. Tantôt ils posent les scellés sur la caisse de l'extraordinaire; tantôt ils cassent la

« cice de ses droits, » envoie une députation à l'Assemblée nationale pour exiger que le nouveau département « soit converti « purement et simplement en commission des contributions ». — Mortimer-Ternaux, III, 25. Discours de Robespierre au nom de la Commune : « Quand le peuple a sauvé la patrie, quand vous avez « ordonné une Convention nationale qui doit vous remplacer, « qu'avez-vous à faire qu'à satisfaire son vœu?... Le peuple, forcé « de veiller à son propre salut, a pourvu à sa sûreté par ses délé- « gués.... Il faut que ceux qu'il a choisis lui-même pour ses ma- « gistrats *aient toute la plénitude du pouvoir qui convient au* « *souverain.* »

1. *Procès-verbaux de la Commune*, 10 août. — Mortimer-Ternaux, III, 155. Lettre du ministre Servan, 30 août. — *Ib.*, 149. — *Ib.*, 148. La commission des subsistances ayant été cassée par la Commune, Roland, ministre de l'intérieur, prie l'Assemblée de prendre des mesures promptes, car « il ne répond plus des sub- « sistances de Paris ».

commission des subsistances; tantôt ils interviennent dans le cours de la justice, soit pour aggraver la procédure, soit pour empêcher l'exécution des arrêts rendus[1]. Point de principe, loi, règlement, sentence, établissement ou homme public qui ne soit à la discrétion de leur arbitraire. — Et, comme ils ont fait main basse sur le pouvoir, ils font main basse sur l'argent. Non seulement ils ont arraché à l'Assemblée 850 000 francs par mois avec les arrérages à partir du 1er janvier 1792, en tout plus de 6 millions, pour défrayer leur police militaire, c'est-à-dire pour payer leurs bandes[2]; mais encore, « revêtus de l'écharpe municipale », ils saisissent, dans « les hôtels de la nation, les meubles et tout ce qu'il « y a de plus précieux ». — « Dans une seule maison, « ils en enlèvent pour 100 000 écus[3]. » Ailleurs, chez le trésorier de la liste civile, ils s'approprient un carton de bijoux, d'effets précieux et 340 000 livres[4]. Leurs commissaires ramènent de Chantilly trois voitures à trois chevaux « chargées des dépouilles de M. de Condé »,

1. *Procès-verbaux de la Commune*, 21 août : Arrêté pour exiger que, dans les procès de lèse-nation, les défenseurs officieux soient munis d'un certificat de probité délivré par leur section assemblée, et que les conférences entre eux et l'accusé soient publiques. — *Ib.*, 17 août : Arrêté pour suspendre l'exécution des deux assassins du maire Simoneau, condamnés à mort par le tribunal de Seine-et-Oise.

2. Mortimer-Ternaux, III, 11. *Décret* du 11 août.

3. Prudhomme, *Révolutions de Paris*, n° du 22 septembre. (Rapport de Roland à l'Assemblée nationale, le 16 septembre, à 9 heures du matin.)

4. Mme Roland, *Mémoires*, II, 414 (édit. Barrière et Berville). Rapport de Roland du 29 octobre. La saisie dont il s'agit est du 27 août.

et ils entreprennent « le déménagement des maisons des
« émigrés[1] ». Dans les églises de Paris, ils confisquent
« les crucifix, lutrins, cloches, grilles, tout ce qui est
« en bronze » ou fer, chandeliers, ostensoirs, vases,
reliquaires, statues, tout ce qui est « objet d'argenterie »,
tant « sur les autels que dans les sacristies[2] », et l'on
devine l'énormité du butin : pour emporter l'argenterie
de la seule église de la Madeleine-la-Ville-l'Évêque, il
fallut une voiture à quatre chevaux. — Or, de tout cet
argent si librement saisi, ils usent aussi librement que
du pouvoir lui-même. Tel, aux Tuileries, sans vergogne
aucune, remplissait ses poches ; un autre, au Garde-
Meuble, fouille les secrétaires et emporte une armoire
pleine d'effets[3] ; on a déjà vu que, dans les dépôts de la
Commune, « la plupart des scellés se trouvèrent brisés »,
que des valeurs énormes en argenterie, bijoux, or et
argent monnayé disparurent ; les interrogatoires et les
comptes ultérieurs imputeront au Comité de surveillance
« des soustractions, dilapidations, malversations », bref
« un ensemble de violations et d'infidélités ». — Quand

1. *Mémoires sur les journées de septembre* (édit. Barrière et
Berville, 307-322). État des sommes payées par le trésorier de la
Commune. — Sur la prolongation de ces vols, voyez le rapport de
Roland du 29 octobre, enlèvement de l'argent, de l'argenterie et
des assignats de l'hôpital de Senlis (13 septembre), déménagement de l'hôtel de Coigny, vente du mobilier de l'hôtel
d'Egmont, etc.

2. *Procès-verbaux de la Commune*, 17 et 20 août. — *État des
sommes payées par le trésorier de la Commune*, 321. — Le
28 août, un Saint Roch d'argent est apporté à la barre de l'Assemblée nationale.

3. Mortimer-Ternaux, III, 150, 161, 511. — *Rapport* de Roland
du 29 octobre, 414.

on est roi et pressé, on ne s'astreint pas aux formes, et l'on confond aisément le tiroir où l'on a mis l'argent de l'État avec le tiroir où l'on met son propre argent.

Par malheur, cette pleine possession de la puissance et de la fortune publiques ne tient qu'à un fil. Que la majorité évincée et violentée ose, comme plus tard à Lyon, Marseille et Toulon, revenir aux assemblées de section et révoquer le faux mandat qu'ils se sont arrogé par la fraude et par la force, à l'instant, par la volonté du peuple souverain et en vertu de leur propre dogme, ils redeviennent ce qu'ils sont effectivement, des usurpateurs, des concussionnaires et des voleurs : point de milieu pour eux entre la dictature et les galères. — Devant une pareille alternative, l'esprit, à moins d'un équilibre extraordinaire, perd son assiette ; ils n'ont plus de peine à se faire illusion, à croire l'État menacé dans leurs personnes, à poser en règle que tout leur est permis, même le massacre. Basire n'a-t-il pas dit à la tribune que, contre les ennemis de la nation, « tous les « moyens sont bons et justes » ? N'a-t-on pas entendu un autre député, Jean Debry, proposer la formation d'un corps de 1200 volontaires qui « se dévoueront », comme jadis les assassins du Vieux de la Montagne, pour « atta- « quer, corps à corps, individuellement, les tyrans » et les généraux[1] ? N'a-t-on pas vu Merlin de Thionville demander que les femmes et « les enfants des émigrés « qui attaquent la frontière soient retenus comme « otages », et déclarés responsables, en d'autres ter-

1. *Moniteur*, XIII, 514, 542, séances des 23 et 26 août.

mes bons à tuer, si leurs parents continuent à attaquer[1]?

Il n'y a plus que cela à faire, car les autres mesures
n'ont pas suffi. — En vain la Commune a décrété d'arrestation les journalistes du parti contraire et distribué
leurs presses aux imprimeurs patriotes[2]. En vain elle a
déclaré incapables de toute fonction les membres du
club de la Sainte-Chapelle, les gardes nationaux qui ont
prêté serment à La Fayette, les signataires de la pétition
des 8000 et de la pétition des 20 000[3]. En vain elle a
multiplié les visites domiciliaires jusque dans l'hôtel et
les voitures de l'ambassadeur de Venise. En vain, par
des interrogatoires insultants et réitérés, elle tient à sa
barre, sous les huées et les cris de mort de ses tribunes,
les hommes les plus honorables et les plus illustres,
Lavoisier, Dupont de Nemours, le grand chirurgien De-
sault, les femmes les plus inoffensives et les plus dis-
tinguées, Mme de Tourzel, Mlle de Tourzel, la princesse
de Lamballe[4]. En vain, après des arrestations prodiguées

1. Mortimer-Ternaux, III, 99, séances des 15 et 23 août. — *Procès-verbaux de la Commune*, 18 août : Arrêté pour obtenir une
loi qui autorise la Commune « à réunir les femmes et les enfants
« des émigrés dans des maisons de sûreté, et à employer à cet
« effet les maisons ci-devant religieuses ».

2. *Procès-verbaux de la Commune*, 12 août. — *Ib.*, 18 août.
La Commune n'ayant pu mettre la main sur le journaliste Geoffroy, « arrête que les scellés seront apposés chez Mme Geoffroy,
« qu'elle sera mise en état d'arrestation, jusqu'à ce que son mari
« vienne la délivrer ».

3. *Procès-verbaux de la Commune*, 17 et 18 août. De plus,
arrêté pour demander à l'Assemblée nationale la liste des signataires et l'imprimer.

4. *Ib.*, 18, 19, 20 août. — Le 20 août, la Commune interroge

pendant vingt jours, elle enveloppe Paris tout entier,
d'un seul coup de filet, dans une perquisition nocturne[1] :
toutes les barrières fermées et par de doubles postes,
des sentinelles sur les quais et des pataches sur la Seine
pour empêcher la fuite par eau, la ville divisée d'avance
en circonscriptions, et pour chaque section une liste de
suspects, la circulation des voitures interdite, chaque
citoyen consigné chez lui, à partir de six heures du soir
un silence de mort, puis dans chaque rue une patrouille
de soixante hommes à piques, sept cents escouades de
sans-culottes opérant à la fois. et avec leur brutalité ordinaire, des portes enfoncées à coups de crosse, les ar-
moires crochetées par des serruriers, les murs sondés
par des maçons, les caves fouillées jusqu'au sous-sol, les
papiers saisis, les armes confisquées, trois mille per-

l'ambassadeur de Venise qu'elle a mandé devant elle. « Un citoyen
« réclame la parole contre M. l'ambassadeur, et dit que, sous
« le nom de cet ambassadeur, plusieurs voitures sont sorties de
« Paris. Ce citoyen s'appelle Chevalier, garçon maréchal.... Le
« conseil arrête que mention honorable sera faite sur le procès-
« verbal de la dénonciation. » Sur le ton des interrogatoires,
lire Weber (*Mémoires*, II, 245), qui raconte le sien.

1. Buchez et Roux, XVII, 215. Récit de Peltier. — Malgré les
ordres de l'Assemblée nationale, l'opération recommença le lendemain et dura du 19 août jusqu'au 31 au soir. — Moore, 31 août.
La sottise vaniteuse et moutonnière du bourgeois racolé pour
faire l'office de gendarme au profit des sans-culottes est très
bien peinte ici. Le maître de l'hôtel Meurice, où Moore et lord
Lauderdale étaient logés, a été de garde et de chasse la nuit pré-
cédente : « Il parlait beaucoup de sa fatigue et faisait quelques
« allusions aux dangers qu'il avait courus dans l'exercice de ce.
« pénible devoir. On lui demanda s'il avait été heureux dans sa
« recherche des suspects. — Oui, milord, dit-il, infiniment : notre
« bataillon a attrapé quatre prêtres. — Il n'aurait pas eu l'air
« plus fier, s'il avait pris le duc de Brunswick. »

sonnes arrêtées et emmenées [1], prêtres, vieillards, infirmes, malades, et, de dix heures du soir à cinq heures
du matin, comme dans une ville prise d'assaut, les
lamentations des femmes qu'on rudoie, les cris des prisonniers qu'on fait marcher, les jurons des gardes qui
sacrent et s'attardent pour boire à chaque cabaret; il
n'y eut jamais d'exécution si universelle, si méthodique,
si propre à terrasser toute velléité de résistance dans le
silence de la stupeur. — Et pourtant, à ce moment
même, les hommes de bonne foi, aux sections et dans
l'Assemblée, s'indignent d'appartenir à de pareils maîtres. Une députation des Lombards et une autre de la
Halle au Blé viennent à l'Assemblée réclamer contre les
usurpations de la Commune [2]. Le montagnard Choudieu
dénonce ses prévarications criantes. Cambon, financier
sévère, ne veut plus souffrir que ses comptes soient
dérangés par des tripotages de filous [3]. L'Assemblée
semble enfin reprendre conscience d'elle-même; elle
couvre de sa protection le journaliste Girey contre qui
les nouveaux pachas avaient lancé un mandat d'amener;
elle mande à sa propre barre les signataires du mandat;
elle leur ordonne de se renfermer à l'avenir dans les

1. Selon Rœderer, le nombre des personnes arrêtées fut de cinq
à six mille.
2. Mortimer-Ternaux, III, 147, 148, 28 et 29 août. — *Ib.*, 176.
D'autres sections élèvent des plaintes très vives contre la Commune. —Buchez et Roux, XVII, 358. — *Procès-verbaux de la*
Commune, 1er septembre : « La section du Temple envoie une
« députation qui déclare qu'en vertu du décret de l'Assemblée
« nationale elle retire ses pouvoirs aux commissaires qu'elle a
« nommés au conseil général. »
3. Mortimer-Ternaux, III, 154, séance du 30 août.

limites exactes de la loi qu'ils outrepassent. Bien mieux, elle dissout le conseil intrus et lui substitue quatre-vingt-seize délégués, que les sections devront nommer dans les vingt-quatre heures. Bien mieux encore, elle lui commande de rendre compte, dans les deux jours, de tous les effets qu'il a saisis et de porter les matières d'or et d'argent à la Trésorerie. Cassés et sommés de dégorger leur proie, les autocrates de l'Hôtel de Ville ont beau, le lendemain, venir en force à l'Assemblée[1] pour lui extorquer le rappel de ses décrets : sous leurs menaces et les menaces de leurs satellites, l'Assemblée tient bon. — Tant pis pour les opiniâtres : puisqu'ils ne veulent pas voir l'éclat du sabre, ils en sentiront le tranchant et la pointe. Sur la proposition de Manuel, la Commune décide que, tant que durera le danger public, elle restera en place; elle adopte une adresse de Robespierre pour « remettre au peuple le pouvoir souverain », c'est-à-dire pour faire descendre les bandes armées dans la rue[2]; elle se rallie les brigands en leur conférant la propriété de tout ce qu'ils ont volé dans la journée du 10 août[3]. — La séance, prolongée pendant la nuit, ne

1. Mortimer-Ternaux, III, 171, séance du 31 août. *Ib.*, 208. — Le lendemain, 1er septembre, à l'instigation de Danton, Thuriot obtient de l'Assemblée nationale un décret ambigu qui semble permettre aux membres de la Commune de siéger encore, au moins provisoirement, à l'Hôtel de Ville.

2. *Procès-verbaux de la Commune*, 1er septembre.

3. *Ib.*, 1er septembre : « Il est arrêté que les effets qui sont « tombés au pouvoir des citoyens combattant pour la liberté et « l'égalité dans la journée du 10 août resteront en leur posses- « sion, et conséquemment M. Tallien, secrétaire-greffier, est auto- « risé à remettre une montre d'or à M. Lecomte, gendarme. »

finit qu'à une heure et demie du matin ; on est arrivé au
dimanche, et il n'y a plus de temps à perdre : car, dans
quelques heures, les électeurs s'assembleront pour élire
les députés à la Convention ; dans quelques heures, en
vertu du décret de l'Assemblée nationale, les sections,
selon l'exemple que la section du Temple leur a donné
la veille même, révoqueront peut-être leurs prétendus
mandataires de l'Hôtel de Ville. Pour rester à l'Hôtel de
Ville et pour se faire nommer à la Convention, les meneurs ont besoin d'un coup éclatant, et ils en ont besoin
le jour même. — Ce jour-là est le 2 septembre.

IV

Depuis le 23 août[1], leur résolution est prise, le plan
du massacre s'est dessiné dans leur esprit, et peu à peu,

1. Quatre indices simultanés et concordants fixent cette date :
1° le 23 août, le conseil général arrête « qu'il sera ménagé dans
« la salle une tribune pour un journaliste (M. Marat), lequel sera
« chargé de rédiger un journal des arrêtés et de ce qui se passe
« à la Commune » (*Procès-verbaux de la Commune*, 23 août) ; —
2° le même jour, « sur la proposition d'un membre tendant à
« séparer les prisonniers de lèse-nation de ceux des mois de
« nourrice et autres pareils des différentes prisons, le conseil a
« adopté cette mesure » (Granier de Cassagnac, II, 100) ; — 3° le
même jour, la Commune applaudit les députés d'une section qui,
« en termes brûlants », viennent lui dénoncer les lenteurs de la
justice et lui déclarer que le peuple « immolera » les prisonniers
dans leurs prisons (*Moniteur*, 10 novembre 1792. Récit de Pétion) ;
— 4° le même jour, elle députe à l'Assemblée, pour lui commander de transférer à Paris les prisonniers d'Orléans (Buchez et
Roux, XVII, 116). Le lendemain, malgré les défenses de l'Assemblée, elle achemine Fournier et sa bande vers Orléans (Mortimer-
Ternaux, III, 305), et chacun sait d'avance que Fournier a com-

spontanément, chacun, selon ses aptitudes, y prend son rôle, qu'il choisit ou qu'il subit.

Avant tous, Marat a proposé et prêché l'opération, et, de sa part, rien de plus naturel. Elle est l'abrégé de sa politique : un dictateur ou tribun, avec pleins pouvoirs pour tuer et n'ayant de pouvoirs que pour cela, un bon coupe-tête en chef, responsable, « enchaîné et « le boulet aux pieds », tel est, depuis le 14 juillet 1789, son programme de gouvernement, et il n'en rougit pas : « tant pis pour ceux qui ne sont pas à la hauteur de « l'entendre[1] ». Du premier coup, il a compris le caractère de la révolution, non par génie, mais par sympathie, lui-même aussi borné et aussi monstrueux qu'elle, atteint depuis trois ans de délire soupçonneux et de monomanie homicide, réduit par l'appauvrissement mental à une seule idée, celle du meurtre, ayant perdu jusqu'à la faculté du raisonnement vulgaire, le dernier des journalistes, sauf pour les poissardes et les hommes à piques, si monotone dans son paroxysme continu[2],

mission pour les égorger en route. (Balleydier, *Histoire politique et militaire du peuple de Lyon*, I, 79. Lettre de Laussel, datée de Paris, 28 août) : « Nos volontaires sont à Orléans depuis deux « ou trois jours pour y expédier les prisonniers contre-révolution- « naires, qu'on traitait trop bien. » Le jour du départ de Fournier (24 août), Moore remarque au Palais-Royal et aux Tuileries que le nombre des orateurs en plein vent est plus grand que jamais, qu'ils sont visiblement *apostés* et *payés*, et qu'ils déclament contre les crimes des rois.

1. *Moniteur* du 25 septembre 1792. Discours de Marat à la Convention.

2. Voyez ses deux journaux, l'*Ami du peuple* et le *Journal de la République française*, notamment de juillet à octobre 1792. — Titre du n° du 16 août : « Développement de l'atroce complot de

qu'à lire ses numéros de suite on croit entendre le cri
incessant et rauque qui sort d'un cabanon de fou. Dès le
19 août, il a poussé le peuple aux prisons. « Le parti le
« plus sûr et le plus sage, dit-il, est de se porter en
« armes à l'Abbaye, d'en arracher les traîtres, particu-
« lièrement les officiers suisses et leurs complices, et de
« les passer au fil de l'épée. Quelle folie que de vouloir
« faire leur procès! Il est tout fait. — Vous avez mas-
« sacré les soldats; pourquoi épargneriez-vous les offi-
« ciers, infiniment plus coupables? » — Et, deux jours
après, insistant avec son imagination de bourreau :
« Les soldats méritaient mille morts.... Quant aux offi-
« ciers, ils méritent d'être écartelés, comme Louis Capet
« et ses suppôts du Manège[1]. » — Là-dessus la Commune l'adopte comme son journaliste officiel, lui donne
une tribune dans la salle de ses séances, lui confie le
compte rendu de ses actes, et tout à l'heure va le faire
entrer dans son comité de surveillance ou d'exécution.

Mais un pareil énergumène n'est bon que pour être
un instigateur et un trompette; tout au plus au dernier

« la cour pour faire périr par le fer et le feu tous les patriotes. »
— Titre du n° du 19 août : « Les infâmes pérés conscrits du Ma-
« nège trahissant le peuple et cherchant à faire traîner le juge-
« ment des traîtres jusqu'à l'arrivée de Motier, qui marche avec
« son armée sur Paris pour égorger les patriotes. » — Titre du
numéro du 21 août : « Les gangrenés de l'Assemblée, complices
« du perfide Motier, lui ménageant les moyens de fuir.... Les pères
« conscrits, assassins des patriotes dans les massacres de Nancy,
« du Champ de Mars et des Tuileries », etc. — Tout cela était
hurlé chaque matin dans les rues par les colporteurs ambulants
du journal.

1. L'Ami du peuple, n°° du 19 et du 21 août.

moment il pourra figurer parmi les ordonnateurs subalternes. — L'entrepreneur en chef[1] est d'une autre espèce et d'une autre taille, Danton, un vrai conducteur d'hommes : par son passé et sa place, par son cynisme populacier, ses façons et son langage, par ses facultés d'initiative et de commandement, par la force intempérante de sa structure corporelle et mentale, par l'ascendant physique de sa volonté débordante et absorbante, il est approprié d'avance à son terrible office. — Seul de la Commune, il est devenu ministre, et il n'y a que lui pour abriter l'attentat municipal sous le patronage ou sous l'inertie de l'autorité centrale. — Seul de la Commune et du ministère, il est capable d'imprimer l'impulsion et de coordonner l'action dans le pêle-mêle du chaos révolutionnaire; maintenant, au conseil des ministres, comme auparavant à l'Hôtel de Ville, c'est lui qui gouverne. Dans la bagarre continue des discussions incohérentes[2], à travers « les propositions *ex* « *abrupto*, les cris, les jurements, les allées et venues « des pétitionnaires interlocuteurs », on le voit maîtriser ses nouveaux collègues par « sa voix de Stentor, par ses

1. *Lettres autographes de Mme Roland*, publiées par Mme Bancal des Issarts, 9 septembre au soir : « Danton conduit tout : « Robespierre est son mannequin; Marat tient sa torche et son « poignard. »

2. Mme Roland, *Mémoires*, II, 19 (note de Roland). — *Ib.*, 21, 23, 24. Mot de Monge : « C'est Danton qui le veut; si je refuse, « il me dénoncera à la Commune, aux Cordeliers, et me fera « pendre. » — La commission de Fournier à Orléans était en règle, et Roland l'avait signée probablement par surprise, comme celles des commissaires envoyés dans les départements par le conseil exécutif. (Cf. Mortimer-Ternaux, III, 568.)

« gestes d'athlète, par ses effrayantes menaces », s'ap-
proprier leurs fonctions, leur dicter ses choix, « apporter
« des commissions toutes dressées », se charger de tout,
« faire les propositions, les arrêtés, les proclamations,
« les brevets », et, puisant à millions dans le Trésor
public, jeter la pâtée à ses dogues des Cordeliers et de
la Commune, « à l'un 20 000 livres, à l'autre 10 000 »,
« pour la révolution, à cause de leur patriotisme » :
voilà tout son compte rendu. Ainsi gorgée, la meute des
« braillards » à jeun et des « intrigants » avides, tout
le personnel actif des sections et des clubs est dans sa
main. On est bien fort avec ce cortège en temps d'anarchie; effectivement, pendant les mois d'août et de septembre, Danton a régné, et plus tard il dira du 2 septembre aussi justement que du 10 août : « C'est moi qui
l'ai fait[1] ».

1. La personne qui me raconte le fait suivant le tient du roi
Louis-Philippe, alors officier dans le corps de Kellermann. — Le
soir de la bataille de Valmy, le jeune officier est envoyé à Paris
pour porter la nouvelle. En arrivant (22 ou 23 septembre 1792),
il apprend qu'on l'a remplacé, qu'il est nommé gouverneur de
Strasbourg. Il va chez Servan, ministre de la guerre; on refuse
d'abord de l'introduire : Servan est malade, au lit, avec tous les
ministres autour de lui. Il dit qu'il arrive de l'armée et apporte
des nouvelles; il est admis, trouve en effet Servan au lit, avec
différents personnages autour de lui, annonce la victoire. — On
l'interroge, il donne des détails. — Puis il se plaint d'avoir été
remplacé, dit qu'il est trop jeune pour commander avec autorité à
Strasbourg, redemande son poste dans l'armée active. — « Im-
« possible, répond Servan, la place est donnée, un autre est
« nommé. » Là-dessus, un des personnages présents, d'une figure
étrange et d'une voix rude, le prend à part et lui dit : « Servan
« est un imbécile; venez me voir demain, j'arrangerai votre
« affaire. — Qui êtes-vous? — Danton, ministre de la justice. »
— Il va le lendemain chez Danton, qui lui dit ; « C'est arrangé.

Non qu'il soit vindicatif ou sanguinaire par nature ;
tout au rebours : avec un tempérament de boucher, il a
un cœur d'homme, et tout à l'heure, au risque de se
compromettre, contre la volonté de Marat et de Robespierre, il sauvera ses adversaires politiques, Duport,
Brissot, les Girondins, l'ancien côté droit[1]. Non qu'il
soit aveuglé par la peur, la haine ou la théorie : avec
les emportements d'un clubiste, il a la lucidité d'un politique, il n'est pas dupe des phrases ronflantes qu'il
débite, il sait ce que valent les coquins qu'il emploie[2] ;
il n'a d'illusion ni sur les hommes, ni sur les choses,
ni sur autrui, ni sur lui-même ; s'il tue, c'est avec une
pleine conscience de son œuvre, de son parti, de la si-

« vous aurez le même poste, pas sous Kellermann, mais sous
« Dumouriez. Cela vous va-t-il ? » — Le jeune homme, enchanté,
remercie. L'autre reprend : « Un conseil avant votre départ. Vous
« avez du talent, vous arriverez ; mais défaites-vous d'un défaut :
« vous parlez trop ; vous êtes à Paris depuis vingt-quatre heures,
« et déjà, plusieurs fois, vous avez blâmé l'affaire de septembre.
« Je le sais, je suis informé. — Mais c'est un massacre ; peut-on
« s'empêcher de trouver qu'il est horrible ? — C'est moi qui l'ai
« fait. Tous les Parisiens sont 'des j... f.... Il fallait mettre une
« rivière de sang entre eux et les émigrés. Vous êtes trop jeune
« pour comprendre de telles choses. Retournez à l'armée, c'est le
« seul poste aujourd'hui pour un homme comme vous et de votre
« rang. Vous avez un avenir ; mais n'oubliez pas qu'il faut vous
« taire. » (Récit de M. le duc d'Aumale). (Note des Éditeurs.)

1. Hua, 167. Récit de son hôte, le médecin Lambry, ami intime
de Danton, très fanatique et membre d'un comité où l'on avait
examiné s'il fallait tuer aussi les membres du côté droit : « Dan-
« ton avait repoussé avec force cette proposition sanguinaire. —
« On sait, dit-il, que je ne recule pas devant le crime quand il
« est nécessaire, mais je le dédaigne quand il est inutile. »

2. Mortimer-Ternaux, IV, 437. Mot de Danton à propos des commissaires « effervescents » qu'il envoyait dans les départements.
« Eh ! f...! croyez-vous qu'on vous enverra des demoiselles ? »

tuation, de la révolution, et les mots crûs que, de sa
voix de taureau, il lance au passage ne sont que la forme
vive de la vérité exacte : « Nous sommes de la canaille,
« nous sortons du ruisseau » ; avec les principes d'humanité ordinaire, « nous y serions bientôt replongés[1] ;
« nous ne pouvons gouverner qu'en faisant peur ». —
« Les Parisiens sont des j... f..., il faut mettre une ri-
« vière de sang entre eux et les émigrés[2]. » — « Le tocsin
« qu'on va sonner n'est point un signal d'alarme, c'est
« la charge sur les ennemis de la patrie.... Pour les
« vaincre, que faut-il? De l'audace, et encore de l'au-
« dace, et toujours de l'audace[3]. » — « J'ai fait venir
« ma mère, qui a 70 ans ; j'ai fait venir mes deux en-
« fants, ils sont arrivés hier au soir. Avant que les
« Prussiens entrent dans Paris, je veux que ma famille
« périsse avec moi ; je veux que vingt mille flambeaux
« en un instant fassent de Paris un tas de cendres[4]. »
— « C'est dans Paris qu'il faut se maintenir par tous
« les moyens. Les républicains sont une minorité infime,
« et, pour combattre, nous ne pouvons compter que sur

1. Comte de Ségur, *Mémoires*, I, 12. Conversation de son père
avec Danton quelques semaines après le 2 septembre.
2. Voyez ci-dessus le récit du roi Louis-Philippe.
3. Buchez et Roux, XVII, 347. Paroles de Danton à l'Assemblée
nationale, le 2 septembre, un peu avant deux heures, juste au
moment où le tocsin et le canon d'alarme donnaient le signal
convenu. — Déjà, le 31 août, son affidé Tallien disait à l'Assemblée nationale : « Nous avons fait arrêter les prêtres perturba-
« teurs ; ils sont enfermés dans une maison particulière, et, sous
« peu de jours, le sol de la liberté sera purgé de leur présence. »
4. Meillan, *Mémoires*, 325 (édit. Barrière et Berville). Discours de
Fabre d'Églantine aux Jacobins, envoyé aux sociétés affiliées le
1er mai 1793.

« eux; le reste de la France est attaché à la royauté. Il
« faut faire peur aux royalistes[1] ! » — C'est lui qui, le
28 août, obtient de l'Assemblée la grande visite domiciliaire par laquelle la Commune emplit ses prisons.
C'est lui qui, le 2 septembre, pour paralyser la résistance des honnêtes gens, fait décréter la peine de mort
contre quiconque, « directement ou indirectement, re-
« fusera d'exécuter ou entravera, de quelque manière
« que ce soit, les ordres donnés et les mesures prises
« par le pouvoir exécutif ». C'est lui qui, le même jour,
annonce au journaliste Prudhomme le prétendu complot
des prisons, et, le surlendemain, lui envoie son secrétaire, Camille Desmoulins, pour falsifier le compte rendu
des massacres[2]. C'est lui qui, le 3 septembre, au minis-

1. Robinet, *Procès des Dantonistes*, 39, 45 (paroles de Danton
dans le comité de défense générale). — Mme Roland, *Mémoires*,
II, 30. Le 2 septembre, Grandpré chargé de rendre compte au
ministre de l'intérieur de l'état des prisons, attend Danton à
l'issue du conseil et lui expose ses alarmes. « Danton, importuné
« de la représentation, s'écria avec sa voix beuglante et un geste
« approprié à l'expression : « Je me f... bien des prisonniers;
« qu'ils deviennent ce qu'ils pourront. » Et il passa son chemin
« avec humeur. C'était dans la seconde antichambre, en présence
« de vingt personnes. » — Arnault, II, 101. A l'époque des massacres de septembre, « Danton, en présence d'un de mes amis,
« avait répondu à quelqu'un qui le pressait d'user de son autorité
« pour arrêter l'effusion du sang : « N'est-il pas temps que le
« peuple ait sa revanche? »
2. Prudhomme, *Crimes de la Révolution*, IV, 90. Le 2 septembre, au bruit du tocsin et du canon d'alarme, Prudhomme va chez
Danton pour s'informer. Danton lui raconte la fable convenue et
ajoute : « Le peuple, irrité et instruit à temps, veut faire justice
« lui-même des mauvais sujets qui sont dans les prisons. » —
Survient Camille Desmoulins : « Tiens, lui dit Danton, Prudhomme
« vient me demander ce que l'on va faire. » — « Tu ne lui as

tère de la justice, devant les commandants de bataillon
et les chefs de service, devant Lacroix, président de l'Assemblée nationale, et Pétion, maire de Paris, devant
Clavière, Servan, Monge, Lebrun et tout le conseil exécutif, sauf Roland, réduit d'un geste les principaux personnages de l'État à l'office de complices passifs et répond à un homme de cœur qui se lève pour arrêter les
meurtres : « Sieds-toi, c'était nécessaire[1]. » C'est lui
qui, le même jour, fait expédier sous son contre-seing
la circulaire par laquelle le comité de surveillance annonce le massacre et invite « ses frères des départe-
« ments » à suivre l'exemple de Paris[2]. C'est lui qui, le

« donc pas dit, reprit Camille, qu'on ne confondra pas les inno-
« cents avec les coupables? Tous ceux qui seront réclamés par
« leur section seront rendus. » — Le 4, Desmoulins vient au bureau du journal et dit aux rédacteurs : « Eh bien, tout s'est passé
« dans le plus grand ordre. Le peuple a même mis en liberté
« beaucoup d'aristocrates contre lesquels il n'y avait pas de faits
« directs.... J'espère que vous allez rendre un compte exact de
« tout ceci, car le *Journal des Révolutions* est la boussole de
« l'opinion publique. »

1. Prudhomme, *Ib.*, 123. D'après le récit de Théophile Mandar,
vice-président de section, témoin et acteur dans la scène, et qui
autorise Prudhomme à le nommer. — Ensuite, dans la seconde
pièce, Mandar propose à Pétion et à Robespierre de venir le lendemain à l'Assemblée pour réclamer contre le massacre; au besoin
l'Assemblée nommera un dictateur pour 24 heures. « Garde-t'en
« bien, répondit Robespierre, Brissot serait dictateur. » — Pétion
ne dit mot. « Tous les ministres étaient parfaitement d'accord
« pour laisser continuer les égorgements. »

2. Mme Roland, II, 37. — *Angers et le département de Maine
et-Loire de 1787 à 1830*, par Bordier-Langlois. A la circulaire
était jointe une adresse imprimée, intitulée *Compte rendu au
peuple souverain*, « revêtu du contreseing du ministre de la jus-
« tice, avec le sceau du ministre sur le paquet, » et adressée aux
sociétés jacobines des départements pour prêcher aussi le massacre.

10 septembre, « non comme ministre de la justice, « mais comme ministre du peuple, » félicitera et remerciera les égorgeurs de Versailles[1]. — Depuis le 10 août, par Billaud-Varennes, son ancien secrétaire, par Fabre d'Églantine, son secrétaire du sceau, par Tallien, secrétaire de la Commune et son plus intime affidé, il est présent à toutes les délibérations de l'Hôtel de Ville, et, à la dernière heure, il a soin de mettre au comité de surveillance un homme à lui, le chef de bureau Deforgues[2]. — Non seulement la machine à faucher a été construite sous ses yeux et avec son assentiment, mais encore, au moment où elle entre en branle, il en garde en main la poignée pour en diriger la faux.

Il a raison : si parfois il n'enrayait pas, elle se briserait par son propre jeu. Introduit dans le comité comme professeur de saignée politique, Marat, avec la raideur de l'idée fixe, tranchait à fond au delà de la ligne prescrite; déjà des mandats d'arrêt étaient lancés contre trente députés, on fouillait les papiers de Brissot, l'hôtel de Roland était cerné, Duport, empoigné dans un département voisin, arrivait dans la boucherie. Celui-ci est le

1. Mortimer-Ternaux, III, 591, 598. — Averti par Alquier, président du tribunal criminel de Versailles, du danger que couraient es prisonniers d'Orléans, Danton lui dit : « Que vous importe? « L'affaire de ces gens-là ne vous regarde pas. Remplissez vos « fonctions et ne vous mêlez pas d'autre chose. — Mais, monsieur, « les lois ordonnent de veiller à la sûreté des prisonniers. — « Que vous importe? Il y a parmi eux de bien grands coupables; « on ne sait pas encore de quel œil le peuple les verra et jus- « qu'où peut aller son indignation. » — Alquier voulut insister, mais Danton lui tourna le dos.

2. *Ib.*, III, 217.

plus difficile à sauver; il faut des coups de collier redoublés pour l'arracher au maniaque qui le réclame. Avec un chirurgien comme Marat, et des carabins comme les cinq ou six cents meneurs de la Commune et des sections, on n'a pas besoin de pousser le manche du couteau, on sait d'avance que l'amputation sera large. Leurs noms seuls parlent assez haut : à la Commune, Manuel, procureur-syndic, Hébert et Billaud-Varennes, ses deux substituts, Huguenin, Lhuillier, M.-J. Chénier, Audouin, Léonard Bourdon, Boula et Truchon, présidents successifs; à la Commune et aux sections, Panis, Sergent, Tallien, Rossignol, Chaumette, Fabre d'Églantine, Pache, Hassenfratz, le cordonnier Simon, l'imprimeur Momoro; à la garde nationale, Santerre, commandant général, Henriot, chef de bataillon, au-dessous d'eux, la tourbe des démagogues de quartier, comparses de Danton, d'Hébert ou de Robespierre, et guillotinés plus tard avec leurs chefs de file[1], bref la fleur des futurs terroristes. — Ils font aujourd'hui leur premier pas dans le sang, chacun avec son attitude propre et ses

1. Mme Roland, *Lettres autographes*, etc., 5 septembre : « Nous sommes ici sous le couteau de Robespierre et de Marat; « ces gens-là s'efforcent d'exciter le peuple et de le tourner con- « tre l'Assemblée nationale et le conseil. Ils ont fait une chambre « ardente, ils ont une petite armée qu'ils soudoient à l'aide de ce « qu'ils ont trouvé ou volé dans le château et ailleurs ou de ce « que leur donne Danton, qui, sous main, est le chef de cette « horde. » — Dusaulx, *Mémoires*, 441 : « Le lendemain (3 sep- « tembre) j'allai trouver l'un des personnages qui avaient le plus « de crédit à cette époque. « Vous savez, lui dis-je, ce qui se « passe? — Fort bien, calmez-vous, cela finira bientôt, mais il « faut encore un peu de sang. » — J'en vis d'autres qui s'expli- « quèrent encore plus nettement. » — Mortimer-Ternaux, II, 445.

mobiles personnels, M.-J. Chénier, dénoncé comme membre du club de la Sainte-Chapelle et d'autant plus exagéré qu'il est suspect[1]; Manuel; pauvre homme excitable, effaré, entraîné, et qui frémira de son œuvre après l'avoir vue; Santerre, beau figurant circonspect qui, le 2 septembre, sous prétexte de garder les bagages, monte sur le siège d'une berline arrêtée et y reste deux heures pour ne pas faire son office de commandant général[2]; Panis, président du comité de surveillance, bon subalterne, né disciple et caudataire, admirateur de Robespierre, qu'il a proposé pour la dictature, et de Marat, qu'il prône comme un prophète[3]; Henriot, Hébert et Rossignol, simples malfaiteurs en écharpe ou en uniforme; Collot d'Herbois, comédien-poétereau, dont l'imagination théâtrale combine avec satisfaction des horreurs de mélodrame[4]; Billaud-Varennes, ancien oratorien, bilieux et sombre, aussi froid devant les meurtres

1. *Procès-verbaux de la Commune*, 17 août. — Buchez et Roux, XII, 206. Récit de la fête du 27 août, dénonciation contre Chénier, « qu'on n'appelle plus à présent que Chénier le chapelain ». — Weber, II, 274, 275.

2. Mme de Staël, *Considérations sur la Révolution française*, 3e partie, chapitre x.

3. Prudhomme, *les Révolutions de Paris*, n° du 22 septembre. A l'une des dernières séances de la Commune, « M. Panis parla « de Marat comme d'un prophète, comme d'un autre Siméon « Stylite. « Marat, dit-il, est demeuré six semaines sur une fesse « dans un cachot. » — Barbaroux, 64.

4. Weber, II, 548. Collot s'étendit tout au long « avec joie et « sang-froid » sur le meurtre de Mme de Lamballe et sur les abominations qu'avait subies son cadavre. « Il ajouta, en soupirant « de regret, que, s'il avait été consulté, il aurait fait servir, dans « un plat couvert, la tête de Mme de Lamballe pour le souper de « la reine. »

qu'un inquisiteur devant un autodafé ; enfin le cauteleux
Robespierre, qui pousse les autres sans s'engager, ne
signe rien, ne donne point d'ordres, harangue beaucoup,
conseille toujours, se montre partout, prépare son règne,
et, tout d'un coup, au dernier moment, comme un chat
qui saute sur sa proie, tâche de faire égorger ses rivaux
les Girondins[1].

Jusqu'ici, quand ils tuaient ou faisaient tuer, c'était
en émeutiers, dans la rue ; à présent, c'est aux prisons,
en magistrats et fonctionnaires, sur des registres d'écrou,
après constatation d'identité et jugement sommaire, par
des exécuteurs payés, au nom du salut public, avec méthode et sang-froid, presque aussi régulièrement que
plus tard sous « le gouvernement révolutionnaire ». Effectivement Septembre en est le début, l'abrégé, le modèle ;
on ne fera pas autrement ni mieux au plus beau temps
de la guillotine. Seulement, comme on est encore mal
outillé, au lieu de la guillotine, on emploie les piques,
et, comme toute pudeur n'est pas encore abolie, les chefs
se dissimulent derrière les manœuvres. Mais on les suit

---

1. Sur le rôle et la présence continue de Robespierre à la Commune, voyez Granier de Cassagnac, II, 55. — Mortimer-Ternaux,
III, 205. Discours de Robespierre à la Commune, 1ᵉʳ septembre :
« Personne n'ose nommer les traîtres. Eh bien, moi, pour le
« salut du peuple, je les nomme : je dénonce le liberticide Bris-
« sot, la faction de la Gironde, la scélérate commission des Vingt
« et Un de l'Assemblée nationale : je les dénonce pour avoir
« vendu la France à Brunswick et pour avoir reçu d'avance le
« prix de leur lâcheté. » Le 2 septembre, il répète sa dénonciation ; en conséquence, le même jour, des mandats d'arrêt sont
lancés par le comité de surveillance contre 30 députés, contre
Brissot et Roland. (Mortimer-Ternaux, III, 216, 247.)

à la trace, on les prend sur le fait, on a leurs autographes; ils ont concerté l'opération; ils la commandent, ils la conduisent. Le 30 août, la Commune a décidé que les sections jugeraient les détenus, et, le 2 septembre, cinq sections affidées lui répondent en arrêtant que les détenus seront égorgés[1]. Le même jour, 2 septembre, Marat entre au comité de surveillance. Le même jour, 2 septembre, Panis et Sergent signent la commission de « leurs camarades » Maillard et consorts à l'Abbaye et leur « ordonnent de juger », c'est-à-dire de tuer les prisonniers[2]. Le même jour et les jours suivants, à la Force, trois membres de la Commune, Hébert, Monneuse et Rossignol, président tour à tour le tribunal des assassins[3]. Le même jour, un commissaire du comité de surveillance vient à la section des Sans-Culottes requérir douze hommes pour aider au massacre des prêtres de Saint-Firmin[4]. Le même jour, un commissaire de la Commune visite les diverses prisons pendant qu'on y égorge, et trouve que « tout s'y passe également bien[5] ». Le même jour, à cinq heures du soir, le substitut de la

1. *Procès-verbaux de la Commune*, 30 août. — Mortimer-Ternaux, III, 217 (arrêtés des sections Poissonnière et du Luxembourg). — Granier de Cassagnac, II, 104 (adhésion des sections Mauconseil, Louvre et Quinze-Vingts).

2. Granier de Cassagnac, II, 156.

3. Mortimer-Ternaux, III, 265. — Granier de Cassagnac, XII, 402. Les cinq autres juges étaient aussi des membres de la Commune.

4. Granier de Cassagnac, II, 313. Registre de l'assemblée générale de la section des Sans-Culottes, 2 septembre. — *Mémoires sur les journées de septembre*, 151 (déclaration de Jourdan).

5. *Mémoires sur les journées de septembre*. Relation de l'abbé Sicard, 111.

Commune, Billaud-Varennes, « avec le petit habit puce « et la perruque noire qu'on lui connaît », marchant sur les cadavres, dit aux massacreurs de l'Abbaye : « Peuple, tu immoles tes ennemis, tu fais ton devoir ; » dans la nuit, il revient, les comble d'éloges, et leur confirme la promesse du salaire « convenu » ; le lendemain à midi, il revient encore, les félicite de plus belle, leur alloue à chacun un louis et les exhorte à continuer[1]. — Cependant, à l'état-major, Santerre, requis par Roland, déplore hypocritement son impuissance volontaire et persiste à ne pas donner les ordres sans lesquels la garde nationale ne peut marcher[2]. Aux sections, les présidents M.-J. Chénier, Ceyrat, Boula, Momoro, Collot d'Herbois, envoient ou ramènent des malheureux sous les piques. A la Commune, le conseil général vote 12 000 livres à prendre sur les morts pour solder les frais de l'opération[3]. Au comité de surveillance, Marat et ses collègues

---

1. Buchez et Roux, XVIII, 100, 178. (*La vérité toute entière*, par Méhée fils.) — Relation de l'abbé Sicard, 132, 134.

2. Granier de Cassagnac, II, 92, 93. — Sur la présence et la complicité de Santerre, *ib.*, 89-99.

3. Mortimer-Ternaux, III, 277 et 299 (3 septembre). — Granier de Cassagnac, II, 257. Un commissaire de la section des Quatre-Nations écrit dans son compte rendu que « la section les a auto- « risés à prendre les frais sur la chose ». — Déclaration de Jourdan, 151. — Lavalette, *Mémoires*, I, 91. L'initiative de la Commune est encore prouvée par le détail suivant : « Vers 5 heures « (2 septembre), des municipaux à cheval, portant un drapeau, « parcourent les rues en criant *Aux armes !* Ils ajoutaient : « L'ennemi approche, vous êtes tous perdus, la ville sera livrée « aux flammes et au pillage. N'ayez rien à craindre des traîtres « et des conspirateurs que vous laissez derrière vous ; ils sont « sous la main des patriotes, et la justice nationale, avant votre « départ, *va les frapper de sa foudre.* » Buchez et Roux, XXVIII,

écrivent pour propager le meurtre dans les départements. — Manifestement, les meneurs et les subalternes
sont unanimes, chacun à son poste et dans son emploi :
par la collaboration spontanée de tout le parti, l'injonc-
tion d'en haut se rencontre avec l'impulsion d'en bas[1] ;
les deux se fondent en commune volonté meurtrière, et
l'œuvre s'accomplit avec d'autant plus de précision
qu'elle est facile. — Les geôliers ont reçu l'ordre d'ouvrir et de laisser faire. Par surcroît de précautions, on
a ôté aux prisonniers leurs couteaux de table et même
leurs fourchettes[2]. Un à un, sur l'appel de leurs noms,
ils défileront comme des bœufs dans un abattoir, et une
vingtaine de bouchers par prison, en tout deux ou trois
cents[3], suffiront à la besogne.

V

Deux sortes d'hommes fournissent les recrues, et c'est
ici surtout qu'il faut admirer l'effet du dogme révolu-

105. Lettre de Chevalier-Saint-Dizier, membre du premier comité
de surveillance, 10 septembre : « Marat, Duplain, Fréron, etc., ne
« font en général, dans leur surveillance, qu'exercer des ven-
« geances particulières.... Marat dit tout haut qu'il faut abattre
« encore 40 000 têtes pour assurer le succès de la Révolution. »

1. Buchez et Roux, XVIII, 146. *Ma Résurrection*, par Maton de
la Varenne : « La veille, des femmes demi-ivres disaient publi-
« quement sur la terrasse des Feuillants : « C'est demain qu'on
« leur f... l'âme à l'envers dans les prisons. »

2. *Mémoires sur les journées de septembre. Mon agonie*, par
Jourgniac-Saint-Méard, 22. — Marquise de Fausse-Lendry, 72. Le
29 août, elle a obtenu la permission de rejoindre son oncle en
prison : « M. Sergent et autres me dirent que je commettais une
« imprudence, que *les prisons n'étaient pas sûres.* »

3. Granier de Cassagnac, II. 27. Selon Roch Marcandier, leur

tionnaire sur des cerveaux bruts. — Il y a d'abord les
fédérés du Midi, rudes gaillards, anciens soldats ou anciens bandits, déserteurs, bohèmes et sacripants de tout
pays et de toute provenance, qui, après avoir travaillé à
Marseille ou Avignon, sont venus à Paris pour recommencer. « Triple nom de Dieu, disait l'un d'eux, je ne
« suis pas venu de 180 lieues pour ne pas f..... 180 têtes
« au bout de ma pique[1]! » A cet effet, ils se sont constitués d'eux-mêmes en un corps spécial, permanent,
résidant, et ne souffrent pas qu'on les détourne de l'emploi qu'ils se sont donné. « Ils n'écouteront pas les mou-
« vements d'un faux patriotisme[2] »; ils n'iront pas à la
frontière. Leur poste est dans la capitale, ils ont « juré
« d'y défendre la liberté »; ni avant, ni après septembre, on ne pourra les en arracher. Quand enfin, après
s'être fait payer sur toutes les caisses et sous tous les
prétextes, ils consentiront à quitter Paris; ce sera pour
retourner à Marseille; ils n'opèrent qu'à l'intérieur et
sur des adversaires politiques. Mais ils n'en sont que
plus zélés dans cet office : ce sont eux qui, les premiers,
viennent prendre les vingt-quatre prêtres de la mairie,
et dans le trajet, de leurs propres mains, commencent

nombre « n'excédait pas 300 ». Selon Louvet, ils étaient « 200,
« pas 200 peut-être ». Selon Brissot, les massacres ont été commis
« par une centaine de brigands inconnus ». — Pétion, à la Force
(*ib.*, 75), ne trouve, le 6 septembre, qu'une douzaine de bourreaux. Selon Mme Roland (II, 35), « ils n'étaient pas 15 à l'Ab-
« baye ». Lavalette, le premier jour, ne trouve à la Force qu'une
cinquantaine de massacreurs.

1. Maton de la Varenne, 137.

2. Buchez et Roux, XVII, 183, séance des Jacobins du 27 août.
Discours d'un fédéré du Tarn. — Mortimer-Ternaux, III, 126.

le massacre[1]. — Il y a ensuite les enragés de la plèbe
parisienne, quelques-uns commis ou boutiquiers, le plus
grand nombre artisans et de tous les corps d'état, serruriers, maçons, bouchers, charrons, tailleurs, cordonniers, charretiers, notamment des débardeurs, des ouvriers du port, des forts de la Halle, mais surtout des
journaliers, manœuvres, compagnons et apprentis, bref
des gens habitués à se servir de leurs bras et qui, dans
l'échelle des métiers, occupent le plus bas échelon[2].
Parmi eux, on trouve des bêtes de proie, massacreurs
d'instinct ou simples voleurs[3]. D'autres, comme un au-
diteur de l'abbé Sicard, qu'il aime et vénère, confessent
n'avoir marché que par contrainte[4]. D'autres sont de
simples machines qui se laissent pousser : tel, commis-
sionnaire du coin, très honnête homme, mais entraîné,

1. Sicard, 80. — Méhée, 187. — Weber, II, 279. — Cf., dans
Jourgniac-Saint-Méard, sa conversation avec un Provençal. — Rétif
de la Bretonne, *les Nuits de Paris*, 375 : « Vers les deux heures
« du matin (3 septembre), j'entendis passer sous mes fenêtres une
« troupe de cannibales dont aucun ne me parut avoir l'accent du
« Parisis ; ils étaient tous étrangers. »
2. Granier de Cassagnac, II, 164, 502. — Mortimer-Ternaux, III,
530. — Les assesseurs de Maillard à l'Abbaye étaient un horloger
demeurant rue Childebert, un fruitier demeurant rue Mazarine,
un aubergiste demeurant rue du Four-Saint-Germain, un compa-
gnon chapelier demeurant rue Sainte-Marguerite, et deux autres
dont le métier n'est pas indiqué. — Sur la composition du tribunal
de l'Abbaye et du tribunal de la Force, cf. Jourgniac-Saint-Méard,
120, et Weber, II, 261.
3. Granier de Cassagnac, II, 507 (sur Damiens), 513 (sur Lem-
pereur). — Meillan, 188 (sur Laforêt et sa femme, fripiers au
quai du Louvre, qui, le 31 mai, se préparent à faire un second
coup et calculent que, cette fois, ils auront pour leur part cinquante maisons à piller).
4. Sicard, 98.

puis soûlé, puis affolé, tue vingt prêtres pour sa part et
en meurt au bout d'un mois, buvant toujours, ne dor-
mant plus, l'écume aux lèvres et tremblant de tous ses
membres[1]. Quelques-uns enfin, venus à bonnes inten-
tions, sont pris de vertige au contact du tourbillon sanglant, et, par un coup soudain de la grâce révolutionnaire, se convertissent à la religion du meurtre; un
certain Grapin, député par sa section pour sauver deux
prisonniers, s'assoit à côté de Maillard, juge avec lui
pendant soixante-trois heures et lui en demande certificat[2]. Mais la plupart ont les opinions de ce cuisinier
qui, après la prise de la Bastille, s'étant trouvé là et
ayant coupé la tête de M. de Launey, croyait avoir fait
une action « patriotique » et s'estimait digne d'une
« médaille pour avoir détruit un monstre ». Ce ne sont
pas des malfaiteurs ordinaires, mais des voisins de
bonne volonté qui, voyant un service public installé
dans leur quartier[3], sortent de leur maison pour donner
un coup d'épaule : ils ont la dose de probité qu'on

1. Ferrières (édit. Berville et Barrière), III, 486. — Rétif de la
Bretonne, 581. Au bout de la rue des Ballets, comme on venait de
tuer un prisonnier, le suivant enfile le guichet et se sauve : « Un
« homme qui n'était pas des tueurs, mais une de ces machines
« sans réflexion, comme il y en a tant, l'arrêta par sa pique.... Le
« misérable fut arrêté par les poursuiveurs et massacré. Le
« piquier nous dit froidement : Moi, je ne savais pas qu'on voulait
« le tuer. »

2. Granier de Cassagnac, II, 511.

3. Les juges et les tueurs de l'Abbaye, retrouvés dans le pro-
cès de l'an IV, logeaient presque tous dans le voisinage, rues
Dauphine, de Nevers, Guénégaud, de Buci, Childebert, Petite rue
Taranne, de l'Égout, du Vieux-Colombier, de l'Echaudé-Saint-
Benoît, du Four-Saint-Germain, etc.

rencontre aujourd'hui chez les gens de leur état.

Au commencement surtout, nul ne songe à remplir ses poches. A l'Abbaye, ils apportent fidèlement sur la table du comité civil les portefeuilles et les bijoux des morts[1]. S'ils s'approprient quelque chose, ce sont des souliers pour leurs pieds nus, et encore après en avoir demandé la permission. Quant au salaire, toute peine en mérite un, et d'ailleurs, entre eux et leurs embaucheurs, c'est chose convenue. N'ayant pour vivre que leurs bras, ils ne peuvent pas donner leur temps gratis[2], et, comme la besogne est rude, la journée doit leur être comptée double. Il leur faut 6 francs par jour, outre la nourriture et du vin à discrétion; un seul traiteur en fournira 346 pintes aux hommes de l'Abbaye[3] : dans un travail qui ne s'interrompt ni de jour ni de nuit et qui ressemble à celui des égoutiers ou des équarrisseurs, il n'y a que cela pour mettre du cœur au ventre. — Fournitures et salaire, la nation payera, puisque c'est pour elle

1. Sicard, 86, 87, 101. — Jourdan, 123 : « Le président du « comité de surveillance me répliqua que ces gens-là étaient de « très honnêtes gens, que, la veille ou l'avant-veille, un d'entre « eux s'était présenté à leur comité en veste et en sabots; tout « couvert de sang, qu'il leur avait présenté dans son chapeau « 25 louis en or qu'il avait trouvés sur une personne qu'il avait « tuée. » — Autre trait de probité, dans le *Procès-verbal du conseil général de la commune de Versailles*, 367, 371. — Le lendemain, 3 septembre, les vols commencent, puis se multiplient.

2. Méhée, 179 : « Croyez-vous que je n'ai gagné que 24 livres? « disait hautement un garçon boulanger armé d'une massue. J'en « ai tué plus de quarante pour ma part. »

3. Granier de Cassagnac, II, 153. — Cf. *ib.*, 202-209, détails sur le repas des manœuvres et sur le festin plus délicat de Maillard et de ses assesseurs.

qu'on travaille, et naturellement, quand on leur oppose
des formalités, ils se mettent en colère, ils se portent
chez Roland, chez le trésorier de la ville, aux comités
de section, au comité de surveillance[1], en grondant, en
menaçant, et en montrant leurs piques ensanglantées.
Voilà la preuve qu'ils ont bien travaillé : ils s'en van-
tent à Pétion, ils lui font valoir « leur justice, leur atten-
« tion[2] », leur discernement, la longueur de l'ouvrage,
tant de journées à tant d'heures ; nul embarras chez
eux, nul doute de leur bon droit ; ils ne réclament que
« leur dû » ; quand un trésorier, avant de les payer,
veut écrire leurs noms, ils les donnent sans difficulté.
Ceux qui reconduisent un prisonnier absous, maçons,
perruquiers, fédérés, ne veulent point de récompense,
mais « un simple rafraîchissement ». — « Nous ne fai-
« sons point, disent-ils, ce métier pour de l'argent ;
« voilà votre ami, il nous a promis un verre d'eau-de-
« vie, nous le boirons et nous retournerons à notre
« poste[3]. » — Hors de leur métier, ils ont la sympathie
expansive et la sensibilité prompte de l'ouvrier parisien.
A l'Abbaye, un fédéré[4] apprenant que depuis vingt-six
heures on avait laissé les détenus sans eau, voulait ab-

1. Mortimer-Ternaux, III, 175-176. — Granier de Cassagnac, II,
84. — Jourdan, 222. — Méhée, 179 : « A minuit, ils reviennent,
« jurant, sacrant, écumant de rage et menaçant le comité collec-
« tivement de lui couper solidairement la gorge, s'ils ne sont à
« l'instant payés. »
2. Mortimer-Ternaux, III, 320. Discours de Pétion sur l'accusation intentée à Robespierre.
3. Maton de la Varenne, 156. — Jourgniac-Saint-Méard, 129. —
Moore, 267.
4. Jourgniac-Saint-Méard, 115.

solument « exterminer » le guichetier négligent et l'eût
fait, sans « les supplications des détenus eux-mêmes ».
Lorsqu'un prisonnier est acquitté, gardes et tueurs, tout
le monde l'embrasse avec transport ; pendant plus de
cent pas, Weber passe d'accolade en accolade ; on applaudit « à outrance ». Chacun veut faire la conduite au
prisonnier : le fiacre de Maton de la Varenne est envahi,
il y a des gens « perchés sur le siège du cocher, aux
« portières, sur l'impériale, et sur le derrière de la voi-
« ture[1] ». — Quelques-uns même ont des accès de déli-
catesse étranges. Deux tueurs, encore couverts de sang
et qui ramènent le chevalier de Bertrand, insistent pour
monter avec lui, afin de contempler la joie de sa famille ;
après leur terrible besogne, ils ont besoin de se délasser
par des émotions douces. Une fois entrés, ils attendent
au salon, discrètement, jusqu'à ce qu'on ait préparé les
dames ; le bonheur dont ils sont témoins les attendrit ;
ils restent longtemps, refusent l'argent, et s'en vont en
disant merci[2]. — Plus étranges encore sont les vestiges

1. Weber, II, 265. — Jourgniac-Saint-Méard, 129. — Maton de
la Varenne, 155.
2. Moore, 267. — Cf. Malouet, II, 240. Malouet, le 1er septembre
au soir, était chez sa belle-sœur ; visite domiciliaire à minuit ; elle
s'évanouit en entendant monter la patrouille : « Je les priai de ne
« pas entrer dans le salon, pour ménager la pauvre malade. La
« vue d'une femme évanouie, d'une figure agréable, les attendrit.
« Ils sortirent aussitôt, en me laissant auprès d'elle. » — Beaulieu, *Essais*, I, 108 (à propos de deux tueurs de l'Abbaye qu'il
rencontre chez Jourgniac-Saint-Méard et qui causent avec lui en
lui faisant la conduite) : « Ce qui me frappa, c'est qu'à travers
« leurs propos féroces j'aperçus des sentiments généreux, des
« hommes décidés à tout entreprendre pour protéger ceux dont
« ils avaient embrassé la cause. »

subsistants de politesse innée. Tel, fort de la Halle, voulant embrasser un prisonnier absous, commence par lui en demander permission ; des « mégères », qui battaient des mains aux meurtres précédents, arrêtent « avec violence » les gardes qui, sans précaution, font marcher Weber en bas de soie blancs à travers les flaques rouges : « Prenez donc garde, vous faites marcher monsieur « dans le ruisseau [1] ! » Bref, ils ont les qualités permanentes de leur race et de leur classe ; il ne semble pas que, parmi leurs pareils, ils soient au-dessous ou en dehors du niveau moyen, et probablement la plupart d'entre eux n'auraient jamais rien fait d'énorme, si une police exacte, comme celle qui maintient l'ordre en temps ordinaire, les avait retenus dans leur atelier, dans leur guinguette ou dans leur garni.

Mais, à leurs propres yeux, ils sont rois ; « la souverai-« neté leur est commise [2] », leurs pouvoirs sont illimités ; quiconque en doute est un traître, son supplice est juste, sa mort est urgente, et, pour conseillers de leur règne, ils ont pris les fous et les drôles qui, par monomanie ou calcul, leur prêchent tout cela : de même un roi nègre, entouré de négriers blancs qui le poussent aux razzias et de sorciers noirs qui le poussent aux massacres. Avec de tels guides et dans un tel office, comment un tel homme

1. Weber, II, 264, 348.
2. Sicard, 101. Paroles de Billaud-Varennes aux égorgeurs. — *Ib.*, 75 : « De plus grands pouvoirs, répondit un membre du « comité de surveillance, vous n'y pensez pas ! Vous en donner « de plus grands serait borner ceux que vous avez déjà. Oubliez-« vous que vous êtes souverains, puisque la souveraineté du peu-« ple vous est confiée et que vous l'exercez en ce moment ? » .

pourrait-il s'attarder aux formes de la justice ou aux distinctions de l'équité? Équité et justice sont des produits élaborés de la civilisation, et il n'est qu'un sauvage en politique. On a beau lui recommander les innocents : « Dites donc, monsieur le citoyen [1], est-ce que vous aussi « vous voulez nous endormir? Si les sacrés gueux de « Prussiens et d'Autrichiens étaient à Paris, chercheraient- « ils les coupables? Ne frapperaient-ils pas à tort et à « travers comme les Suisses du 10 août? — Eh bien, moi « je ne suis pas orateur, je n'endors personne, et je vous « dis que je suis père de famille, que j'ai une femme et « cinq enfants, que je veux bien laisser ici à la garde « de ma section pour aller combattre l'ennemi. Mais je « n'entends pas que, pendant ce temps-là, les scélérats « qui sont dans cette prison, à qui d'autres scélérats « viendront ouvrir les portes, aillent égorger ma femme « et mes enfants. J'ai trois garçons qui seront, je l'espère, « un jour plus utiles à la patrie que les coquins que vous « voulez conserver. Au reste, il n'y a qu'à les faire sor- « tir; nous leur donnerons des armes et nous combat- « trons à nombre égal. Mourir ici, mourir aux frontières, « je n'en serai pas moins tué par des scélérats, et je « leur vendrai chèrement ma vie. Mais, soit par moi, « soit par d'autres, la prison sera purgée de ces sacrés « gueux-là. » — Un cri général s'élève : « Il a raison, « point de grâce, il faut entrer. » Tout ce que la foule accorde, c'est un tribunal improvisé, la lecture du livre d'écrou, des jugements accélérés : on condamnera et on

1 Méhée, 171.

tuera d'après la commune renommée; cela simplifie. —
Autre simplification plus redoutable encore : on condamnera et tuera par catégories. Suisses, prêtres, officiers ou
serviteurs du roi, « chenilles de la liste civile », chacun
de ces titres suffit. Dans les enclos où il n'y a que des
prêtres ou des Suisses, on ne prendra pas la peine de
juger, on égorgera en tas. — Ainsi réduite, l'opération
est à la portée des opérateurs; le nouveau souverain a
les bras forts autant que l'intelligence courte, et, par une
adaptation inévitable, il ravale son œuvre au niveau de
ses facultés.

A son tour, son œuvre le pervertit et le dégrade. Ce
n'est pas impunément qu'un homme, surtout un homme
du peuple, pacifié par une civilisation ancienne, se fait
souverain et, du même coup, bourreau. Il a beau s'exciter
contre ses patients et s'entraîner en leur criant des injures[1]; il sent vaguement qu'il commet une action énorme,
et son âme, comme celle de Macbeth, est « pleine de
« scorpions ». Par une contraction terrible, il se raidit
contre l'humanité héréditaire qui tressaille en lui; elle
résiste, il s'exaspère, et, pour l'étouffer, il n'a d'autre
moyen que de « se gorger d'horreurs[2] » en accumulant les
meurtres. Car le meurtre, surtout tel qu'il le pratique,
c'est-à-dire à l'arme blanche et sur des gens désarmés,

1. Sicard, 81. Au commencement, les Marseillais eux-mêmes
répugnaient à frapper des hommes désarmés et disaient à la
foule : « Voilà nos sabres et nos piques; donnez la mort à ces
« monstres ».
2. Mot de Macbeth dans Shakspeare : « *I have supped full with*
« *horrors* ».

introduit dans sa machine animale et morale deux émotions extraordinaires et disproportionnées qui la bouleversent, d'une part la sensation de la toute-puissance exercée sans contrôle, obstacle ou danger, sur la vie humaine et sur la chair sensible[1], d'autre part la sensation de la mort sanglante et diversifiée, avec son accompagnement toujours nouveau de contorsions et de cris[2]; jadis dans les cirques romains, on ne pouvait s'en détacher : celui qui avait vu le spectacle une fois y revenait tous les jours. Et justement, aujourd'hui, chaque cour de prison est un cirque, avec cette aggravation que les spectateurs y sont acteurs. — Ainsi, pour eux, les deux brûlantes liqueurs se mêlent en un seul breuvage. A l'ivresse morale ajoutez l'ivresse physique, le vin à profusion, les rasades à chaque pause, l'orgie sur les cadavres; et tout de suite, de la créature dénaturée, vous verrez sortir le démon de Dante, à la fois bestial et raffiné, non seulement destructeur, mais encore bourreau, inventeur et calculateur de souffrances, tout glorieux et joyeux du mal qu'il fait.

Ils sont gais; autour de chaque nouveau cadavre, ils dansent, ils chantent la carmagnole[3]; ils font lever les

---

1. Voyez les enfants qui noient un chien ou tuent une couleuvre : la ténacité de la vie les offense comme une révolte contre leur despotisme, et ils s'acharnent sur la bête à coups redoublés.

2. Se rappeler l'effet des courses de taureaux, et l'attrait irrésistible des spectacles du cirque sur saint Augustin, lorsqu'il eut entendu pour la première fois le cri d'un gladiateur frappé à mort.

3. Mortimer-Ternaux, III, 131. Procès des septembriseurs, résumé du président. « Le 3ᵉ témoin et le 46ᵉ vous ont dit avoir vu « Monneuse (membre de la Commune) aller et venir à la Force, se « réjouir des tristes événements qui venaient d'y avoir lieu, y

curieux du quartier pour les « amuser », pour leur donner
part « à la bonne fête[1] ». Des bancs sont disposés pour
« les messieurs », et d'autres pour « les dames » : celles-
ci, plus curieuses, veulent en outre contempler à leur
aise « les aristocrates » déjà tués : en conséquence, on
requiert des lampions et on en pose un sur chaque cadavre. — Cependant la boucherie continue et se perfec-
tionne. A l'Abbaye[2], « un tueur se plaint de ce que les
« aristocrates meurent trop vite et de ce que les premiers
« ont seuls le plaisir de les frapper » ; désormais on ne
les frappera plus qu'avec le dos des sabres, et on les fera
courir entre deux haies d'égorgeurs, comme jadis le soldat qui passait par les baguettes. S'il s'agit d'un homme
connu, on s'entend encore plus soigneusement pour pro-
longer son supplice. A la Force, les fédérés qui viennent
prendre M. de Rulhières jurent avec « d'affreux serments
« de couper la tête à celui d'entre eux qui lui donnera un
« coup de pointe » ; au préalable, ils le mettent nu, puis,
pendant une demi-heure, à coups de plat de sabre, ils le
déchiquettent tout ruisselant de sang et le « dépouillent
« jusqu'aux entrailles ». — Tous les monstres qui ram-
paient enchaînés dans les bas-fonds du cœur sortent à la
fois de la caverne humaine, non seulement les instincts

« témoigner beaucoup d'immoralité, ajoutant qu'on joua du violon
« devant lui et que son collègue dansa. » — Sicard, 88.

1. Sicard, 87. 91. Ce mot est d'un marchand de vin qui demande
« la pratique » des égorgeurs. — Granier de Cassagnac, II, 197-
200. Les comptes du vin, de la paille et des lampions ont été
retrouvés en original.

2. Sicard, 91. — Maton de la Varenne, 150.

haineux avec leurs crocs[1], mais aussi les instincts immondes avec leur bave, et les deux meutes réunies s'acharnent sur les femmes que leur célébrité infâme ou glorieuse a mises en évidence, sur Mme de Lamballe, amie de la reine, sur la Desrues, veuve du fameux empoisonneur, sur une bouquetière du Palais-Royal qui, deux ans auparavant, dans un accès de jalousie, a mutilé son amant, un garde-française. Ici à la férocité s'adjoint la lubricité pour introduire la profanation dans la torture et pour attenter à la vie par des attentats à la pudeur. Dans Mme de Lamballe tuée trop vite, les bouchers libidineux ne peuvent outrager qu'un cadavre ; mais pour la Desrues[2], surtout pour la bouquetière, ils retrouvent, avec les imaginations de Néron, le cadre de feu des Iroquois[3]. — De l'Iroquois au cannibale la distance est courte, et quelques-uns la franchissent. A l'Abbaye, un ancien soldat, nommé Damiens, enfonce son sabre dans le flanc de l'adjudant général de la Leu, plonge sa main dans l'ou-

1. Maton de la Varenne, 154. Un homme du faubourg lui dit (Maton est avocat) : « Va, monsieur de la peau fine, je vas me « régaler d'un verre de ton sang. »

2. Rétif de la Bretonne, *les Nuits de Paris*, IXe nuit, 388 : « Elle poussait des cris horribles, pendant que les brigands « s'amusaient à lui faire des indignités. Son corps n'en fut pas « exempt après sa mort. Ces gens avaient ouï dire qu'elle avait « été belle. »

3. Prudhomme, *les Révolutions de Paris*, n° du 8 septembre 1792 : « Le peuple fit subir la peine du talion à la bouquetière du « Palais-Royal. » — Granier de Cassagnac, II, 329 (d'après le bulletin du tribunal révolutionnaire, n° du 3 septembre). — Mortimer-Ternaux, III, 291. Déposition du concierge de la Conciergerie. — Buchez et Roux, XVII, 198. *Histoire des hommes de proie*, par Roch Marcandier.

verture, arrache le cœur, « et le porte à sa bouche comme
« pour le dévorer ». « Le sang, dit un témoin oculaire,
« dégouttait de sa bouche et lui faisait une sorte de mous-
« tache[1]. » A la Force on dépèce Mme de Lamballe; ce
qu'a fait le perruquier Charlot qui portait sa tête, je ne
puis l'écrire; je dirai seulement qu'un autre, rue Saint-
Antoine, portait son cœur et « le mordait[2] ».

Ils tuent et ils boivent; puis ils tuent encore et ils
boivent encore. La lassitude vient et l'hébétement commence. Un d'eux, garçon charron, en a expédié dix-sept
pour sa part; un autre « a tant travaillé la marchandise,
« que la lame de son sabre y est restée »; « depuis deux
« heures, dit un fédéré, que j'abats des membres de droite
« et de gauche, je suis plus fatigué qu'un maçon qui bat
« du plâtre depuis deux jours[3] ». Leur première colère
s'est usée, maintenant ils frappent en automates[4]. Quelques-uns dorment étendus sur des bancs. D'autres, en
tas, cuvent leur vin à l'écart. La vapeur du carnage est
si forte, que le président du comité civil s'évanouit sur sa

1. Mortimer-Ternaux, III, 257. Procès des septembriseurs, déposition de Roussel. — *Ib.*, 628.
2. *Ib.*, 633. Déposition de la femme Millet. — Weber, II, 350.
— Roch Marcandier, 197, 198, — Rétif de la Bretonne, 381.
3. Maton de la Varenne, 150. — Granier de Cassagnac, 508, 515.
Procès des septembriseurs, affaires Sainte-Foy, Debêche. — *Ib.*,
508, 513. Affaires Corlet, Crappier, Ledoux.
4. Sur ce geste machinal et meurtrier, cf. Dusaulx, *Mémoires*,
440. Il harangue en faveur des prisonniers, et le peuple touché
lui tend les bras. « Mais déjà les bourreaux me frappaient les
« joues avec le fer de leurs piques d'où pendaient des lambeaux
« de chair palpitante. D'autres voulaient me couper la tête. C'en
« était fait, sans deux gendarmes qui les retinrent. »

chaise[1], et les exhalaisons du cabaret montent avec celles du charnier. Une torpeur pesante et morne envahit par degrés les cerveaux offusqués, et les dernières lueurs de raison s'y éteignent une à une, comme les lampions fumeux qui brûlent alentour sur les poitrines déjà froides des morts. A travers la physionomie qui s'abêtit, on voit, au-dessous du bourreau et du cannibale, apparaître l'idiot. C'est l'idiot révolutionnaire, en qui toutes les idées ont sombré, sauf deux, rudimentaires, machinales et fixes, l'une qui est l'idée du meurtre, l'autre qui est l'idée du salut public. Solitaires dans sa tête vide, elles se rejoignent par une attraction irrésistible; et l'on devine l'effet qui va jaillir de leur rencontre. « Y a-t-il encore de la « besogne? » disait un tueur dans la cour déserte. — « S'il n'y en a plus, répondent deux femmes à la porte, « *il faudra bien en faire*[2]. » Et naturellement on en fait.

Puisqu'il s'agit de nettoyer les prisons, autant vaut les nettoyer toutes, et tout de suite. Après les Suisses, après les prêtres, après les aristocrates et les « messieurs de la « peau fine », il reste les condamnés et les reclus de la justice ordinaire, les voleurs, assassins et galériens de la Conciergerie, du Châtelet et de la tour Saint-Bernard, les femmes marquées, les vagabonds, les vieux mendiants et les jeunes détenus de Bicêtre et de la Salpêtrière. Tout cela n'est bon à rien, coûte à nourrir[3], et probablement a de mauvais projets. Par exemple, à la Salpêtrière, la

1. Jourdan, 219. — 2. Méhée, 179.

3. Mortimer-Ternaux, III, 558. La même idée se retrouve chez les fédérés et Parisiens composant la compagnie de l'Égalité, qui ont ramené les prisonniers d'Orléans et les ont massacrés à Ver-

femme de l'empoisonneur Desrues est certainement, comme lui, « intrigante, méchante et capable de tout » ; elle doit être furieuse d'être en prison ; si elle pouvait, elle mettrait le feu à Paris ; elle doit l'avoir dit ; elle l'a dit[1] : encore un coup de balai. — Et le balai, pour cette besogne plus sale, entre en mouvement sous de plus sales mains ; il y a des habitués de geôle parmi ceux qui empoignent le manche. Déjà à l'Abbaye, surtout vers la fin, les tueurs volaient[2] ; ici, au Châtelet et à la Conciergerie, ils emportent « tout ce qui leur paraît propre à emporter », jusqu'aux habits des morts, jusqu'aux draps et couvertures de la prison, jusqu'aux petites épargnes des geôliers ; et, de plus, ils racolent des confrères. « Sur 36 pri- « sonniers mis en liberté, il y avait beaucoup d'assassins « et de voleurs ; la bande des tueurs se les associa. Il y « avait aussi 75 femmes, en partie détenues pour vol ; « elles promirent de bien servir leurs libérateurs » ; effectivement, plus tard, aux Jacobins et aux Cordeliers, elles seront les tricoteuses des tribunes[3]. — A la Salpêtrière, « tous les souteneurs de Paris, les anciens espions,... les « libertins, les sacripants de la France et de l'Europe se « sont préparés d'avance à l'opération » et le viol alterne avec le massacre[4]. — Jusqu'ici du moins le meurtre a eu pour assaisonnement le vol et la débauche ; mais à Bicêtre

sailles. Ils expliquent leur conduite, en disant « qu'ils espéraient « mettre fin aux dépenses excessives qu'occasionne à l'empire « français la trop longue détention des conspirateurs ».

1. Rétif de la Bretonne, 388.
2. Méhée, 177.
3. Prudhomme, *les Crimes de la Révolution*, III, 272.
4. Rétif de la Bretonne, 388. Il y avait deux sortes de femmes

il est tout cru ; il n'y a que l'instinct carnassier qui se gorge. Entre autres détenus, 43 enfants du bas peuple, âgés de douze à dix-sept ans, étaient là, placés en correction par leurs parents ou par leurs patrons[1] ; il n'y avait qu'à les regarder pour reconnaître en eux les vrais voyous parisiens, les apprentis de la misère et du vice, les futures recrues de la bande régnante, et la bande tombe sur eux à coups de massue. Rien de plus difficile à tuer ; à cet âge, la vie est tenace, il faut redoubler pour en venir à bout. « Là-bas, dans ce coin, disait « un geôlier, on avait fait de leurs corps une montagne. « Le lendemain, quand il a fallu les enterrer, c'était un « spectacle à fendre l'âme. Il y en avait un qui avait l'air « de dormir, comme un ange du bon Dieu ; mais les « autres étaient horriblement mutilés[2]. » — Cette fois, on est descendu au-dessous de l'homme, dans les basses couches du règne animal au-dessous du loup : les loups n'étranglent pas les louveteaux.

VI

Six jours et cinq nuits de tuerie non interrompue[3], 171 meurtres à l'Abbaye, 169 à la Force, 223 au Châtelet,

à la Salpêtrière, les femmes marquées et les jeunes filles élevées dans la maison. De là les deux sortes de traitement.

1. Mortimer-Ternaux, III, 295. Liste des noms, âges et métiers.

2. Barthélemy Maurice, *Histoire politique et anecdotique des prisons de la Seine*, 529.

3. Granier de Cassagnac, II, 421. Procès-verbal du commissaire de police Auzolle. D'après la déclaration du concierge de la Force, le massacre s'y est prolongé jusque dans la journée du 7 septembre. — Mortimer-Ternaux, III, 548.

528 à la Conciergerie, 73 à la tour Saint-Bernard,
120 aux Carmes, 79 à Saint-Firmin, 170 à Bicètre, 35 à
la Salpêtrière, parmi les morts 250 prêtres, 3 évêques
ou archevêques, des officiers généraux, des magistrats,
un ancien ministre, une princesse du sang, les plus
beaux noms de la France, et d'autre part un nègre, des
femmes du peuple, des gamins, des forçats, de vieux
pauvres : à présent, quel est l'homme, grand ou petit,
qui ne se sente pas sous le couteau? — D'autant plus que
la bande s'est accrue. Fournier, Lazowski et Bécard,
assassins et voleurs en chef, reviennent d'Orléans avec
leurs 1500 coupe-jarrets[1]; en chemin, ils ont égorgé
M. de Brissac, M. de Lessart et 42 autres accusés de lèse-
nation qu'ils ont arrachés à leurs juges, puis par surcroît, « à l'exemple de Paris, » 21 détenus qu'ils sont
allés prendre dans les prisons de Versailles; maintenant,
à Paris, ils sont remerciés par le ministre de la justice,
félicités par la Commune, fêtés et embrassés dans leurs
sections[2]. — Quelqu'un peut-il douter qu'ils ne soient
prêts à recommencer? Peut-on faire un pas dans Paris

1. Mortimer-Ternaux, III, 599, 592, 602 à 606. — *Procès-verbal
des 8, 9 et 10 septembre, extrait des registres de la municipalité
de Versailles* (dans les *Mémoires sur les journées de septembre*),
p. 558 et suivantes. — Granier de Cassagnac, II, 483. Exploit de
l'huissier Bonnet à Orléans, signifié à Fournier le 1er septembre.
Fournier répond : « S. n. de D., je n'ai aucun ordre à recevoir;
« quand les sacrés gueux auront la tête coupée, on fera le procès
« après. »
2. Roch Marcandier, 210. Discours de Lazowski à la section du
Finistère, faubourg Saint-Marceau. Lazowski avait, par surcroît,
élargi les assassins du maire d'Étampes et déposé leurs fers sur
le bureau.

ou hors de Paris sans subir leur oppression ou le spectacle de leur arbitraire? — Si l'on sort, on trouve leurs pareils en sentinelle à la barrière, puis en permanence au comité de la section. Malouet, conduit devant celui du Roule[1], voit un pandémonium d'énergumènes, cent individus au moins dans la même salle, suspects, dénonciateurs, coopérateurs, assistants, au centre une longue table verte chargée d'épées et de poignards, alentour les membres du comité, « vingt patriotes en chemise, les bras « retroussés, les uns tenant des pistolets, les autres des « plumes » et signant des mandats d'arrêt, « s'injuriant, « se menaçant, parlant tous à la fois et criant : Traître! « — Conspirateur! — En prison! — A la guillotine! — der- « rière eux les spectateurs pêle-mêle, vociférant et ges- « ticulant » comme des bêtes fauves qui, entassées dans la même cage, se montrent les dents et vont sauter les unes sur les autres. « L'un des plus animés, brandissant « son sabre pour frapper son antagoniste, s'arrêta en « me voyant et s'écria : Voilà Malouet! — Mais le cham- « pion adverse, moins occupé de moi que de son ennemi, « saisit cet instant pour l'assommer d'un coup de

---

1. Malouet, II, 245 (2 septembre). — *Moniteur*, XIII, 48, séance du 27 septembre 1792. Par le discours de Panis, on y voit que les scènes étaient analogues au comité de surveillance : « Qu'on se « représente notre situation : nous étions entourés de citoyens « irrités des trahisons de la cour; on nous disait : Voici un aris- « tocrate qui prend la fuite, il faut que vous l'arrêtiez, ou vous « êtes vous-même un traître. On nous mettait le pistolet sur la « gorge, et nous nous sommes vus obligés de signer des man- « dats, moins pour notre sûreté que pour celle des personnes « dénoncées. »

« crosse. » Malouet est sauvé, tout juste ; on ne s'échappe
de Paris que par ces sortes de chances. — Si l'on reste,
on est assiégé d'images funèbres : c'est dans chaque rue
le pas accéléré des escouades qui mènent les suspects
au comité ou en prison ; c'est autour de chaque prison
un attroupement qui « vient voir les désastres » ; c'est
la criée établie dans la cour de l'Abbaye pour vendre
à l'encan les habits des morts ; c'est le bruit des tombe-
reaux qui, jour et nuit, roulent sur le pavé pour emporter
1500 cadavres ; ce sont les chansons des femmes qui,
montées sur la charrette pleine, battent la mesure sur les
corps nus[1]. Est-il un homme qui, après une de ces ren-
contres, ne se voie en imagination, lui aussi, au comité
de section devant la table verte, puis dans la prison sous
les sabres, puis sur la charrette dans le monceau sanglant ?

Sous une pareille vision, les courages s'affaissent ;
tous les journaux approuvent, pallient ou se taisent ; personne n'ose résister à rien. Les biens comme les vies
appartiennent à qui veut les prendre. Aux barrières, aux
Halles, sur le boulevard du Temple, des filous parés du
ruban tricolore arrêtent les passants, saisissent les mar-
chandes, et, sous prétexte que les bijoux doivent être
déposés sur l'autel de la Patrie, prennent les bourses,
les montres, les bagues et le reste, si rudement, que des
femmes ont les oreilles arrachées faute d'avoir décroché

---

1. Granier de Cassagnac, II, 258. — Prudhomme, *les Crimes de la
Révolution*, III, 272. — Mortimer-Ternaux, III, 631. — Ferrières,
III, 391. — (Le mot cité a été recueilli par Rétif de la Bretonne.)

leurs boucles assez vite[1]. D'autres, installés dans les caves des Tuileries, y vendent à leur profit le vin et l'huile de la nation. Quelques-uns, élargis huit jours auparavant par le peuple, flairent un plus grand coup s'introduisent dans le Garde-Meuble et y volent pour 30 millions de diamants[2]. — Comme un homme frappé d'un coup de masse à la tête, Paris, assommé, se laisse faire, et les auteurs du massacre ont atteint leur objet : la faction s'est ancrée au pouvoir, on ne l'en arrachera plus. Ni dans la Législative ni dans la Convention, les velléités des Girondins ne prévaudront contre son usurpation tenace. Elle a prouvé par un exemple éclatant qu'elle est capable de tout, et elle s'en vante ; elle n'a pas désarmé, elle est toujours là debout, anonyme et prête, avec son principe meurtrier, avec ses procédés expéditifs, avec son personnel de fanatiques et de sicaires, avec Maillard et Fournier, avec ses canons et ses piques. Tout ce qui n'est pas elle ne vit que sous son bon plaisir, au jour le jour et par grâce. On le sait l'Assemblée ne songe plus à déloger des gens qui répondent aux dé-

---

1. *Moniteur*, XIII, 688, 698 (n° des 15 et 16 septembre). *Ib.* Lettre de Roland, 701, de Pétion, 711 — Buchez et Roux, XVIII, 33, 34. — Il y a dans le journal de Prudhomme une gravure sur ce sujet (14 septembre). — « Un Anglais, admis à la barre, « dénonce à l'Assemblée nationale un vol commis, dans une mai- « son occupée par lui à Chaillot, par deux huissiers et leurs satel- « lites. Ce vol consiste en 12 louis, 5 guinées, 5000 livres en assi- « gnats et plusieurs autres effets. » Les tribunaux qu'il a saisis n'osent donner suite à sa plainte. (Buchez et Roux, XVII, 1, 18 septembre.)

2. Buchez et Roux, XVII, 461. — Prudhomme, *les Révolutions de Paris*, n° du 22 septembre 1792.

crets d'expulsion par le massacre ; il n'est plus question
d'examiner leurs comptes ou de les contenir dans les
limites de la loi. Leur dictature est incontestée, et leurs
épurations continuent. En onze jours, quatre à cinq cents
nouveaux prisonniers, arrêtés par l'ordre de la municipalité, des sections, d'un Jacobin quelconque, sont
entassés dans les cellules encore tachées du sang répandu, et le bruit court que, le 20 septembre, les prisons seront vidées par un second massacre[1]. — Que la
Convention, si elle veut, s'installe pompeusement en
souveraine et fasse tourner la machine à décrets ; peu
importe : régulier ou irrégulier, le gouvernement mar-
chera toujours sous la main qui tient le sabre. Par la
terreur improvisée, les Jacobins ont maintenu leur autorité illégale ; par la terreur prolongée, ils vont établir
leur autorité légale. A l'Hôtel de Ville, dans les tribunaux, à la garde nationale, aux sections, dans les administrations, les suffrages contraints vont leur donner
les places, et déjà ils ont fait élire à la Convention
Marat, Danton, Fabre d'Églantine, Camille Desmoulins,
Manuel, Billaud-Varennes, Panis, Sergent, Collot d'Herbois, Robespierre, Legendre, Osselin, Fréron, David,
Robert, La Vicomterie, bref les instigateurs, les conducteurs, les complices du massacre[2]. Rien n'a été omis de

1. *Moniteur*, XIII, 711, séance du 16 septembre. Lettre de Roland à l'Assemblée nationale. — Buchez et Roux, XVIII, 42. —
Moniteur, XIII, 731, séance du 17 septembre. Discours de Pétion :
« Hier, on parlait de se rendre de nouveau dans les prisons et
« notamment à la Conciergerie. »

2. *Archives nationales*, CII, 58 à 76. Procès-verbaux de l'Assemblée électorale de Paris. — Robespierre est élu le premier (5 sep-

ce qui pouvait forcer et fausser le vote. Au préalable,
on a imposé à l'Assemblée électorale la présence du
peuple, et à cet effet on l'a transférée dans la grande salle
des Jacobins sous la pression des galeries jacobines. Par
une seconde précaution, on a exclu du vote tout opposant, tout constitutionnel, tout ancien membre du club
monarchique, du club de la Sainte-Chapelle et du club
des Feuillants, tout signataire de la pétition des 20 000
ou de la pétition des 8 000, et, quand des sections ont
protesté, on a rejeté leur réclamation comme le fruit
d'une « intrigue ». Enfin, à chaque tour de scrutin, on
a fait l'appel nominal, et chaque électeur a dû voter à
haute voix; on était sûr d'avance que son vote serait
bon : les avertissements qu'il avait reçus étaient trop
nets. Le 2 septembre, pendant que l'assemblée électorale
tenait à l'évêché sa première séance, les Marseillais, à
cinq cents pas de là, venaient prendre les vingt-quatre
prêtres de la mairie et dans le trajet, sur le Pont-Neuf,
les lardaient déjà à coups de sabre. Toute la soirée et

tembre), puis Danton et Collot d'Herbois (6 septembre), puis
Manuel et Billaud-Varennes (7 septembre), ensuite Camille Desmoulins (8 septembre), Marat (9 septembre), etc. — Mortimer-Ternaux, IV, 55 (arrêté de la Commune, sur l'instigation de Robespierre, pour le règlement des opérations électorales). — Louvet,
Mémoires. A l'assemblée électorale, Louvet demande la parole
pour discuter la candidature de Marat, et ne peut l'obtenir.
« Comme je sortais, je fus entouré de ces hommes à gros bâtons
« et à sabres dont le futur dictateur marchait toujours environné,
« des gardes du corps de Robespierre. Ils me menacèrent, ils me
« dirent en propres termes : « Avant peu, tu y passeras. » Ainsi
« l'on était libre dans cette assemblée où, sous les poignards, on
« votait à haute voix! »

toute la nuit, à l'Abbaye, aux Carmes, à la Force, les ouvriers de la municipalité ont travaillé, et, le 3 septembre, quand l'assemblée électorale s'est transportée aux Jacobins, elle a passé sur le Pont-au-Change entre deux haies de cadavres que les tueurs apportaient du Châtelet et de la Conciergerie.

CHAPITRE II

Dans les départements, c'est par centaines que l'on
compte les journées semblables à celles du 20 juin, du
10 août et du 2 septembre; s'il y a pour les corps des
maladies épidémiques et contagieuses, il y en a aussi
pour les esprits, et telle est alors la maladie révolutionnaire. Elle se rencontre en même temps sur tous les
points du territoire, et chaque point infecté contribue à

l'infection des autres. Dans toute ville ou bourgade, le club est un foyer inflammatoire qui désorganise les parties saines, et chaque centre désorganisé émet au loin ses exemples comme des miasmes[1]. De toutes parts la même fièvre, le même délire et les mêmes convulsions indiquent la présence du même virus, et ce virus est le dogme jacobin : grâce à lui, l'usurpation, le vol, l'assassinat, s'enveloppent de philosophie politique, et les pires attentats contre les personnes et les propriétés publiques ou privées deviennent légitimes ; car ils sont les actes du souverain légitime chargé de pourvoir au salut public.

I

Que chaque peloton jacobin soit dans son canton investi de la dictature locale, selon les Jacobins cela est de droit naturel, et, depuis que l'Assemblée nationale a déclaré la patrie en danger, cela est le droit écrit. « A « partir de cette date, » dit leur journal le plus répandu[2], et par le seul fait de cette déclaration, « le « peuple de France est assemblé, insurgé.... Il est res- « saisi de l'autorité souveraine ». Ses magistrats, ses députés, toutes les autorités constituées rentrent dans le néant qui est leur essence. Représentants temporaires et révocables, « vous n'êtes plus que les présidents du

1. Guillon de Montléon, I, 122. Lettre de Laussel aux Jacobins de Lyon, datée de Paris, 28 août 1792 : « Dites-moi combien on a « coupé de têtes chez nous ; ce serait une infamie d'avoir laissé « échapper nos ennemis. »

2 *Les Révolutions de Paris*, par Prudhomme, tome XIII, 59-63 (14 juillet 1792).

« peuple; vous n'avez plus qu'à recueillir son vote,...
« à le proclamer quand il l'aura émis d'une manière
« solennelle ». — Non seulement telle est la théorie
jacobine, mais encore telle est la théorie officielle. L'Assemblée nationale approuve l'insurrection, reconnaît la
Commune, s'efface, abdique autant qu'elle peut, et ne
reste en place provisoirement que pour ne pas laisser
la place vide. Elle s'abstient de commander, même pour
se donner des successeurs; elle « invite » seulement
« le peuple français à former une Convention na-
« tionale »; elle confesse qu'elle « n'a pas le droit de
« soumettre à des règles impératives l'exercice de la
« souveraineté »; elle ne fait « qu'indiquer aux ci-
« toyens » le règlement d'élections « auquel elle les
« engage à se conformer[1] ». — En attendant elle subit
outes les volontés de ce qu'on appelle alors le peuple
souverain; elle n'ose s'opposer à ses crimes; elle n'intervient auprès des massacreurs que par des prières. —
Bien mieux, par la signature ou le contreseing de ses
ministres, elle les autorise à recommencer ailleurs :
Roland a signé la commission de Fournier à Orléans;
Danton a expédié à toute la France la circulaire de
Marat; le conseil des ministres envoie, pour régénérer
les départements, les plus furieux de la Commune et du
parti, Chaumette, Fréron, Westermann, Audouin, Huguenin, Momoro, Couthon, Billaud-Varennes[2], d'autres

1. *Décrets* des 10 et 11 août 1792.
2. Prudhomme, n° du 15 septembre; 485. — Mortimer-Ternaux,
IV, 430.

encore plus tarés ou plus grossiers qui prêchent dans
toute sa pureté le dogme jacobin : « Ils annoncent
« ouvertement[1] qu'il n'y a plus de lois, que chacun est
« maître puisque le peuple est souverain ; que chaque
« fraction de la nation peut prendre les mesures qui
« lui conviennent au nom du salut de la patrie ; qu'on
« a le droit de taxer le blé, de le saisir dans les gran-
« ges des laboureurs, de faire tomber les têtes des fer-
« miers qui refusent d'amener les grains sur le mar-
« ché. » A Lisieux, Dufour et Momoro prêchent la loi
agraire. A Douai, d'autres prédicateurs parisiens disent
à la société populaire : « Dressez des échafauds ; que
« les remparts de la ville soient hérissés de potences,
« et que celui qui ne sera pas de notre avis y soit atta-
« ché. » — Rien de plus correct, de plus conforme aux
principes, et les journaux, tirant les conséquences,
expliquent au peuple l'usage qu'il doit faire de sa souveraineté reconquise[2] : « Dans les circonstances où

1. Mortimer-Ternaux, IV, 11. Rapport de Fauchet, 6 novembre
1792. — *Ib.*, IV, 91, 142. Discours de M. Fockedey, administrateur
du département du Nord, et de M. Bailly, député de Seine-et-
Marne.
2. Prudhomme, n° du 1er septembre 1792, 575, 381, 585 ;
n° du 22 septembre, 528, 550. — Cf. Guillon de Montléon, I,
144. Principes énoncés par les chefs jacobins de Lyon, Châlier,
Laussel, Cusset, Rouillot, etc. : « Le temps est arrivé où doit
« s'accomplir cette prophétie : les riches seront mis à la place
« des pauvres, et les pauvres à la place des riches. » — « Les
« riches seront encore heureux si on leur laisse la moitié de
« leurs biens. » — « Si les ouvriers de Lyon manquent d'ouvrage
« et de pain, ils pourront mettre ces calamités à profit en s'em-
« parant des richesses à côté desquelles ils se trouvent. » — « Nul
« individu ne peut mourir de faim auprès d'un sac de blé. Vou-

« nous sommes, la promiscuité des biens est le droit :
« tout appartient à tous. » D'ailleurs « il est néces-
« saire qu'on opère dans les fortunes un rapproche-
« ment,... un nivellement qui détruise le principe
« vicieux de la prépondérance des riches sur les pau-
« vres ». Cela est d'autant plus urgent que « le peu-
« ple, le véritable peuple, le souverain, a presque
« autant d'ennemis qu'il y a en France de propriétaires,
« de gros marchands, de gens de finance et d'hommes
« riches.... Tous les hommes à superflu doivent être
« regardés, en temps de révolution, comme les enne-
« mis secrets ou déclarés du gouvernement populaire ».
Ainsi, « qu'avant de quitter leurs foyers » et de partir
pour l'armée « les habitants de chaque commune met-
« tent en lieu de sûreté, et sous la sauvegarde de la loi,
« tous ceux qui sont suspectés de ne pas aimer la li-
« berté ; qu'on les tienne enfermés jusqu'à la fin de la
« guerre ; qu'on les garde avec des piques » et que
chacun de leurs gardiens reçoive trente sous par jour.
Pour les partisans du gouvernement déchu, pour les
membres du directoire de Paris, « Rœderer et Blondel
« à leur tête, » pour les officiers généraux, « La
« Fayette et d'Affry à leur tête, » pour « les députés
« reviseurs de la Constituante, Barnave et Lameth à
« leur tête, » pour « les députés feuillants de la Légis-
« lative, Ramond et Jaucourt à leur tête[1], » pour « tous

« lez-vous un mot qui paye pour tout ce dont vous avez besoin ?
« Mourez, ou faites mourir. »

1. Prudhomme, n° du 28 août 1792, 284 à 287.

« ceux qui consentaient à se souiller les mains en tou-
« chant à la liste civile, » pour « les 40 000 sicaires
« qui s'étaient rassemblés au château dans la nuit du
« 9 au 10 août,... ce sont des monstres furieux qu'il
« faut étouffer jusqu'au dernier. Peuple,... tu t'es levé;
« reste debout jusqu'à ce qu'il n'existe plus un seul
« des conspirateurs. Il est de ton humanité de te mon-
« trer inexorable une fois. Frappe les méchants de ter-
« reur ; les proscriptions dont nous te faisons un devoir
« sont la sainte colère de la patrie. » — Il n'y a pas à
se méprendre : c'est le tocsin qui sonne contre tous les
pouvoirs établis et contre toutes les supériorités sociales,
contre les administrations, les tribunaux et les états-
majors, contre les prêtres et les nobles, contre les propriétaires, les capitalistes, les rentiers, les chefs du
négoce et de l'industrie, bref contre l'élite ancienne ou
nouvelle de la France. Les Jacobins de Paris donnent le
signal par leur exemple, par leurs journaux, par leurs
missionnaires, et, dans les départements, leurs pareils,
imbus des mêmes principes, n'attendent qu'un appel
pour s'élancer.

II

En plusieurs départements[1], ils ont devancé l'appel,
et, dans le Var par exemple, dès le mois de mai, les pil-

1. Cf. *la Révolution*, IV, 246. Dans dix départements, la septième
jacquerie continue sans interruption la sixième. Entre autres
exemples, on peut lire (*Archives nationales*, F7, 3271) cette lettre
des administrateurs du Tarn, 18 juin 1792 : « Des attroupements
« nombreux parcouraient la ville (Castres) et la campagne. Ils

lages et les proscriptions ont commencé. — Selon l'usage, on s'en prend d'abord aux châteaux et aux monastères, quoiqu'ils soient devenus propriétés nationales, et l'on allègue pour raison, tantôt que l'administration « est trop lente à exécuter les décrets contre « les émigrés », tantôt que « le château, placé sur une « éminence, pèse aux habitants[1] ». Il n'y a guère de village en France qui ne contienne une quarantaine de mauvais sujets toujours prêts à se garnir les mains, et tel est justement le nombre des coquins qui pillent tout au château de Montauroux, « meubles, denrées, effets « et jusqu'à la vaisselle de cave ». Même opération par la même troupe au château de Tournon ; celui de Salernes est brûlé ; celui de Flagosc est démoli ; on détruit le canal de Cabris ; ensuite la chartreuse de Montrieux, les châteaux de Grasse, du Canet, de Régusse, de Brovaz, d'autres encore sont dévastés, et « les « dévastations sont journalières ». — Impossible de réprimer ce brigandage rural : le dogme régnant énerve l'autorité aux mains des magistrats, et les clubs, « qui « couvrent le département, » ont propagé partout les

« entraient de force dans les maisons des citoyens, brisaient les « meubles et pillaient tout ce qui tombait sous leurs mains. Des « femmes et des filles éprouvaient des traitements ignominieux. « Les commissaires envoyés par le district et la municipalité pour « prêcher la paix furent insultés, menacés. Le pillage fut renou- « velé, l'asile du citoyen violé. » — « En tout cas, ajoutent les « administrateurs, les progrès de la Constitution deviennent sen- « sibles par l'émigration subite et considérable de ses ennemis. »
1. *Archives nationales*, F⁷, 5272. Lettres des administrateurs du Var, 27 mai 1792. — Lettre du ministre Duranthon, 28 mai. — Lettre de la commission composant le directoire, 31 octobre.

ferments d'anarchie. « Administrateurs, juges, offi-
« ciers municipaux, tous ceux qui sont revêtus d'une
« autorité quelconque et ont le courage de l'em-
« ployer à faire respecter la loi, sont successivement
« dénoncés à l'opinion publique comme des ennemis
« de la Constitution et de la liberté, *parce que*, dit-
« on, *ils ne parlent jamais que de la loi, comme s'ils ne
« savaient pas que la volonté du peuple fait la loi, et
« que nous sommes le peuple*[1]. » Voilà le vrai principe,
et ici comme à Paris il engendre à l'instant ses conséquences. « Dans plusieurs de ces clubs, on ne s'entre-
« tient que de dévaster les propriétés, que de couper
« les têtes des aristocrates. Et qui désigne-t-on par
« cette infâme qualification ? Dans les villes, les gros
« négociants, les riches propriétaires ; dans les campa-
« gnes, ceux que nous appelons les bourgeois ; partout,
« les citoyens paisibles qui, amis de l'ordre, voudraient
« enfin jouir, à l'ombre de lois protectrices, des bien-
« faits de la Constitution. La rage de ces dénonciations
« est telle, que dans une de ces sociétés on a récem-
« ment dénoncé comme aristocrate un bon et brave
« paysan, dont toute l'aristocratie consistait à avoir dit
« à ceux qui avaient pillé le château du ci-devant sei-

1. *Archives nationales*, F[7], 3271. Lettre des administrateurs du
Var, 27 mai. — Ce mot est le résumé de l'esprit révolutionnaire,
et revient partout. — Cf. Duc de Montpensier, *Mémoires*, 11. A
Aix, un de ses gardiens disait aux sans-culottes qui faisaient
irruption dans la salle où il était déposé : « Citoyens, par quel
« ordre êtes-vous entrés ici, et pourquoi avez vous forcé la garde
« qu'on avait mise à la porte ? » — Un d'eux répondit : « Par
« ordre du peuple. Ne sais-tu pas que le peuple est souverain ? »

« gneur de l'endroit qu'ils ne jouiraient pas en paix du
« fruit de leur délit. » — Voilà déjà par avance le programme jacobin de Paris, à savoir la séparation des
Français en deux classes, la spoliation de l'une, le
despotisme de l'autre, l'écrasement des gens aisés,
rangés et probes sous la dictature des gens qui ne le
sont pas.

Ici, comme à Paris, le programme s'exécute de point
en point. Au Beausset, près de Toulon, un certain Vidal,
capitaine de la garde nationale, « élargi deux fois par
« le bénéfice de deux amnisties consécutives[1] », punit
de mort, non seulement la résistance, mais encore les
murmures. Deux vieillards, l'un notaire et l'autre tour-
neur, s'étant plaints de lui à l'accusateur public, la
générale bat, un rassemblement d'hommes armés se
forme dans la rue, les deux plaignants sont assommés,
criblés de balles, et leurs cadavres jetés dans un puits.
Plusieurs de leurs amis sont blessés, d'autres prennent
la fuite; sept maisons sont saccagées, et la municipalité
« asservie ou complice » n'intervient que lorsque tout
est fini. — Nul moyen de poursuivre les coupables : le
directeur du jury, qui, avec une escorte de mille hommes, vient procéder à l'enquête, ne peut obtenir de
dépositions. La municipalité prétend n'avoir rien entendu, ni la générale, ni les coups de fusil tirés sous ses
fenêtres. Les autres témoins ne disent mot, et avouent

---

1. *Archives nationales*, F⁷, 3272. Lettre de l'accusateur public,
25 mai. — Lettres des administrateurs du département, 22 et
27 mai. (Sur les événements du 13 mai au Beausset.)

tout bas le motif de leur silence : s'ils déposent, « ils
« sont sûrs d'être assassinés aussitôt que la troupe sera
« partie ». Le directeur du jury est lui-même menacé
et, après trois quarts d'heure de séjour, trouve prudent
de quitter la ville. — Là-dessus, les clubs du Beausset
et des environs, enhardis par l'impuissance de la loi,
éclatent en motions incendiaires : « On y annonce
« qu'après la retraite des troupes dix-neuf autres mai-
« sons seront dévastées »; on propose « de couper la
« la tête aux aristocrates, c'est-à-dire à tous les pro-
« priétaires de la contrée ». Beaucoup ont fui, mais on
ne se contente pas de leur fuite. Vidal enjoint à ceux du
Beausset qui se sont réfugiés à Toulon de revenir à
l'instant; sinon on démolira leurs maisons, et de fait, le
jour même, en manière d'avertissement, plusieurs maisons du Beausset, entre autres celle d'un notaire, sont
démolies ou pillées de fond en comble; toute la canaille
de la ville est à l'œuvre, « hommes et femmes à demi
« ivres », et, comme il s'agit de voler et de boire, ils
ne demandent qu'à recommencer au chef-lieu. — Aussi
bien le club a déclaré « que l'on ferait bientôt à Toulon
« une Saint-Barthélemy nouvelle »; on y a des alliés,
on se concerte avec eux : chaque club des petites villes
voisines fournira ses hommes; tous marcheront sous la
direction du club de Toulon. A Toulon comme au Beausset, la municipalité laissera faire, et l'on appliquera à
l'accusateur public, aux administrateurs du district et
du département les procédés dont ils se plaignent.
Libre à eux d'écrire à Paris et de dénoncer les patriotes

à l'Assemblée nationale et au roi ; le club répondra par des actes à leurs paperasses. Leur tour approche; à Toulon aussi il y a des lanternes et des sabres, et la faction les assassine, parce qu'ils ont informé contre ses assassinats.

III

D'après ce qu'elle a osé quand le gouvernement était encore debout, on peut conjecturer ce qu'elle va se permettre pendant l'interrègne. Alors, comme toujours, il n'y a que les exemples qui peignent, et, pour connaître le souverain nouveau, il faut d'abord l'observer sur un théâtre restreint.

A la nouvelle du 10 août, les Jacobins de Saint-Affrique, petite ville de l'Aveyron[1], ont entrepris, eux aussi, de

1. *Archives nationales*, F7, 3193 et 3194. On trouvera dans ces dossiers les détails antérieurs ; ce département est un de ceux où la septième jacquerie n'est que le prolongement de la sixième. — F7, 3193. Lettre du commissaire du roi près le tribunal de Millau, 5 mai 1791 : « Notre position empire ; les corps administratifs « continuent d'être sans force et sans moyens. La plupart des « membres n'ont pu encore rentrer dans l'exercice de leurs fonc- « tions, et les factieux, dominant toujours, multiplient leurs excès « dans tous les genres du mal. Nouvel incendie à une maison de « campagne plus près de la ville ; invasion d'une autre, destruction « de tout le mobilier et d'une partie du couvert, bris et fracture « des portes et des fenêtres ; visite dans plusieurs maisons sous « prétexte d'un recèlement d'armes ou de poudre ; enlèvement de « toute celle qui s'est trouvée chez les particuliers et marchands « qui n'étaient pas voués au parti factieux ; cris tumultueux, ras- « semblements nocturnes, complots formés pour le pillage ou l'in- « cendie ; troubles causés par la vente des grains ; recherches « sous ce prétexte dans les greniers des particuliers, prix fixé au « rabais du courant, enlèvement de 40 louis en espèces à une dame « qui se retirait à la campagne, et qui furent trouvés dans sa malle,

sauver la patrie, et, à cet effet, comme leurs pareils en d'autres bourgades du district, ils se sont constitués en *pouvoir exécutif*. L'institution est ancienne, surtout dans le Midi : depuis Lyon jusqu'à Montpellier, depuis Agen jusqu'à Nîmes, il y a dix-huit mois qu'elle fleurit ; mais, à partir de l'interrègne, elle refleurit de plus belle : c'est une société secrète qui se charge de convertir en actes les motions et instructions du club[1]. Ordinairement ils travaillent de nuit sous le masque ou avec de grands chapeaux rabattus et des cheveux tombant sur le visage. Leurs noms sont inscrits au siège de la société sur un tableau, chacun sous un numéro. Pour arme et pour insigne ils portent un gros bâton triangulaire orné d'un ruban tricolore ; avec ce bâton, chaque membre « peut « aller partout », faire ce que bon lui semble. A Saint-Affrique, ils sont environ quatre-vingts, et parmi eux il faut compter les vauriens de la 7e compagnie du Tarn en résidence dans la ville ; pour les enrôler dans la bande, on n'a cessé « de leur prêcher le pillage » et de leur dire que dans les châteaux voisins tout leur appar-

« qui fut enfoncée, et qui doivent être, dit-on, remplacés par des « assignats. Les officiers de police et la municipalité, témoins de « ces excès, sont parfois forcés de les autoriser par leur présence ; « ils n'osent ni les réprimer ni en punir les auteurs connus. *Tel « est l'abrégé des désordres qui se sont commis en moins de huit « jours.* » — Pour Saint-Affrique en particulier, cf. F7, 3104, entre autres la lettre des administrateurs du département, 29 mars 1792.

1. *Archives nationales*, F7, 3103. Extrait des registres du greffe du juge de paix de Saint-Affrique, et rapport des commissaires du département, 10 novembre 1792 (avec les dépositions des témoins, formant un cahier de 115 pages).

tenait[1]. — Non que les châteaux voisins soient à redouter : la plupart sont vides ; ni dans Saint-Affrique ni aux environs, les hommes de l'ancien régime ne font un parti ; depuis plusieurs mois, les prêtres orthodoxes et les nobles ont dû fuir, et maintenant les gens aisés se sauvent. Mais la population est catholique ; beaucoup de boutiquiers, d'artisans et de fermiers sont mécontents, il s'agit de mettre au pas tous ces traînards. — En premier lieu, ordre aux femmes de toute condition, ouvrières et servantes, d'assister à la messe du curé assermenté : sinon elles feront connaissance avec la trique. — En second lieu, désarmement de tous les suspects : on entre chez eux la nuit, de force, à l'improviste, et, oûtre leur fusil, on emporte leurs provisions et leur argent. Tel épicier, qui s'obstine à demeurer tiède, est visité une seconde fois : sept ou huit hommes, un soir, enfoncent sa porte avec une poutre ; lui, réfugié sur son toit, n'ose descendre que le lendemain au petit jour, et trouve tout volé ou brisé dans son magasin[2].

En troisième lieu, « punition des malveillants » : à neuf heures du soir, une escouade heurte à la porte d'un cordonnier mal noté ; son apprenti ouvre ; six tape-dur entrent, et l'un d'eux, montrant un papier, dit au pauvre homme effaré : « Je suis ici de la part du pouvoir exé-« cutif, par lequel vous êtes condamné à recevoir une « bastonnade. — Pourquoi? — Si vous n'avez pas fait

1. Dépositions d'Alexis Bro, volontaire, et de trois autres.
2. Déposition de Pons, marchand. Après cette dévastation, il a été obligé d'adresser une pétition au pouvoir exécutif pour obtenir la permission de rester dans la ville.

« de mal, du moins vous en avez pensé[1]. » En effet, on
le bâtonne sur place en présence de sa famille, et quantité de gens, empoignés comme lui, sont, comme lui,
roués de coups à domicile. — Quant aux frais de l'opération, c'est aux malveillants à les supporter ; pour cela,
ils sont taxés, chacun selon ses facultés : tel, tanneur ou
trafiquant en bestiaux, payera 36 livres ; tel autre, chapelier, 72 livres ; sinon, « on l'exécutera le jour même à
« neuf heures du soir ». Nul n'est exempt s'il n'est de
la bande. De pauvres vieux qui n'ont rien sont contraints
de donner leur unique assignat de 5 livres ; chez la
« femme d'un travailleur à la terre » dont tout le pécule
consiste en 7 sous et demi, on prend les 7 sous et demi,
en disant : « Voilà de quoi boire 3 pintons[2] ». Au reste,
faute d'argent, on prend en nature ; on fait main basse
sur la cave, sur la huche, sur l'armoire, sur la basse-
cour ; on mange, on boit, on casse, on s'en donne à
cœur joie, non seulement dans la ville, mais dans les
villages voisins. Un détachement vient opérer à Brusque
si vigoureusement, que le maire et le procureur-syndic
se sauvent à travers champs et n'osent rentrer de deux
jours[3]. A Versols, chez le curé assermenté, à Lapeyre,
chez le vicaire assermenté, tout est saccagé ; l'argent
est volé, les tonneaux sont vidés. Chez le curé de Douyre

1 Déposition de Capdenet, cordonnier.
2. Dépositions de Marguerite Galzeng, de la femme de Guibal,
meunier, de Pierre Canac, etc.
3. Dépositions de Martin, procureur-syndic de la commune de
Brusque, d'Aussel, curé de Versols, de Martial Aussel, vicaire de
Lapeyre, etc.

« les meubles, effets, cabinets et vitres sont brisés; » on
fait ripaille avec son vin et son garde-manger, on jette
ce qu'on n'a pu consommer, puis on cherche le curé et
son frère, ci-devant chartreux, en criant qu'il faut
« leur couper la tête et du reste de leur corps faire de
« la saucisse ». Quelques-uns, plus avisés, se ramassent
un magot ; par exemple un certain Bourguière, cavalier
dans la troupe de ligne, s'est emparé de la vigne d'une
dame, veuve d'un médecin, ancien maire[1]; il vendange
cette vigne « publiquement, en plein jour », à son profit,
annonce à la propriétaire qu'il l'égorgera si elle se
plaint, et comme probablement elle s'est plainte, il
l'oblige, au nom du pouvoir exécutif, à lui compter, en
dédommagement, 50 écus. — Quant au commun des
assommeurs, ils ont pour salaire, outre la chère lie, la
licence parfaite. Dans ces maisons envahies à onze
heures du soir, pendant que le père s'enfuit ou que le
mari crie sous le bâton, l'un des garnements se tient à
la porte, le sabre nu dans la main, et la femme ou la
fille reste à la discrétion des autres; ils la saisissent par
le cou et la maintiennent[2]. Elle a beau appeler au secours; « personne à Saint-Affrique n'ose plus sortir de
« nuit »; personne ne vient; le lendemain, le juge de
paix n'ose recevoir la plainte, et son excuse est « qu'il
« a peur lui-même ». — Aussi bien, le 23 septembre,

1. Déposition d'Anne Tourtoulon.
2. Dépositions de Jeanne Tuffon, de Marianne Terral, de Marguerite Thomas, de Martin, procureur-syndic de la commune de
Brusque, de Virot, de Brassier, etc. Les détails sont trop précis
pour être transcrits.

des officiers municipaux et le greffier, qui faisaient patrouille, ont été presque assommés à coups de bâton et de pierres ; le 10 octobre, un autre officier municipal a été laissé pour mort ; quinze jours auparavant, un lieutenant des volontaires, M. Mazières, « ayant voulu faire « son devoir, a été assassiné dans son lit par ses propres « hommes ». — Naturellement, personne n'ose plus souffler mot, et, après deux mois de ce régime, il est à présumer qu'aux élections municipales du 21 octobre les électeurs seront dociles. En tout cas, par précaution, on se dispense de les prévenir, selon la loi, huit jours d'avance ; par un surcroît de précaution, on leur fait savoir que, s'ils ne votent pas pour le pouvoir exécutif, ils auront affaire au bâton triangulaire[1]. — En conséquence, la plupart s'abstiennent : dans une ville qui compte plus de six cents citoyens actifs, quarante voix donnent la majorité ; Bourgougnon et Sarrus, les deux chefs du pouvoir exécutif, sont élus l'un maire, l'autre procureur-syndic, et désormais l'autorité qu'ils avaient prise par la force leur est conférée par la loi.

IV

Tel est à peu près le type du gouvernement qui surgit, après le 10 août, dans chaque commune de France : le club règne ; mais, selon les circonstances, la forme et les procédés de sa dictature sont différents. — Tantôt il

---

1. Dépositions de Moursol, cardeur de laine, de Louis Grand, administrateur du district, etc.

opère directement par la bande exécutive qu'il conduit ou par la populace ameutée qu'il lance; tantôt il opère indirectement par l'assemblée électorale qu'il a fait élire ou par la municipalité qui est sa complice. Si les administrations sont jacobines, il gouverne à travers elles; si elles sont passives, il gouverne à côté d'elles; si elles sont réfractaires, il les épure[1] ou les casse[2], et, pour les dompter, il va non seulement jusqu'aux coups, mais jusqu'au meurtre[3] et jusqu'au massacre[4]. Entre le massacre et la menace, tous les intermédiaires se rencontrent, et le sceau révolutionnaire s'imprime partout avec des inégalités de relief.

En beaucoup d'endroits, la menace suffit. Dans les contrées où le tempérament est froid et où la résistance est nulle, il est inutile d'employer les voies de fait. A quoi bon tuer, par exemple, dans une ville comme Arras, où, le jour du serment civique, le président du département, très prudent millionnaire, parade dans les rues, bras dessus, bras dessous, avec la mère Duchesne qui vend des galettes dans une cave; où, le jour des élections, les bourgeois qui votent nomment, par poltronnerie, les candidats du club, sous prétexte qu'il faut envoyer à Paris « les gueux et les scélérats » pour en

1. Par exemple à Limoges, 16 août. — Cf. Louis Guibert, *le Parti girondin dans la Haute-Vienne*, 14.

2. Paris, *Histoire de Joseph Lebon*, I, 60. Renouvellement de la municipalité d'Arras; Joseph Lebon est proclamé maire, 16 septembre.

3. Par exemple à Caën et à Carcassonne.

4. Par exemple à Toulon.

purger la ville[1]? Ce serait peine perdue que de frapper sur des gens qui rampent si bien[2]. La faction se contente de les marquer comme des chiens galeux, de les parquer, de les tenir en laisse, de les vexer[3]. Elle affiche à la porte des corps de garde la liste des habitants qui sont parents d'un émigré; elle fait des visites domiciliaires; elle dresse à son gré une liste de suspects, et il se trouve que sur cette liste elle a inscrit tous les riches. Elle les insulte et les désarme; elle les interne dans la ville; elle leur défend d'en sortir, même à pied; elle leur ordonne de se présenter chaque jour devant son comité de sûreté publique; elle les condamne à payer dans les vingt-quatre heures toutes leurs contributions de l'année; elle décachette leurs lettres; elle confisque, rase et vend dans les cimetières leurs tombeaux de famille. Tout cela est de règle, comme aussi la persécution religieuse, l'irruption dans les sanctuaires privés où se dit la messe, les coups de crosse et de poing prodigués à l'officiant, l'obligation pour les parents orthodoxes de faire baptiser leurs enfants par le curé schismatique, l'expulsion des religieuses, la poursuite, l'emprisonnement, la déportation des prêtres insermentés.

Mais, si la domination du club n'est pas toujours san-

---

1. *Un séjour en France*, 19, 29.

2. *Ib.*, 38 : « M. de M..., qui a servi pendant trente ans, a « rendu ses armes à un tout jeune garçon, et celui-ci s'est conduit « envers lui avec la plus extrême insolence. »

3. Paris, *Histoire de Joseph Lebon*, I, 55 et suivantes. — Albert Babeau, *Histoire de Troyes*, I, 503-515. — Sauzay, III, ch. I.

glante, son arbitraire est toujours celui d'un homme armé, qui, épaulant son fusil, couche en joue des passants qu'il vient d'arrêter sur la route ; ordinairement les passants se mettent à genoux, tendent leur bourse, et le coup ne part point. Néanmoins le coup est toujours prêt à partir, et, pour en être sûr, il n'y a qu'à regarder la main crispée qui tient la gâchette. Rappelons-nous cette population de malandrins qui pullulait sous l'ancien régime[1], le double cordon de contrebandiers, faux-sauniers et recéleurs, qui enserrait les douze cents lieues de douanes intérieures, les braconniers qui foisonnaient dans les quatre cents lieues de capitaineries gardées, les déserteurs, si nombreux, qu'en huit ans on en comptait soixante mille, les mendiants dont regorgeaient les maisons de force, les milliers de brigands et de vagabonds qui infestaient les grands chemins : c'est tout ce gibier de maréchaussée que la révolution a lâché et armé ; à son tour, le gibier est devenu le chasseur. Pendant trois ans, les rôdeurs aux bras forts ont fourni le noyau des jacqueries locales ; à présent ils forment le personnel de la jacquerie universelle. A Nîmes[2], le pouvoir exécutif a pour chef « un maître à danser ». Les deux principaux démagogues de Toulouse sont un cordonnier et un acteur qui au théâtre joue les valets[3]. A Toulon[4], le club,

---

1. *L'Ancien Régime*, II, 284, 301, 302.

2. *Archives nationales*, F⁷, 3217. Lettre de Castanet, ancien gendarme, 21 août 1792.

3. *Ib.*, F⁷, 3219. Lettre de M. Alquier au premier consul, 18 pluviôse, an VIII.

4. Lauvergne, *Histoire du Var*, 104.

plus absolu qu'aucun despote asiatique, se recrute parmi
les indigents, les matelots, les ouvriers du port, les soldats, « les forains sans aveu, » et son président, Sylvestre, expédié de Paris, est un forcené du plus bas
étage. A Reims[1], le grand meneur est un prêtre défro-
qué, mari d'une religieuse, assisté d'un boulanger qui
jadis, ancien soldat, a failli être pendu. Ailleurs[2], c'est
un déserteur, traduit devant les tribunaux pour vol, ici
un cuisinier ou un aubergiste, là-bas un ci-devant
laquais. Lyon a pour oracle un ex-commis voyageur,
émule de Marat, Châlier, dont le délire meurtrier se
complique de mysticisme maladif; les acolytes de Châlier sont un barbier, un perruquier, un marchand fripier, un fabricant de moutarde et de vinaigre, un appré-
teur de draps, un ouvrier en soie, un ouvrier en gaze,
et le moment vient où l'autorité tombe plus bas encore,
aux mains « des femmes de la lie, des coquines », qui,
aidées par « des souteneurs en petit nombre », nomment « des commissaires femelles », taxent les denrées, et, pendant trois jours, pillent les magasins[3]. Avi-

1. Mortimer-Ternaux, III, 325, 327.

2. *Archives nationales*, F[7], 3271. Lettre du ministre de la justice, avec procès-verbaux de la municipalité de Rabastens : « Le
« juge de paix de Rabastens a été insulté dans sa maison : on lui
« a enlevé la procédure commencée contre le chef d'une munici-
« palité, ancien soldat déserteur, traduit devant les tribunaux pour
« vol ; on a menacé le juge de paix de le poignarder s'il la recom-
« mençait. De nombreux attroupements de gens sans aveu par-
« courent les campagnes, pillant et rançonnant les propriétaires....
« Le peuple a été égaré par un officier municipal, un curé con-
« stitutionnel et un frère du sieur Tournal, l'un des auteurs des
« maux qui ont désolé le Comtat » (5 mars 1792).

3. Guillon de Montléon, I, 84, 109, 130, 155, 158, 404. — *Ib.*,

gnon a pour maîtres les bandits de la Glacière. Arles subit le joug de ses mariniers et de ses portefaix. Marseille appartient à « une bande de scélérats, vomis des « maisons de débauche, qui ne reconnaissent ni lois ni « magistrats et dominent la ville par la terreur[1] ». — Rien d'étonnant si de tels hommes, investis d'un tel pouvoir, en usent conformément à leur nature, et si l'interrègne, qui est leur règne, étend sur la France un cercle de dévastations, de vols et d'assassinats.

V

Ordinairement la bande sédentaire des clubistes a pour auxiliaire une bande ambulante de la même espèce ; je veux parler des volontaires, plus redoutables et plus malfaisants, car ils marchent en corps et sont armés[2]. Comme leurs confrères civils, nombre d'entre eux sont des va-nu-pieds de la ville et de la campagne ; la plupart, ne sachant comment subsister, ont été alléchés par la solde de 15 sous par jour ; c'est le manque d'ouvrage et de pain qui les a faits soldats[3]. D'ailleurs,

441, détails sur Châlier, par son camarade Chassagnon. — *Archives nationales*, F7, 3255. Lettre de Laussel, 22 septembre 1792.

1. Barbaroux, *Mémoires*, 85. Barbaroux est témoin oculaire, car il vient de revenir à Marseille et va présider l'assemblée électorale des Bouches-du-Rhône.

2. C. Rousset, *les Volontaires*, etc., 67. — Dans son rapport du 27 juin, Aubert-Dubayet évalue le nombre des volontaires à 84 000.

3. C. Rousset, *ib.*, 101. Lettre de Kellermann, 23 août 1792. — *Un séjour en France*, 27, 28. — Sur la misère générale, les textes sont innombrables. Cf. *la Révolution*, IV, 125 et suivantes. — *Ar-*

chaque commune ayant été chargée de fournir son contingent, « on a ramassé dans les villes ce qu'on a trouvé, « les mauvais sujets au coin des rues, les gens sans « aveu, et, dans les campagnes, tous les malheureux, « tous les vagabonds : on a presque tout fait marcher « par le sort ou par argent, » et probablement les administrations, « par ce moyen, ont entendu purger la « France[1] ». Aux malheureux « achetés par les com- « munes » ajoutez les gens du même acabit que les riches ont payés pour remplacer leurs fils[2]. On a puisé ainsi à la pelle et au rabais dans le fumier social, parmi les hôtes naturels et prédestinés des maisons de force, des dépôts de mendicité et des hôpitaux, sans s'inquiéter de la qualité, même physique : « infirmes, imbé- « ciles, borgnes, boiteux, » contrefaits ou avariés, « les « uns trop âgés, les autres trop jeunes et trop faibles « pour soutenir les fatigues de la guerre, d'autres si

chives nationales, F⁷, 3214. Lettre d'un habitant de Nogent-le-Rotrou (Eure). « Sur 8000 habitants, la moitié au moins a besoin « de secours, et les deux tiers de ceux-ci sont dans la plus « affreuse nécessité et ont à peine de la paille pour se reposer. » (3 décembre 1792.)

1. C. Rousset, *ib.*, 106. Lettre du général de Biron, 23 août 1792. — *Ib.*, 126. Lettre de Vezu, chef de bataillon, 24 juillet 1793.

2. C. Rousset, *ib.*, 144. Lettre d'un administrateur du district de Moulins au général de Custine, 27 janvier 1793. — *Un séjour en France*, 27 : « Je suis fâchée de voir que la plupart des volon- « taires qui vont rejoindre l'armée sont des vieillards ou de très « jeunes garçons. » — C. Rousset. *ib.*, 74, 108, 226. Lettre de Biron, 7 novembre 1792. — *Ib.*, 105. Lettre du commandant de Fort-Louis, 17 août. — *Ib.*, 127. Lettre du capitaine Motmé. Un tiers du 2ᵉ bataillon de la Haute-Saône est composé d'enfants de 13 à 14 ans.

« petits, que leurs fusils leur passent la tête d'un pied »,
quantité d'enfants de seize ans, de quatorze ans, de
treize ans, bref le voyou des grandes cités, tel que nous
le voyons encore aujourd'hui, rabougri et malingre, naturellement insolent et insurgé [1]. Arrivés à la frontière,
il s'en trouve « un tiers incapable de service [2] ». Mais,
avant d'arriver sur la frontière, ils travaillent sur leur
chemin en vrais « pirates ». — Plus valides de corps et
plus honnêtes de cœur, les autres, sous la discipline du

1. *Moniteur*, XIII, 742 (21 septembre). Le maréchal Lückner et
ses aides de camp manquent d'être tués par les volontaires parisiens. — *Archives nationales*, BB, 16 703. Lettre de Labarrière,
aide de camp du général de Flers, Anvers, 19 mars 1793, sur la
désertion en masse des gendarmes de l'armée de Dumouriez, qui
reviennent à Paris.

2. Cf. *l'Armée et la garde nationale*, par le baron Poisson, III,
475 : « Lorsque les hostilités furent déclarées (avril 1792), le con-
« tingent volontaire fut fixé à 200 000 hommes. Cette seconde ten-
« tative n'amena que des levées confuses et désordonnées. Le peu
« de consistance des troupes volontaires rendit impossible de
« continuer la guerre en Belgique et permit à l'étranger de fran-
« chir la frontière. » — Gouverneur Morris, si bien informé, écrit
déjà le 27 décembre 1791 : « Les gardes nationaux qui se sont
« enrôlés comme volontaires sont, en beaucoup de cas, cette
« excroissance malsaine qui se développe dans la population sura-
« bondante des grandes cités,... sans force physique pour sup-
« porter les fatigues de la guerre,... avec tous les vices et toutes
« les maladies qui peuvent faire d'eux le fléau de leurs amis et la
« risée de leurs ennemis. » — Buchez et Roux, XXVI, 177. Plan
des administrateurs de l'Hérault, présenté à la Convention le
27 avril 1793 : « On ne doit pas dissimuler quelle est la composi-
« tion du recrutement. La plupart des hommes qui le forment ne
« sont pas des volontaires, ne sont pas des citoyens de toutes les
« classes de la société qui, ayant subi le sort ou le scrutin, se
« soient décidés volontiers à aller défendre la république. *La
« plupart des recrues sont des hommes de remplacement, qui,
« par l'appât d'un salaire considérable, se sont déterminés à
« quitter leurs foyers.* »

dar.ger continu, deviendront au bout d'un an de bons soldats. Mais, en attendant, le dégât qu'ils font n'est pas moindre; car s'ils sont moins voleurs, ils sont plus fanatiques. Rien de si délicat que l'institution militaire : par cela seul qu'il a la force, l'homme est toujours tenté d'abuser de la force; pour qu'un corps franc reste inoffensif au milieu de la population civile, il faut qu'il soit retenu par les freins les plus forts, et tous les freins, intérieurs ou extérieurs, manquent aux volontaires de 1792[1].

Artisans, paysans, petits bourgeois, jeunes gens enthousiastes et enflammés par la doctrine régnante, ils sont encore plus jacobins que patriotes. Le dogme de la souveraineté du peuple, comme un vin fumeux, a enivré leur cerveau novice; ils se sont persuadé « que l'honneur d'être destinés à combattre les ennemis de la république les autorise à tout exiger et à tout oser[2] ». Le moindre d'entre eux se croit au-dessus des lois, « comme jadis un Condé[3] », et devient un roi au petit pied, institué par lui-même, un autocrate justicier et redresseur de torts, appui des patriotes et fléau des aristocrates, qui dispose des biens et des vies et, sans formalités ni délais, se charge, dans les villes qu'il tra-

1. C. Rousset, 47. Lettre du directoire de la Somme, 26 février 1792.

2. *Archives nationales*, F⁷, 3270. Délibération du conseil général de la commune de Roye, 8 octobre 1792 (à propos des violences exercées par deux divisions de gendarmerie parisienne pendant leur passage, les 6, 7 et 8 octobre).

3. Moore, I, 338 (8 septembre 1792)

verse, d'achever la révolution sur place. — Ce ne sont
pas ses officiers qui l'en empêcheront. « Créateur de ses
« chefs, il n'en fait pas plus de cas qu'on n'en fait ordi-
« nairement de sa créature; » loin d'être obéis, ils ne
sont pas même considérés, « et cela vient de ce qu'il a
« choisi dans ses analogies, sans égard aux talents mi-
« litaires ni à la supériorité de la région morale[1] ». Par
un effet naturel de l'élection, les grades ont été conférés
aux braillards et aux démagogues. « Les intrigants, les
« grands parleurs et surtout les grands buveurs l'ont
« emporté sur les gens capables[2]. » De plus, pour garder sa popularité, le nouvel officier va boire au cabaret
avec ses hommes[3], et il est tenu de se montrer plus
jacobin qu'eux-mêmes; d'où il suit que, non content de
tolérer leurs excès, il les provoque. — C'est pourquoi,
dès le mois de mars 1792, et plus tôt encore[4], on voit

1. C. Rousset, *les Volontaires* etc., 189. Lettre au ministre de
la guerre, datée de Dunkerque, 29 avril 1793. — *Archives nationales*, BB, 16703. Garde nationale parisienne, état-major général,
ordre du jour, lettre du citoyen Férat, commandant d'Ostende,
au ministre de la guerre, 19 mars 1793 : « Depuis que les gen-
« darmes sont avec nous à Ostende, il n'y a que bruit journelle-
« ment; ils attaquent les officiers et volontaires, se permettent de
« leur arracher les épaulettes, ne parlent que de couper, de
« hacher, et disent *qu'ils ne connaissent aucun supérieur, qu'ils
« sont à l'égalité*, et qu'ils veulent agir à leur fantaisie. Tous
« ceux à qui je donne des ordres pour les faire arrêter sont
« menacés et poursuivis à coups de sabre et le pistolet à la main. »
2. C. Rousset, *ib.*, 45. Lettre du général de Wimpffen, 30 décembre 1791. — *Souvenirs* du général de Pelleport, 7 et 8.
3. C. Rousset, *ib.*, 45. Rapport du général de Wimpffen, 20 janvier 1792. — *Ib.*, 103. Lettre du général de Biron, 23 août 1792.
4. C. Rousset, *ib.*, 47, 48. — *Archives nationales*, F7, 5249.
Procès-verbal de la municipalité de Saint-Maxence, 21 janvier 1792.
— F7, 3275. Procès-verbal de la municipalité de Châtellerault,

les volontaires se comporter en France comme en un pays conquis. Tantôt ils opèrent des visites domiciliaires et cassent tout chez le particulier visité ; tantôt ils font rebaptiser des enfants par le curé conformiste et tirent sur le père orthodoxe. Ici, de leur propre chef, ils font des arrestations; là-bas, ils se joignent aux séditieux qui retiennent des bateaux de grains. Ailleurs, ils contraignent la municipalité à taxer le pain; plus loin, ils brûlent ou saccagent des châteaux, et, si le maire leur représente que le château appartient maintenant, non à un émigré, mais à la nation, ils lui répondent « par des « poussées » en le menaçant de lui couper le cou[1]. — Aux approches du 10 août, le fantôme d'autorité, qui parfois leur imposait encore, s'évanouit tout à fait, et

27 décembre 1791. — F⁷, 3285 et 3286. Lettres du directoire du département de l'Aisne, 9 et 10 mars 1792. — F⁷, 3213. Lettre de Servan, ministre de la guerre, à Roland, 12 juin 1792 : « Je reçois, « ainsi que vous et M. le ministre de la justice, des plaintes très « fréquentes contre les volontaires nationaux. Ils se portent jour- « nellement à des excès très répréhensibles dans les lieux où ils « sont cantonnés ou par où ils passent pour se rendre à leur « destination. » — *Ib.* Lettre de Duranthon, ministre de la jus- tice, 5 mai : « Ces faits se répètent, avec des circonstances plus « ou moins aggravantes, dans tous les départements. »

1. *Archives nationales*, F⁷, 3193. Procès-verbal des commissaires du département de l'Aveyron, 4 avril 1792 : « Parmi les pillards « et les incendiaires des châteaux de Privezac, Vaureilles, Péchins « et autres maisons menacées, il y avait nombre de recrues qui « avaient déjà pris la route de Rodez pour se rendre à leurs régi- « ments respectifs. » Du château de Privezac, il ne reste qu'un tas de ruines ; les maisons du village sont « gorgées d'effets pillés », et les habitants se sont partagé les bestiaux du propriétaire. — Comte de Seilhac, *Scènes et portraits de la Révolution dans le bas Limousin*, 305. Pillage des châteaux de Saint-Jéal et de Seilhac, le 12 avril 1792, par le 3ᵉ bataillon de la Corrèze, commandé par Bellegarde, ancien domestique du château.

« il ne leur en coûte rien de massacrer » qui leur dé-
plaît[1]. Exaspérés par les périls qu'ils vont courir à la
frontière, ils commencent la guerre dès l'intérieur ; par
provision et précaution, ils expédient en passant les
aristocrates probables, et contre les officiers, les nobles,
les prêtres qu'ils rencontrent sur leur route, ils font pis
que leurs alliés du club. Car, d'une part, étant de passage, ils sont encore plus sûrs de l'impunité que les
meurtriers sédentaires ; huit jours après, perdus dans
l'armée, on n'ira pas les rechercher au camp ; ils peuvent tuer avec sécurité complète. Et d'autre part, étrangers, nouveaux venus, incapables de faire, comme les
gens du pays, acception des personnes, sur un nom, un
costume, une qualification, un bruit de café, une apparence, si inoffensif et vénérable que soit l'homme, ils
le tuent, non parce qu'ils le connaissent, mais parce
qu'ils ne le connaissent pas.

1. *Archives nationales*, F⁷, 3270. Délibération du Conseil général de la commune de Roye, 8 octobre 1792 (passage de deux
divisions de gendarmerie parisiennes) : « Les habitants et les
« officiers municipaux ont été successivement le jouet de leur
« insolence et de leur brutalité, continuellement menacés, en cas
« de refus, de se voir couper la tête, et voyant lesdits gendarmes,
« notamment les canonniers, toujours menaçants et le sabre nu à
« la main. Le citoyen maire surtout a été excédé par lesdits canon-
« niers,... le faisant danser sur la place d'Armes, où ils se sont
« portés avec des violons et où ils sont restés jusqu'à minuit, en
« le pressant et le poussant rudement dans leurs rangs, en le
« traitant d'aristocrate, en le faisant affubler du bonnet rouge, en
« le menaçant continuellement de lui couper la tête à lui et à
« tous les aristocrates de la ville, menace qu'ils juraient d'exécuter
« pour le lendemain, déclarant ouvertement, notamment deux ou
« trois d'entre eux, qu'ils étaient de ceux qui avaient massacré les

VI

Entrons dans le cabinet de Roland, ministre de l'intérieur, quinze jours après l'ouverture de la Convention, et supposons qu'un soir il ait voulu contempler, dans le raccourci d'un tableau, l'état du pays qu'il administre. Ses commis ont déposé sur la table la correspondance des dix dernières semaines, rangée par ordre ; en marge, il retrouve l'abrégé de ses propres réponses ; sous ses yeux est une carte de France, et, partant du Midi, il suit du doigt la grande route ordinaire. A chaque étape, il feuillette le dossier correspondant, et, négligeant d'innombrables violences, il relève seulement les grands exploits révolutionnaires[1]. Mme Roland, j'imagine, travaille avec lui, et les deux époux, seuls sous la lampe, réfléchissent en voyant à l'œuvre la bête féroce qu'ils ont lâchée en province comme à Paris.

Ils jettent d'abord les yeux vers l'extrémité méridionale de la France. Là[2], sur le canal des Deux-Mers, à Carcassonne, la populace a saisi trois bateaux de grains, exigé des vivres, puis une diminution sur le prix du blé, puis les fusils et canons de l'entrepôt, puis les

« prisonniers de Paris à la journée du 2 septembre, et qu'il ne « leur en coûtait rien de massacrer. »

1. Des résumés, par ordre de dates ou par ordre de lieux, et semblables à celui qu'on va lire, se rencontrent parfois avec les dossiers. Je n'ai fait ici que la besogne du commis ordinaire, en me conformant aux habitudes méthodiques de Roland.

2. 17 août 1792 (*Moniteur*, XIII, 383. Rapport de M. Emmery).

têtes des administrateurs : l'inspecteur général des rôles a été blessé à coups de hache, et le procureur-syndic du département, M. Verdier, massacré. — Le ministre suit du regard la route de Carcassonne à Bordeaux et, à droite comme à gauche, il trouve des traces de sang. A Castres[1], le bruit s'étant répandu qu'un marchand de blé cherchait à faire hausser le prix des grains, un attroupement s'est formé, et, pour sauver le marchand, on l'a mis au corps de garde; mais les volontaires ont forcé la garde et jeté l'homme par une fenêtre du premier étage; puis ils l'ont achevé « à « coups de bâton et de poids », traîné dans les rues et lancé dans la rivière. — La veille, à Clairac[2], M. Lartigue-Langa, prêtre insermenté, poursuivi dans les rues par une troupe d'hommes et de femmes qui voulaient le dépouiller de sa soutane et le promener sur un âne, s'est réfugié à grand'peine dans sa maison de campagne; mais on est allé l'y prendre, on l'a ramené sur la place de la Promenade et on l'a tué. Quelques braves gens qui s'interposaient ont été taxés « d'incivisme » et chargés de coups. Point de répression possible; le département mande au ministre « qu'en ce moment « il serait impolitique de poursuivre l'affaire ». Roland sait cela par expérience, et les lettres qu'il a dans les mains lui montrent que, là-bas comme à Paris, le

1. *Archives nationales*, F⁷, 3271. Lettre des administrateurs du Tarn, 21 juillet.

2. *Ib.*, F⁷, 3234. Rapport des officiers municipaux de Clairac, 20 juillet. — Lettre du procureur-syndic de Lot-et-Garonne, 16 septembre.

meurtre engendre le meurtre : un gentilhomme, M. d'Alespée, vient d'être assassiné à Nérac. « Tous les « citoyens un peu marquants lui ont fait un rempart « de leurs corps; » mais la canaille a prévalu, et les meurtriers, « par leur obscurité, » échappent aux recherches. — Le doigt du ministre s'arrête sur Bordeaux : là les fêtes de la Fédération ont été signalées par un triple assassinat[1]. Pour laisser passer ce moment dangereux, M. de Langoiran, vicaire général de l'archevêché, s'était retiré à une demi-lieue, dans le village de Caudéran, chez un prêtre octogénaire qui, comme lui, ne s'était jamais mêlé des affaires publiques. Le 15 juillet, les gardes nationaux du village, échauffés par les déclamations de la veille, sont venus les prendre tous deux à domicile, et avec eux, par surcroît, un troisième prêtre du voisinage. Nul prétexte contre eux; ni les officiers municipaux ni le juge de paix, devant lesquels on les conduit, ne peuvent s'empêcher de les déclarer innocents. En dernier ressort, on les conduit à Bordeaux devant le directoire du département. Mais le jour baisse, et la cohue ameutée manque de patience; elle se jette sur eux. L'octogénaire « reçoit tant de coups « qu'il est impossible qu'il en revienne »; l'abbé du Puy est assommé et traîné par une corde qu'on lui attache au pied; la tête de M. de Langoiran est coupée, on la promène sur une pique, on la porte chez lui, on la présente à sa servante en lui disant « que son maître ne « viendra pas souper ». La passion des trois prêtres a

1. *Mercure de France*, n° du 28 juillet. Lettres de Bordeaux.

duré de cinq heures du matin à sept heures du soir, et la municipalité était prévenue ; mais elle ne pouvait se déranger pour les secourir ; ses occupations étaient trop graves : elle plantait un arbre de la Liberté

Route de Bordeaux à Caen. — Le doigt du ministre remonte vers le nord, et rencontre Limoges. Là, le lendemain de la Fédération a été célébré comme à Bordeaux[1]. Un prêtre insermenté, l'abbé Chabrol, assailli par une bande d'hommes et de femmes, a d'abord été mené au corps de garde, puis dans la maison du juge de paix ; on a décerné contre lui, pour son salut, un mandat d'arrêt et on l'a fait garder à vue par quatre chasseurs dans une chambre. Mais rien de tout cela n'a suffi à la populace. Vainement les officiers municipaux l'ont suppliée ; vainement les gendarmes se sont mis entre elle et le prisonnier : elle les a bousculés et dispersés. Cependant les vitres de la maison volaient en éclats sous les pierres et la porte s'ébranlait sous les coups de hache ; une trentaine de forcenés ont escaladé les fenêtres et descendu le prêtre comme un paquet. A cent pas de là, « excédé de coups de bâtons et d'autres « instruments, » il a rendu le dernier soupir, la tête « écrasée » de vingt coups mortels. — Plus haut, vers Orléans, Roland lit dans le dossier du Loiret les dépêches suivantes[2] : « L'anarchie est à son comble, écrit

1. *Archives nationales*, F[7], 3275. Lettre des administrateurs de la Haute-Vienne, 28 juillet (avec procès-verbaux).
2. *Archives nationales*, F[1], 3223. Lettre du directoire du district de Neuville aux administrateurs du département, 18 septembre.

« un district au directoire du département; l'on ne
« connaît plus d'autorités; les administrations de
« district et les municipalités sont avilies et sans force
« pour se faire respecter.... On ne menace plus que de
« tuer, que d'écraser les maisons, les livrer au pillage;
« on projette d'abattre tous les châteaux. Déjà la muni-
« cipalité d'Achères, avec beaucoup d'habitants, s'est
« transportée à Oison et à Chaussy où l'on a tout cassé,
« brisé, emporté. Le 16 septembre, six particuliers
« armés sont allés chez M. de Vaudeuil et se sont fait
« remettre une somme de 500 livres pour amendes
« qu'ils ont prétendu avoir ci-devant payées. Nous avons
« été avertis qu'on doit aller aujourd'hui pour le même
« objet chez M. Dedeley, à Achères. M de Lory est me-
« nacé de la même chose.... Enfin, tous ces gens-là
« disent qu'ils ne veulent plus aucunes administrations
« ni tribunaux, qu'ils ont la loi et la feront exécuter.
« Dans l'extrémité où nous nous sommes trouvés, nous
« avons pris le seul parti convenable, celui de souffrir
« en silence toutes les avanies dont nous avons été
« l'objet. Nous n'avons pas eu recours à vous; car nous
« avons senti combien vous étiez vous-mêmes embar-
« rassés. » — Effectivement, au chef-lieu, la meilleure
partie de la garde nationale ayant été désarmée, il n'y a
plus de forces contre l'émeute. Par suite, à la même
date[1], la populace, grossie par l'afflux des « étrangers »

1. *Archives nationales*, F⁷, 3223. Rapport des administrateurs
du département et du conseil général de la commune d'Orléans,
16 et 17 septembre. (Le désarmement avait été exécuté en vertu
des décrets du 26 août et du 2 septembre.)

et nomades ordinaires, pend un commissaire en grains,
plante sa tête au bout d'une pique, traîne son cadavre
dans les rues, saccage cinq maisons et brûle les meubles
d'un officier municipal devant sa propre porte. Là-
dessus, la municipalité obéissante relâche les émeutiers
arrêtés et baisse d'un sixième le prix du pain. — Au-
dessus de la Loire, les dépêches de l'Orne et du Calvados achèvent le tableau. « Notre district, écrit un
« lieutenant de gendarmerie[1], est en proie à tous les
« brigandages.... Une trentaine de gueux viennent de
« saccager le château de Dompierre. A chaque instant,
« il nous survient des réquisitions » auxquelles nous ne
pouvons satisfaire, « parce que de toutes parts ce n'est
« qu'une réclamation générale ». Les détails sont sin-
guliers, et ici, tout habitué que soit le ministre aux
méfaits populaires, il ne peut s'empêcher de noter une
extorsion d'un genre nouveau. « Les habitants des
« villages[2] s'attroupent, se rendent aux différents châ-
« teaux, s'emparent des femmes et des enfants des pro-
« priétaires et les retiennent comme cautions des pro-
« messes qu'ils forcent ces derniers à signer du rem-
« boursement, non seulement des droits féodaux, mais
« encore des frais auxquels ces droits peuvent avoir
« donné lieu, » d'abord sous le propriétaire actuel,

1. *Archives nationales*, F⁷, 3240. Lettre du lieutenant de gendarmerie de Domfront, 23 septembre (avec le procès-verbal du
19 septembre).
2. *Ib.*, F⁷, 3249. Brouillon de lettre de Roland, 4 octobre, et
divers autres. — Lettre des officiers municipaux de Ray, 24 septembre. — Lettre de M. Desdouits, propriétaire, 30 septembre. —
Lettre du conseil permanent de L'Aigle, 1ᵉʳ octobre, etc.

ensuite sous ses prédécesseurs ; cependant ils s'installent chez lui, se font payer des vacations, dévastent ses bâtiments ou vendent ses meubles. — Tout cela avec l'accompagnement des meurtres ordinaires. Une lettre du directoire de l'Orne annonce au ministre[1] « qu'un « ci-devant noble a été homicidé dans le canton de Sep, « un ex-curé dans la ville de Bellême, un prêtre inser- « menté dans le canton de Putanges, un ex-capucin sur « le territoire d'Alençon ». Le même jour, à Caen, le procureur-syndic du Calvados, M. Bayeux, homme du premier mérite, emprisonné par les Jacobins du lieu, vient d'être tué dans la rue à coups de fusil et de baïonnette, au moment où un décret de l'Assemblée nationale proclamait son innocence et ordonnait son élargissement[2].

Route de l'Est. — A Rouen, devant l'Hôtel de ville, la garde nationale, lapidée pendant plus d'une heure, a fini par tirer et tuer quatre hommes ; de toutes parts, dans le département, il y a des violences à propos des grains ; le blé est taxé ou emporté de force[3]. Mais Roland est tenu de se restreindre, il ne peut noter que les émeutes politiques. Encore est-il obligé d'aller vite ; car, sur tout ce parcours, les meurtres foisonnent : entre

1. *Archives nationales.* Lettre des administrateurs de l'Orne, 7 septembre.

2. Mortimer-Ternaux, III, 337 (6 septembre).

3. *Archives nationales*, F7, 3265. Lettre du lieutenant général de gendarmerie, 30 août. — Procès-verbal de la municipalité de Rouen sur l'insurrection du 29 août. — Lettre des administrateurs du département, 18 septembre. — Lettre de David, cultivateur et administrateur du département, 11 octobre. — Lettre des administrateurs du département, 13 octobre, etc.

l'effervescence de la capitale et l'effervescence de l'armée[1], chacun des départements qui avoisinent Paris ou qui bordent la frontière fournit son contingent d'assassinats. Il y en a à Gisors dans l'Eure, à Chantilly et à Clermont dans l'Oise, à Saint-Amand dans le Pas-de-Calais, à Cambrai dans le Nord, à Rethel et à Charleville dans les Ardennes, à Reims et à Châlons dans la Marne, à Troyes dans l'Aube, à Meaux dans Seine-et-Marne, à Versailles dans Seine-et-Oise[2]. — Roland, j'imagine, n'ouvre pas ce dernier dossier, et pour cause : il sait trop bien comment ont péri M. de Brissac, M. de Lessart, et les soixante-trois autres prisonniers massacrés à Versailles; c'est lui qui a commissionné de sa main Fournier, l'assassin en chef; en ce moment même, il est obligé de correspondre avec ce drôle, de lui délivrer des certificats « de zèle et de patriotisme », de lui allouer, en sus de ses vols, 30000 livres pour les

1. Albert Babeau, *Lettres d'un député de la municipalité de Troyes à l'armée de Dumouriez*, 8. Sainte-Menehould, 7 septembre 1792 : « Nos troupes brûlent de se mesurer avec l'ennemi. « Le massacre qu'on annonce avoir été fait à Paris ne les décou- « rage pas; au contraire, ils sont charmés qu'on se débarrasse « dans l'intérieur des personnes suspectes. »

2. Moore, I, 358 (4 septembre). A Clermont, meurtre d'un marchand de poisson, tué pour gros mots par des volontaires bretons. — *Ib.*, 401 (7 septembre), meurtre du fils du maître de poste à Saint-Amand, soupçonné d'intelligence avec l'ennemi. — *Archives nationales*, F⁷, 3249. Lettre des administrateurs du district de Senlis, 31 octobre. (Le 15 août, à Chantilly, assassinat de M. Pigeau au milieu de douze cents personnes.) — C. Rousset, *les Volontaires*, 84. (Le 21 septembre, à Châlons-sur-Marne, assassinat du lieutenant-colonel Imonnier.) — Mortimer-Ternaux, IV, 172. (Meurtre de quatre déserteurs prussiens à Rethel, le 5 octobre, par les volontaires parisiens.)

frais de l'opération[1]. — Mais, parmi les autres dépêches, il en est qu'il ne peut se dispenser de parcourir s'il veut savoir à quoi se réduit son autorité, en quel mépris est tombé toute autorité, comment la plèbe civile ou militaire exerce son empire, avec quelle promptitude elle tranche les vies les plus illustres et les plus utiles, notamment celles des hommes qui ont commandé ou qui commandent, et le ministre se dit peut-être que son tour viendra.

Philanthrope dès sa jeunesse, libéral dès son entrée à la Constituante, président élu du département de Paris, l'un des patriotes les plus persévérants, les plus généreux et les plus respectés de la première et de la dernière heure, qui méritait mieux d'être épargné que M. de la Rochefoucauld? Arrêté à Gisors par ordre de la Commune de Paris, il sortait de l'auberge, à pied, conduit par le commissaire parisien, entouré du conseil municipal, escorté par douze gendarmes et par cent gardes nationaux; derrière lui, sa mère, âgée de quatre-vingts ans, sa femme, suivaient en voiture; on ne pouvait craindre qu'il ne s'échappât. Mais contre un suspect la mort est une précaution plus sûre que la prison, et 300 volontaires de l'Orne et de la Sarthe, qui sont de passage à Gisors, s'attroupent en criant : « Nous « allons avoir sa tête; rien ne peut nous en empêcher. » Un coup de pierre atteint M. de la Rochefoucauld à la tempe, il s'affaisse; son escorte est enfoncée, on l'achève à coups de sabre et de bâton, et le conseil municipal

1. Mortimer-Ternaux, III, 378, 594 et suivantes.

n'a que le temps de « faire sauver la voiture qui enferme
« les femmes[1] ». — Aussi bien, entre les mains des
volontaires, la justice nationale a des brusqueries, des
intempérances ou des retours dont il est prudent de ne
pas attendre l'effet. Par exemple, à Cambrai[2], une division de gendarmerie à pied, qui vient de quitter la
ville, s'aperçoit qu'elle a oublié « de purger la pri-
« son » ; elle revient sur ses pas, prend le concierge, le
mène à l'Hôtel de ville, se fait lire le livre d'écrou,
élargit les détenus dont les délits lui semblent pardon-
nables, et leur fait délivrer des passeports ; par contre,
elle massacre un ancien procureur du roi sur lequel on
a trouvé des adresses entachées « de principes aristo-
« cratiques », puis un lieutenant-colonel peu populaire
et un capitaine suspect. — Si léger et si mal fondé que
soit le soupçon, tant pis pour l'officier sur lequel il
tombe. A Charleville[3], deux voitures d'armes ayant

1 Lacretelle, *Dix années d'épreuves*, 58. Description de Lian-
court. — *Archives nationales*, F7, 3249. Lettre des administrateurs de l'Eure, 11 septembre (avec le procès-verbal de la municipalité de Gisors, du 4 septembre). — Mortimer-Ternaux, III, 550.

2. *Archives nationales*, F7, 4394. Lettre de Roland à la Convention, 31 octobre (avec la copie des pièces envoyées par le département du Nord sur les événements des 10 et 11 octobre).

3. *Archives nationales*, F7, 3191. Procès-verbal de la municipalité
de Charleville, 4 septembre, et lettre de la même, 6 septembre.
—*Moniteur*, XIII, 742, n° du 21 septembre 1792. Lettre du 17 septembre sur les volontaires parisiens de l'armée du maréchal
Lückner : « Plusieurs têtes ont été menacées encore hier soir par
« les volontaires parisiens, entre autres celles du maréchal et de
« ses aides de camp. Il a menacé quelques fuyards de les ren-
« voyer à leurs régiments. Aussitôt ils se sont écriés qu'on n'était
« plus sous l'ancien régime, qu'on ne pouvait pas traiter ainsi des

passé par une porte au lieu d'une autre pour éviter un mauvais chemin, M. Juchereau, inspecteur de la manufacture et commandant de la place, est déclaré traître par les volontaires et la populace, arraché des bras des officiers municipaux, assommé à coups de crosse, foulé aux pieds, percé de coups. Sa tête, fichée sur une baïonnette, est promenée dans Charleville, puis dans Mézières, et jetée dans la rivière qui sépare les deux villes. Reste le corps que la municipalité ordonne d'enterrer; mais il est indigne de sépulture; les meurtriers s'en emparent et le lancent à l'eau pour qu'il aille rejoindre sa tête. Cependant la vie des officiers municipaux ne tient qu'à un fil; l'un d'eux a été pris au collet, un autre jeté à bas de son siège, menacé de la lanterne, couché en joue, bourré de coups de pied; les jours suivants, on agite le projet « de couper leurs têtes et de « piller leurs maisons ».

En effet, quiconque dispose des vies dispose aussi des biens, et Roland n'a qu'à feuilleter deux ou trois rapports pour voir comment, sous le couvert du patriotisme, les convoitises brutales se donnent carrière. A Coucy, dans l'Aisne[1], les paysans de dix-sept paroisses, assemblés pour fournir leur contingent militaire, se sont rués, avec de grandes clameurs, sur les deux maisons de M. Desfossez, ancien député de la noblesse à la Constituante; c'étaient les deux plus belles de la ville :

« frères, qu'il fallait arrêter le général. Plusieurs tenaient déjà la « bride du cheval. »

1. *Archives nationales*, F⁷, 5185. Pièces relatives à l'affaire de M. Desfossez. (Le pillage est du 4 septembre.)

l'une avait été habitée par Henri IV. Des officiers municipaux qui veulent intervenir manquent d'être écharpés,
toute la municipalité s'enfuit. M. Desfossez, avec ses
deux filles, parvient à se cacher dans un coin obscur
d'une maison voisine, puis dans un petit réduit prêté
par un jardinier humain; enfin, à grand'peine, il
gagne Soissons. De ses deux maisons « il ne reste plus
« que les murs. Fenêtres, vitres, portes, panneaux, tout
« a été fracassé »; 20 000 livres d'assignats en porte-
feuille ont été déchirées ou volées; les titres de
propriété ont disparu; on évalue le dommage à
200 000 francs. Le pillage a duré de sept heures du
matin à sept heures du soir, et, comme toujours, a fini
par une kermesse : descendus dans les caves, les pillards
y ont bu « deux muids de vin et deux tonneaux d'eau-
« de-vie; trente ou quarante y sont restés morts ivres,
« et l'on a eu de la peine à les en retirer ». Nulle poursuite ou enquête; le nouveau maire, qui, au bout d'un
mois, se décide à dénoncer le fait, prie le ministre de
taire son nom; car, dit-il, « dans le conseil général de
« la commune, les agitateurs ont provoqué des menaces
« et des projets affreux contre quiconque serait décou-
« vert vous avoir écrit[1] ». — Telle est la menace conti-

1. *Archives nationales*, F⁷, 3185. Lettre de Goulard, maire de
Coucy, 4 octobre. — Lettre d'Osselin, notaire, 17 novembre : « On
« menace d'incendier les deux fermes qui restent à M. Desfos-
« sez. » — Lettre de M. Desfossez, 28 janvier 1793. Il déclare
n'avoir pas porté de plainte; si quelqu'un l'a fait pour lui, il en
est très fâché : « Cette plainte peut me mettre dans le plus grand
« danger, d'après la connaissance que j'ai de l'esprit public de la
« ville de Coucy et la manière dont les coupables ont travaillé et

nue sous laquelle vivent les gentilshommes, même quand ils sont anciens dans le service de la liberté, et Roland trouve en tête des dossiers les lettres désespérées, directes et personnelles par lesquelles ils s'adressent à lui en dernier recours. — Au commencement de 1789, M. de Gouy d'Arsy[1] a le premier revendiqué par écrit les droits du peuple ; député de la noblesse à la Constituante, il est le premier qui se soit rallié au tiers état ; quand la minorité libérale de la noblesse est venue s'asseoir dans la salle des communes, il y siégeait déjà depuis huit jours, et, pendant trente mois, il a siégé « invariablement du côté gauche ». Maréchal de camp à l'ancienneté et chargé sous la Législative de réduire les 6000 insurgés de Noyon, « il a gardé dix jours, dans sa « poche, les ordres rigoureux dont il était porteur, » il s'est laissé insulter, il a risqué sa vie « pour épargner « celle de ses concitoyens égarés, il a eu le bonheur de « ne pas verser une goutte de sang ». Épuisé par tant de travaux et d'efforts, presque mourant, renvoyé à la campagne par les médecins, « il a employé tous ses « revenus à soulager la misère, » il a planté le premier chez lui l'arbre de la Liberté, il a donné pour l'habillement et l'armement des volontaires, « il a versé, à titre « d'imposition, le tiers au lieu du cinquième de son

« travailleront l'esprit des dix-sept communes qui ont pris part à « la dévastation. »

1. *Archives nationales*, F⁷, 3249. Lettre de M. de Gouy à Roland, 21 septembre. (Très belle lettre et qu'il faudrait transcrire tout entière pour montrer le caractère du gentilhomme de 1789. Beaucoup de cœur et d'illusions, un peu trop de phrases.) La première visite est du 4 septembre, la seconde du 13 septembre.

« revenu ». Ses enfants vivent avec lui dans ce domaine qui est à sa famille depuis quatre siècles, et les paysans du lieu le nomment « leur père ». Rien de plus pacifique et même de plus méritoire que toute sa conduite. Mais, étant noble, il est suspect, et un délégué de la Commune de Paris l'a dénoncé à Compiègne comme ayant chez lui deux canons et 550 fusils. Aussitôt visite domiciliaire : 800 hommes, infanterie, cavalerie, arrivent en bataille au château d'Arsy. Il va au-devant, présente ses clefs. Après six heures de perquisition, on trouve douze fusils de chasse et treize mauvais pistolets dont il a déjà fait déclaration. Désappointés, les visiteurs grondent, cassent, mangent, boivent et font un dégât de 2000 écus[1] ; pourtant, sur l'insistance de leurs chefs, ils finissent par repartir. Mais M. de Gouy a 60 000 livres de rente ; ce serait autant de gagné pour la nation s'il émigrait ; il faut l'y contraindre en l'expulsant, et d'ailleurs, pendant l'expulsion, on se garnira les mains. Huit jours durant, on raisonne de cela dans le club de Compiègne, aux cabarets, dans la caserne, et, le neuvième jour, 150 volontaires sortent de la ville en plein midi, disant qu'ils vont tuer M. de Gouy avec tous les siens. Lui, averti, s'éloigne

---

1. La plupart des visites domiciliaires aboutissent à des dégâts semblables. Par exemple (*Archives nationales*, F7, 3265. Lettre des administrateurs de la Seine-Inférieure, 18 septembre 1792), visite du château de Catteville, 7 septembre, par la garde nationale des environs. « La garde nationale s'enivre, brise tous les meubles, « fait des décharges redoublées dans les vitres et les glaces, et le « château est dans une entière ruine. » Des officiers municipaux, qui veulent s'interposer, manquent d'être tués

avec sa famille, laissant toutes les portes ouvertes. Pillage général pendant cinq heures; ils boivent les vins précieux, volent l'argenterie, exigent des chevaux pour emporter leur butin, et promettent de revenir bientôt pour avoir la tête du propriétaire. — Effectivement, le lendemain matin, à quatre heures, nouvelle invasion, nouveau pillage, définitif cette fois; à travers les coups de fusil, les domestiques se sauvent, et M. de Gouy, sur la requête du village dont on dévaste les vignes, est obligé de quitter le pays[1]. — Inutile d'achever le dossier. Chez M. de Saint-Maurice à Houdainville, chez le duc de Bourbon à Nointel, chez le prince de Condé à Chantilly, chez M. de Fitz-James et ailleurs, un certain Gauthier, « commandant du détachement de Paris en perqui-« sition et chargé des pouvoirs du comité de sur-« veillance, » opère sa tournée patriotique, et Roland sait d'avance en quoi elle consiste : c'est une dragonnade en règle chez tous les nobles absents ou présents[2].

1. La lettre finit ainsi : « Non, je n'abandonnerai jamais le sol « français. » — Guillotiné à Paris, le 5 thermidor an II, comme complice de la prétendue conspiration des prisons.

2. *Archives nationales*, F[7], 3265. Lettre des administrateurs de l'Oise, 12 et 15 septembre. — Lettre du procureur-syndic du département, 23 septembre. — Lettre des administrateurs de l'Oise, 20 septembre (sur Chantilly) : « Les richesses immenses de cet « endroit sont au pillage. » — Dans la forêt de Hez et dans le parc de M. de Fitz-James, devenus propriétés nationales, « les plus beaux « arbres sont débités sur place, transportés, vendus publiquement. » — F[7], 3268. Lettre du directeur des domaines nationaux de Rambouillet, 31 octobre. Dévastation des bois, « perte de plus de « 100 000 écus depuis le 10 août ». — « Les agitateurs qui prêchent « la liberté aux citoyens des campagnes sont ceux-là mêmes qui « occasionnent les désordres dont tout le pays est menacé. Ce

Pourtant il est un gibier de prédilection, le clergé, encore plus pourchassé que les nobles, et Roland, chargé de pourvoir au maintien de l'ordre public, se demande comment il pourra protéger la liberté et la vie des prêtres inoffensifs qui lui sont recommandés par la loi. — A Troyes, chez M. Fardeau, ancien curé non conformiste, on a découvert un autel garni de ses vases sacrés, et M. Fardeau, arrêté, a refusé de prêter le serment civique; arraché de prison et sommé de crier *Vive la nation!* il a refusé encore. Là-dessus, un volontaire, empruntant une hache chez un boulanger, lui a tranché la tête, et cette tête, lavée dans la rivière, a été portée à l'Hôtel de ville[1]. — A Meaux, une brigade de gendarmerie parisienne a égorgé sept prêtres, et, par surcroît, six détenus de droit commun[2]. — A Reims, les volontaires parisiens ont expédié d'abord le directeur de la poste et son commis, tous deux suspects parce qu'on a vu sortir de leur cheminée une fumée de papiers brûlés, puis M. de Montrosier, vieil officier démissionnaire : c'est leur ouverture de chasse. Ensuite, à coups de pique et de sabre, ils se lancent sur deux chanoines que leurs rabatteurs ont ramenés de la campagne, puis sur deux autres prêtres, puis sur l'ancien curé de Saint-Jean, puis sur le vieux curé de Rilly; les cadavres sont dépecés, promenés par morceaux dans la ville, brûlés dans un brasier; l'un des prêtres bles-

« sont eux qui provoquent toutes les demandes de partage qui
« sont faites avec menaces. »
1. Albert Babeau, I, 504 (20 août).
2. Mortimer-Ternaux, III, 522 (4 septembre).

sés, l'abbé Alexandre, y est jeté encore vivant[1]. — Roland reconnaît les septembriseurs qui,. montrant leurs piques encore sanglantes, sont venus dans son propre hôtel réclamer leur salaire; là où la bande passe, elle annonce, « au nom du peuple », qu'elle a « pleins « pouvoirs pour propager sur toute sa route l'exemple « de la capitale ». Or 40 000 prêtres insermentés sont, par le décret du 26 août, condamnés à quitter leur département sous huit jours et la France sous quinze jours : les laissera-t-on partir? Il y en a 8000 à Rouen qui nolisent des gabares pour obéir au décret, et la populace ameutée des deux côtés de la Seine retient leurs navires. Roland voit par les dépêches qu'à Rouen et ailleurs ils se présentent en foule aux municipalités pour obtenir des passeports[2], mais que souvent on leur en refuse; bien mieux, à Troyes, à Meaux, à Lyon, à Dôle et dans quantité d'autres villes, on fait comme à Paris, on les interne ou on les emprisonne, au moins provisoirement, « de peur qu'ils n'aillent se rassembler « sous l'aigle germanique ».; en sorte que, devenus rebelles malgré eux et déclarés traîtres, ils restent parqués sous le couteau. Comme l'exportation du numéraire est interdite, ceux qui se sont procuré des laissez-passer

1. Mortimer-Ternaux, III, 325. — *Archives nationales*, F7, 3239. Procès-verbal de la municipalité de Reims, du 3 au 6 septembre.
2. *Ib.*, F7, 4394. Correspondance des ministres en 1792 et 1793. (États présentés par Roland à la Convention de la part de divers districts et contenant la liste nominative des prêtres qui demandent des passeports pour l'étranger, des prêtres qui sont partis sans passeports, et des prêtres infirmes ou sexagénaires internés au chef-lieu du département.)

sont volés de tout leur argent à la frontière, et les autres,
qui fuient à tout hasard, traqués comme des sangliers
ou tirés comme des lièvres, doivent s'échapper, comme
l'évêque de Barral, à travers les baïonnettes, ou, comme
l'abbé Guillon, à travers les sabres, quand ils ne sont
pas abattus, comme l'abbé Pescheur, à coups de fusil[1].

La nuit s'avance, les dossiers sont trop nombreux et
trop gros, Roland voit que, sur quatre-vingt-trois, il
n'en pourra guère feuilleter que cinquante; il faut se
hâter, et de l'Est ses yeux redescendent vers le Midi. —
De ce côté aussi il y a d'étranges spectacles. Le 2 septembre, à Châlons-sur-Marne[2], M. Chanlaire, octogénaire
et sourd, son paroissien sous le bras, revenait du Mail
où tous les jours il allait dire ses heures. Des volontaires
parisiens, qui le rencontrent, lui trouvent la mine d'un
dévot, et lui ordonnent de crier *Vive la liberté!* Lui,
faute d'entendre, ne répond pas. Ils le prennent par les
oreilles et, comme il ne marche pas assez vite, ils le
traînent; les vieilles oreilles se cassent, la vue du sang

1. Albert Babeau, I, 515-517. — Guillon de Montléon, I, 120. A
Lyon après le 10 août, les insermentés se cachaient; la municipalité leur offre des passeports; plusieurs, qui viennent en chercher,
sont incarcérés; d'autres reçoivent un passeport marqué d'un signe
qui les fait reconnaître et provoque contre eux sur la route la
fureur des volontaires. « La plupart des soldats faisaient retentir
« l'air des cris : *A mort les rois et les prêtres!* » — Sauzay, III,
ch. ix, et notamment 193 : « M. Pescheur longeait en courant
« la route de Belfort à Porentruy, lorsqu'un capitaine de volon-
« taires, qui passait en voiture sur la même route avec d'autres
« officiers, apercevant le fuyard, demanda son fusil, visa M. Pes-
« cheur et le tua. »
2. *Histoire de Châlons-sur-Marne et de ses monuments*, par
L. Barbat, 420, 425.

les excite, ils coupent les oreilles et le nez, et arrivent avec le pauvre homme sanglant devant l'Hôtel de ville. A cette vue, un notaire, homme sensible, qu'on a mis là en sentinelle, est saisi d'horreur, se sauve, et les autres gardes nationaux du poste se hâtent de fermer la grille. Les Parisiens, poussant toujours leur captif, vont au district, puis au département, « pour dénoncer les aris-« tocrates » ; en chemin, ils continuent à frapper sur le vieillard, qui tombe; alors ils lui tranchent la tête, mettent le corps en morceaux et promènent la tête au bout d'une pique. Cependant, dans la même ville vingt-deux gentilshommes, à Beaune quarante prêtres et nobles, à Dijon quatre-vingt-trois chefs de famille, écroués comme suspects sans interrogatoire ni preuves et détenus à leurs frais pendant deux mois sous les piques, se demandent chaque matin si la populace et les volontaires, qui poussent des cris de mort dans les rues, ne vont pas les élargir comme à Paris[1]. — Un rien suf-

1. *Archives nationales*, F⁷, 3207. Lettres du directoire de la Côte-d'Or, 28 août et 26 septembre. — Adresse de la municipalité de Beaune, 2 septembre. — Lettre de M. Jean Sallier, 9 octobre : « Permettez-moi, monsieur, de réclamer votre justice et votre sol-« licitude pour mon frère, moi et cinq domestiques qui, le 14 sep-« tembre dernier, sur l'ordre de la municipalité de Roche-en-Bressy, « lieu de notre résidence depuis trois ans, avons été arrêtés par « la garde nationale de Saulieu, transférés d'abord dans les pri-« sons de cette ville, puis, le 18, dans celles de Semur, sans y « consigner les motifs de notre détention, où nous avons en vain « réclamé par requête la justice du directoire du district; lequel, « sans nous interroger ni rien faire connaître, nous a renvoyés, « le 25, avec des frais énormes, à Dijon, où le département nous « a fait écrouer, toujours sans rien consigner. » — Le directoire du département écrit que « les communes des villes et des cam-

fit pour provoquer le meurtre. Le 19 août, à Auxerre, pendant le défilé de la garde nationale, trois citoyens, après avoir prêté le serment civique, « ont quitté leurs « rangs », et, comme on les rappelle « pour les faire re- « joindre », l'un d'eux, par impatience ou mauvaise humeur, « fait un geste indécent » ; à l'instant, la populace qui se croit insultée, fond sur eux, écarte la municipalité et la garde nationale, blesse l'un et tue les deux autres[1]. Quinze jours après, au même endroit, de jeunes ecclésiastiques sont massacrés, et « le cadavre de l'un « d'eux reste trois jours sur un fumier, sans qu'on per- « mette à ses parents de l'enterrer ». Presque à la même date, dans un village de sabotiers à cinq lieues d'Autun, quatre ecclésiastiques munis de passeports, parmi eux un évêque et ses deux grands vicaires, ont été arrêtés, puis fouillés, puis volés, puis assassinés par les paysans. — Au-dessous d'Autun, notamment dans le district de Roanne, les villageois brûlent les terriers des propriétés nationales ; les volontaires rançonnent les propriétaires ; les uns et les autres, ensemble ou séparés, se livrent

« pagnes arrêtent les personnes qui leur sont suspectes, et, au « lieu de les surveiller elles-mêmes, les conduisent au district. » — Ces emprisonnements arbitraires se multiplient à la fin de 1792 et dans les premiers mois de 1793. Les commissaires de la Convention font arrêter à Sedan 55 personnes en un jour, à Nancy 104 en trois semaines, à Arras plus de 1000 en deux mois, dans le Jura 4000 en deux mois. A Lons-le-Saulnier, tous les nobles avec leurs domestiques, à Aix, tous les habitants d'un quartier, sans exception, sont mis en prison. (Sybel, II, 305.)

1. *Archives nationales*, F⁷, 3276. Lettres des administrateurs de Yonne, 20 et 21 août. — *Ib.*, F⁷, 3255. Lettre du commissaire Bonnemant, 11 septembre. — Mortimer-Ternaux, III, 338. — Lavalette, *Mémoires*, I, 100.

« à tous les excès et à toutes sortes d'horreurs contre
« ceux qu'ils soupçonnent d'incivisme sous prétexte des
« opinions religieuses[1] ». Si rempli et si offusqué que
soit l'esprit de Roland par les généralités philosophi-
ques, il a longtemps inspecté dans ce pays les manufac-
tures; tous les noms de lieux lui sont familiers; cette
fois les objets et les formes se dessinent dans son imagination desséchée, et il commence à voir les choses à
travers les mots.

Le doigt de Mme Roland se pose sur ce Lyon qu'elle
connaît si bien. Deux ans auparavant, elle s'indignait
contre « la quadruple aristocratie de la ville, petits
« nobles, prêtres, gros marchands et robins, bref ce
« qu'on appelait les honnêtes gens dans l'insolence de
« l'ancien régime[2] »; à présent, elle y trouve une autre
aristocratie, celle du ruisseau. A l'exemple de Paris, les
clubistes de Lyon, conduits par Châlier, ont préparé le

1. *Archives nationales*, F⁷, 5255. Lettre des administrateurs du
district de Roanne, 18 août. Quatorze volontaires du canton de
Néronde se portent à Chenevoux, maison appartenant à M. Dulieu,
qu'on présume émigré. Ils exigent du gardien du séquestre de la
maison 200 francs sous peine de mort, et celui-ci les donne. —
Lettre des mêmes, 11 septembre: « Les moyens de répression
« deviennent nuls tous les jours. Les juges de paix, à qui on
« dénonce les délits, n'osent informer et juger des citoyens qui se
« font craindre. Les témoins n'osent déposer, de peur d'être mal-
« traités ou pillés par les malfaiteurs. » — Lettre des mêmes,
22 août. — Procès-verbal de la municipalité de Charlieu, 9 septembre, sur la destruction des terriers : « A quoi nous leur avons
« représenté que, n'ayant pas la force en main pour nous y oppo-
« ser, puisqu'ils étaient eux-mêmes la force, nous nous retirions. »
— Lettre de l'officier de gendarmerie, 9 septembre, etc.

2. *Lettres autographes de Mme Roland*, publiées par Mme Bar-
cal des Issarts, 5 (2 juin 1790).

massacre en grand de tous les malveillants ou suspects ; un autre meneur, Dodieu, a dressé la liste nominative de deux cents aristocrates à pendre, et, le 9 septembre, les femmes à piques, les enragés des faubourgs, des bandes « d'inconnus », ramassés par le club central[1], entreprennent de nettoyer les prisons. Si la boucherie n'y est pas aussi large qu'à Paris, c'est que la garde nationale, plus énergique, intervient au moment où, dans la prison de Roanne, un émissaire parisien, Saint-Charles, tenant sa liste, relevait déjà les noms sur le livre d'écrou. Mais, en d'autres endroits, elle est arrivée trop tard. — Huit officiers de Royal-Pologne, en garnison à Auch, quelques-uns ayant vingt et trente ans de service, avaient été contraints, par l'insubordination de leurs cavaliers, de donner leur démission ; cependant, sur la demande expresse du ministre de la guerre, ils étaient restés à leur poste par patriotisme et, en vingt-deux jours de marches pénibles, ils avaient conduit leur régiment d'Auch à Lyon. Trois jours après leur arrivée, saisis de nuit dans leurs lits, menés à Pierre-Encize, lapidés dans le trajet, tenus au secret, l'interrogatoire, répété et prolongé, n'a mis au jour que leurs services

1. *Archives nationales*, F^7, 3245. — Lettre du maire et des officiers municipaux de Lyon, 25 août. — Lettre du substitut du procureur de la commune, 29 août. — Copie d'une lettre de Dodieu, 27 août. (Roland répond avec horreur, et dit qu'il faut poursuivre.) — Procès-verbal de la journée du 9 septembre, et lettre de la municipalité, 11 septembre. — Mémoire des officiers de Royal-Pologne, 7 septembre. — Lettre de M. Périgny, beau-père d'un des officiers assassinés, 19 septembre. — Mortimer-Ternaux, III, 342. — Guillon de Montléon, I, 124. — Balleydier, *Histoire du peuple de Lyon*, 91.

et leur innocence. Ce sont eux que la populace jacobine
vient enlever de prison ; des huit, elle en égorge sept
dans la rue, avec eux quatre prêtres, et l'étalage que
les assassins font de leur œuvre est encore plus impudent qu'à Paris. Toute la nuit, ils paradent dans la ville
avec les têtes des morts au bout de leurs piques ; ils
les portent, place des Terreaux, dans les cafés, ils les
posent sur les tables et, par dérision, leur offrent de la
bière ; puis ils allument des torches, entrent au théâtre
des Célestins, et, défilant sur la scène avec leurs tro-
phées, ils introduisent la tragédie réelle dans la tragédie
feinte. — Épilogue grotesque et terrible : à la fin du
dossier, Roland trouve une lettre de son collègue Danton[1] qui le prie de faire élargir les officiers massacrés
depuis trois semaines ; « car, dit Danton, s'il n'y a pas
« lieu à accusation contre eux, il serait d'une injustice
« révoltante de les retenir plus longtemps dans les fers ».
Sur la lettre de Danton, le commis de Roland a mis en
note : « *Affaire finie* ». — Ici, je suppose, les deux époux
se regardent sans rien dire. Mme Roland se souvient
peut-être qu'au commencement de la Révolution, elle-
même demandait des têtes, surtout « deux têtes illus-
« tres », et souhaitait « que l'Assemblée nationale leur fît
« leur procès en règle, ou que de généreux Décius »
se dévouassent pour « les abattre[2] ». Ses vœux sont

1. *Archives nationales.* F[7], 3245. Lettre de Danton, 3 octobre.
2. *Étude sur Mme Roland*, par Dauban, 89. Lettre de Mme Roland à Bosc, 26 juillet 1789 : « Vous vous occupez d'une munici-
« palité, et vous laissez échapper des têtes qui vont conjurer de
« nouvelles horreurs. Vous n'êtes que des enfants, votre enthou-

exaucés ; le procès en règle va commencer, et les Décius qu'elle a invoqués fourmillent dans toute la France.

Reste le point du Sud-Est, cette Provence que Barbaroux lui représentait comme le dernier asile de la philosophie et de la liberté. Le doigt de Roland descend du Rhône, et des deux côtés, en passant, il rencontre les méfaits ordinaires. — Sur la droite, dans le Cantal et dans le Gard, « les défenseurs de la patrie » se remplissent les poches aux dépens des contribuables qu'ils désignent eux-mêmes[1], et, dans la langue nouvelle, cette

« siasme est un feu de paille, et, si l'Assemblée nationale ne fait
« pas le procès en règle de deux têtes illustres, ou que de géné-
« reux Décius ne les abattent, vous êtes tous f.... » — *Ib.*, 17 mai
1790 : « Nos campagnes sont très mécontentes du décret sur les
« droits féodaux.... Il faudra une réforme, ou il y aura encore
« des châteaux brûlés. Le mal ne serait pas grand, s'il n'était à
« craindre que les ennemis de la révolution ne profitassent de ces
« mécontentements pour diminuer la confiance des peuples dans
« l'Assemblée nationale. » — 27 septembre 1790 : « Le mauvais
« parti triomphe, et l'on oublie que l'insurrection est le plus saint
« des devoirs, quand la patrie est en danger. » — 24 janvier 1791 :
« Le sage ferme les yeux sur les torts ou les faiblesses de
« l'homme privé ; mais le citoyen ne doit pas faire grâce, même
« à son père, quand il s'agit du bien public. »

1. *Archives nationales*, F7, 3202. Rapport du commissaire, membre du directoire du Cantal, 24 octobre. Le 16 octobre, à Chaudesaigues, les volontaires veulent enfoncer une porte, puis tuer un de leurs camarades opposant, que le commissaire sauve en le couvrant de son corps. C'est le maire du lieu qui, revêtu de son écharpe, les conduit chez les aristocrates, en les exhortant au pillage ; ils entrent de force dans diverses maisons et exigent du vin. Le lendemain, à Saint-Urcize, ils enfoncent la porte du ci-devant curé, dévastent ou pillent sa maison, et « vendent ses « meubles à différents particuliers de l'endroit ». Même traitement infligé au sieur Vaissier, maire, et à la dame Lavalette ; leurs caves sont forcées, on porte des barriques sur la place et on boit au robinet. Ensuite « les volontaires vont par bandes « dans les paroisses du voisinage contraindre les habitants à leur

souscription forcée s'appelle « don volontaire ». « De
« pauvres ouvriers de Nîmes ont été taxés à 50 livres,
« d'autres à 200, 300, 900, 1000, sous peine de dévas-
« tation et de mauvais traitements. » Dans la campagne,
près de Tarascon, les volontaires, reprenant les pratiques des anciens brigands, lèvent le sabre sur la tête de
la mère, menacent d'étouffer la tante évanouie dans son
lit, tiennent l'enfant suspendu au-desssus du puits, et
extorquent ainsi au propriétaire ou fermier jusqu'à
4000 et 5000 livres : le plus souvent celui-ci n'ose rien
dire; car, en cas de plainte, il est sûr de voir incendier
sa ferme et couper ses oliviers [1]. — Sur la rive gauche,
dans l'Isère, le lieutenant-colonel Spendeler, saisi par
la populace de Tullins, a été assassiné, puis pendu par
les pieds à un arbre de la route[2]; dans la Drôme, les
volontaires du Gard ont forcé la prison de Montélimar et
haché un innocent à coups de sabre[3]; dans le Vaucluse,

« donner des effets ou de l'argent ». Le commissaire et les officiers
municipaux de Saint-Urcize, qui ont essayé de s'entremettre, ont
failli être tués, et n'ont été sauvés que grâce aux efforts d'un
détachement de cavalerie régulière. Quant au maire jacobin de
Chaudesaigues, rien de plus naturel que ses exhortations au pillage : lors de la vente des effets des religieuses, « il avait écarté
« tous les enchérisseurs et s'était fait adjuger les effets à vil
« prix ».
1. *Archives nationales*, F7, 3217. Lettre de Castanet, ancien
gendarme, Nîmes, 21 août. — Lettre de M. Griolet, procureur-
syndic du Gard, 8 septembre : « Permettez, monsieur, que, pour
« des motifs particuliers, cette lettre soit confidentielle; je vous
« prie de ne pas me compromettre. » — Lettre de M. Gilles, juge
de paix de Rocquemaure, 31 octobre (avec 18 procès-verbaux).
2. *Ib.*, F7, 3227. Lettre des officiers municipaux de Tullins.
8 septembre.
3. *Ib.*, F7, 3190. Lettre de Danton, 9 octobre. — Mémoire de

le pillage est universel et en permanence. Seuls admis
dans la garde nationale et aux fonctions publiques, les
anciens brigands d'Avignon, avec la municipalité pour
complice, font des rafles dans la ville et des razzias
dans la campagne : dans la ville, 450 000 francs de
« dons volontaires » versés aux meurtriers de la Glacière par les amis ou parents des morts; dans la campagne, des rançons de 1000 à 10 000 livres imposées aux
cultivateurs riches, sans compter les orgies de la conquête et les gaietés de l'arbitraire, les quêtes à main
armée et à domicile pour arroser la plantation des
innombrables arbres de la Liberté, les repas de 5 à
600 livres faits avec l'argent extorqué, la ripaille à discrétion et le dégât sans frein dans les fermes envahies [1],
bref tous les abus de la force en goguette qui s'amuse
de ses brutalités et s'enorgueillit de ses attentats.

Sur cette traînée de meurtres et de vols, le ministre
arrive à Marseille, et subitement, j'imagine, il s'arrête
avec une sorte de stupeur. Non pas qu'il soit étonné par
les assassinats populaires; sans doute, on lui en mande

M. Casimir Audiffret (avec pièces à l'appui). Son fils avait été
écroué par erreur à la place d'un autre Audiffret, habitant du
Comtat, et il a été sabré dans sa prison, le 25 août. Rapport du
chirurgien, 17 octobre : le blessé a encore deux grandes plaies à
la tête, une à la joue gauche, et la jambe droite paralysée; il a
été transporté de prison en prison si rudement, qu'il a un
abcès au poignet, et, si on persiste à le retenir, il mourra
bientôt.

1. *Archives nationales*, F⁷, 3195. Lettre de M. Amiel, président
du bureau de conciliation, 28 octobre. — Lettre d'un habitant
d'Avignon, 7 octobre. — Autres lettres non signées. — Lettre de
M. Gilles, juge de paix, 25 janvier 1793.

d'Aix, d'Aubagne, d'Apt, de Brignoles, d'Eyguières, et il y en a plusieurs séries à Marseille, une en juillet, deux en août, deux en septembre[1]; mais il doit y être accoutumé. Ce qui le trouble, c'est que là-bas le lien national se rompt; il voit des départements qui se détachent : des États nouveaux, distincts, indépendants, complets se fondent en invoquant la souveraineté du peuple; publiquement et officiellement, ils gardent pour leurs besoins locaux les impôts perçus pour le gouvernement du centre, ils décernent des peines contre leurs habitants réfugiés en France, ils instituent des tribunaux, ils imposent des contributions, ils lèvent des troupes et font des expéditions militaires[2]. Réunis pour nommer leurs

1. Fabre, *Histoire de Marseille*, II, 478 et suivantes. — *Archives nationales*, F⁷, 3195. Lettre du ministre de la justice, M. Dejoly (avec pièces à l'appui), 6 août. — Procès-verbaux de la municipalité .de Marseille, 21, 22 et 23 juillet. — Procès-verbal de la municipalité d'Aix, 24 août. — Lettre du procureur-syndic du département (avec une lettre de la municipalité d'Aubagne), 22 septembre, etc. M. Jourdan, officier ministériel à Aubagne, était accusé « d'aristocratie »; on lui avait donné une garde; vers minuit et demi, la garde est enfoncée, il est enlevé, puis tué, malgré les supplications de sa femme et de son fils. La lettre de la municipalité finit ainsi : « Leurs lamentations nous percent le « cœur. Mais, hélas ! qui peut résister au peuple français dans sa « fureur? Nous sommes très cordialement, messieurs, les offi- « ciers municipaux d'Aubagne. »

2. *Moniteur*, XIII, 560. Arrêté des administrateurs des Bouches-du-Rhône, 3 août, « pour défendre aux receveurs particuliers de « verser dorénavant les impôts à la trésorerie nationale ». — *Ib.*, 744. Rapport de Roland. Le département du Var a convoqué à Avignon une réunion de commissaires, à l'effet de pourvoir à la défense de ces contrées : « Cette mesure, dit le ministre, sub- « versive de tout gouvernement, rend nulles les dispositions géné- « rales du pouvoir exécutif. » — *Archives nationales*, F⁷, 3195. Délibération des trois corps administratifs réunis à Marseille

représentants à la Convention, les électeurs des Bouches-du-Rhône ont voulu par surcroît établir dans tout le département « le règne de la liberté et de l'égalité » et, à cet effet, ils ont formé, dit l'un d'eux, « une armée de « douze cents héros pour purger les districts où l'aris- « tocratie bourgeoise lève encore sa tête imprudente et « téméraire ». En conséquence, à Sonas, Noves, Saint-Remy, Maillane, Eyrague, Graveson, Eyguières, dans toute l'étendue des districts de Tarascon, Arles et Salon, les douze cents héros sont autorisés à vivre à discrétion chez l'habitant et les autres frais de l'expédition seront supportés « par les citoyens suspects[1] ». Ces expéditions

5 novembre 1792. — Pétition d'Anselme, habitant d'Avignon, résidant à Paris, 14 décembre. — Rapport sur l'affaire de Saint-Remy, etc.

1. *Archives nationales*, CII, I, 32. Procès-verbal de l'assemblée électorale des Bouches-du-Rhône, 4 septembre : « Pour pourvoir « aux frais de cette expédition, le procureur-syndic du district de « Tarascon est autorisé à puiser dans la caisse du receveur des « impositions du timbre et de l'enregistrement et, par supplé- « ment, dans la caisse des impositions directes. Les frais de « cette expédition seront supportés par les agitateurs contre-révo- « lutionnaires qui l'ont nécessitée. Il en sera en conséquence « dressé un tableau pour être envoyé à l'Assemblée nationale. « Les commissaires auront pouvoir de suspendre les administra- « tions de district, les officiers municipaux et généralement tous « les fonctionnaires publics qui, par leur incivisme ou leur « inconduite, auront compromis la chose publique. Ils pourront « même les faire arrêter, ainsi que les citoyens suspects. Ils « feront exécuter la loi sur le désarmement des citoyens suspects « et sur la déportation des prêtres. » — *Ib.*, F⁷, 3195. Lettre de Truchement, commissaire du département, 15 novembre. — Mémoire pour la communauté d'Eyguières, et lettre de la muni-cipalité d'Eyguières, 23 septembre. — Lettre de M. Jaubert, secré-taire de la société populaire de Salon, 22 octobre. — « Le dépar- « tement des Bouches-du-Rhône est, depuis un mois et demi, « ravagé par des commissions.... Le despotisme d'un seul est

se prolongent pendant six semaines et davantage ; il s'en fait au delà du département, à Manosque dans les Basses-Alpes, et Manosque, obligée de verser pour indemnité de déplacement 104 000 livres « à ses sauveurs et à ses « pères », écrit au ministre que désormais elle ne peut plus acquitter ses impositions.

De quelle espèce sont les souverains improvisés qui ont institué ce brigandage ambulant ? — Là-dessus Roland n'a qu'à interroger son ami Barbaroux, leur président et l'exécuteur de leurs arrêts : « neuf cents per« sonnes, écrit Barbaroux lui-même, en général peu « instruites, n'écoutant qu'avec peine les gens modérés « et s'abandonnant aux effervescents, des intrigants « habiles à semer la calomnie, de petits esprits soup« çonneux, quelques hommes vertueux, mais sans « lumières, quelques gens éclairés, mais sans courage, « beaucoup de patriotes, mais sans mesure, sans philo« sophie », bref un club jacobin, si jacobin, « qu'à la « nouvelle des massacres du 2 septembre, il fit retentir « la salle de ses applaudissements [1] » ; au premier rang, « une foule d'hommes avides d'argent et de places, « dénonciateurs éternels, supposant des troubles ou les « exagérant *pour se faire donner des commissions lucra*« *tives* [2] », en d'autres termes la meute ordinaire des

« détruit, et nous gémissons sous le joug bien plus pesant d'une « foule de despotes. » — Situation du département en septembre et octobre 1792 (avec pièces à l'appui).

1. Barbaroux, *Mémoires*, 89.

2. *Archives nationales*, F[7], 3196. — Lettres et pétition du citoyen de Sade, novembre 1792, 17 février 1793, et 8 ventôse an III : « Vers le milieu de septembre 1792 (vieux style), des

appétits aboyants qui se lancent à la curée. — Pour les connaître à fond, Roland n'a qu'à feuilleter un dernier dossier, celui du département voisin, et à considérer leurs collègues du Var. Dans ce grand naufrage de la raison et de la probité qu'on appelle la révolution jacobine, quelques épaves surnageaient encore : c'étaient les administrations du département, composées en beaucoup d'endroits de libéraux, amis de l'ordre, éclairés, intègres et défenseurs persévérants de la loi. Tel était le directoire du Var[1]. Pour se débarrasser de lui, les Jacobins de Toulon ont imaginé un guet-apens digne des Borgia et des Oliveretto du seizième siècle[2]. Le 28 juillet au matin, Sylvestre, président du club, a distribué à ses affidés de la banlieue et de la ville un énorme sac

« brigands marseillais se sont introduits dans une maison à moi, « située près d'Apt. Non contents d'enlever six charretées de « meubles,... ils ont encore brisé les glaces et les boiseries. » Le dommage est évalué 80 000 francs. — Rapport au Conseil exécutif d'après le procès-verbal de la municipalité de la Coste. Le 27 septembre, Montbrion, commissaire de l'administration des Bouches-du-Rhône, envoie deux huissiers pour amener le mobilier à Apt. Arrivés à Apt, Montbrion et son collègue Bergier font décharger les voitures, en chargent une avec les effets les plus précieux, se l'approprient et l'emmènent fort loin, à l'écart, en payant pour celle-ci les voituriers de leur poche : « Il ne reste « aucun doute sur la friponnerie de Montbrion et de Bergier, « administrateurs et commissaires de l'administration du dépar- « tement. » — Le marquis de Sade, qui est l'auteur de *Justine*, allègue son civisme notoire et les pétitions ultra-révolutionnaires qu'il a rédigées au nom de la section des Piques.

1. *Archives nationales*, F7, 3272. Lire dans ce dossier toute la correspondance du directoire et de l'accusateur public.

2. *Ib.* Délibération de la commune de Toulon, 28 juillet et jours suivants. — Délibération des trois corps administratifs, 10 septembre. — Lauvergne, *Histoire du département du Var*, 104-137.

de bonnets rouges, et il a disposé aux bons endroits ses escouades. Cependant la municipalité, sa complice, vient en cérémonie visiter les administrateurs du département, et les invite à fraterniser avec elle devant le peuple. Ils sortent sans défiance, chacun au bras d'un officier municipal ou d'un délégué du club. A peine ont-ils fait quelques pas sur la place que, de chaque avenue, débouche une troupe de bonnets rouges apostés. Le procureur-syndic, le vice-président du département et deux autres administrateurs sont saisis, sabrés et pendus; un autre, M. Debaux, parvient à s'échapper, se cache, saute la nuit par-dessus les ramparts, se casse la cuisse et reste là gisant; le lendemain matin on l'y découvre; une bande, conduite par Jassaud, ouvrier du port, et par Lemaille, qui s'intitule « le pendeur de la ville », vient le relever, l'emporte sur un brancard et l'accroche au premier réverbère. D'autres bandes expédient de même l'accusateur public, un administrateur du district, un négociant, puis, se répandant dans la campagne, pillent et tuent dans les bastides. —Vainement le commandant de place, M. Dumerbion, a supplié la municipalité de proclamer la loi martiale. Non seulement elle refuse, mais elle lui enjoint de faire rentrer dans les casernes la moitié de ses troupes. En revanche, elle met en liberté les soldats condamnés au bagne et tous les militaires détenus pour insubordination. — Dès lors la dernière ombre de discipline s'évanouit, et, dans le mois qui suit, les meurtres se multiplient. L'administrateur de la marine, M. Possel, est enlevé de sa maison, et on lui passe la corde au cou; il est sauvé tout juste par un bombardier, secrétaire du club. Un membre du directoire, M. Senis, empoigné dans sa maison de campagne, est pendu sur la place du Vieux-Palais. Le capitaine de vaisseau Desidery, le curé de la Valette, M. Sacqui des Thourets, sont décapités dans la banlieue, et leurs têtes rapportées au bout de trois perches. M. de Flotte, vice-amiral, homme à stature d'Hercule, d'une mine si grave et si austère, qu'on le surnommait « le Père « éternel », est attiré en trahison à la porte de l'arsenal et voit la lanterne déjà descendue; il arrache un fusil, se défend, succombe sous le nombre, et, après avoir été sabré, il est pendu. Sabré de même, M. de Rochemore, major général de la marine, est pendu de même : une grosse artère, tranchée sur le cou du cadavre, jetait d'en haut un filet de sang sur les pavés; Barry, l'un des exécuteurs, y lave ses mains et en asperge l'assistance. — Barry, Lemaille, Jassaud, Sylvestre et les autres assassins principaux, voilà les nouveaux rois de Toulon, assez semblables à ceux de Paris ; ajoutez-y un certain Figon qui donne audience dans son galetas, redresse les inégalités sociales, marie de force des filles de gros fermiers à des républicains pauvres, ou des filles perdues à des jeunes gens riches[1], et, sur des listes fournies par le

---

1. *Souvenirs inédits* du chancelier Pasquier.—M. Pasquier, arrêté avec sa femme, en Picardie, fut ramené à Paris par un membre de la Commune, petit bancal, ancien loueur de chaises dans l'église de sa paroisse, imbu des doctrines du temps et franc niveleur. Au village de Saralles, on passait devant la maison de M. de Livry, riche de 50 000 livres de rente et amant de la Saunier, danseuse à l'Opéra. « C'est un bon enfant, s'écria le bancal ; nous venons

club ou par les municipalités voisines, rançonne un à un les gens opulents ou aisés. Pour que rien ne manque au portrait de la bande, notez que, le 23 août, elle a tenté de mettre en liberté les 1800 forçats; mais ceux-ci se sont méfiés, ils n'ont pas compris qu'on pût les prendre pour alliés politiques, ils n'ont osé sortir, ou, du moins, la portion honnête de la garde nationale est arrivée à temps pour les remettre à la chaîne. Mais son effort s'est arrêté là, et, pendant une année encore, l'autorité publique restera aux mains d'une faction qui, en fait d'ordre public, n'a pas même les sentiments d'un forçat.

Plus d'une fois, pendant le cours de cette longue revue, le ministre a dû sentir une rougeur de honte lui monter au visage; car, aux réprimandes qu'il adresse aux administrations inertes, elles répliquent par son propre exemple : « Vous voulez que nous dénoncions à l'accu-« sateur public les arrestations arbitraires; avez-vous « dénoncé les coupables de pareils délits et de plus « grands dans la capitale[1]? » — De toutes parts, les

« de le marier. « Ah çà, lui avons-nous dit, il est temps que ce « mauvais train-là finisse; à bas les préjugés! Il faut que le ci-« devant marquis épouse la danseuse. » Il l'a épousée, et il a « bien fait; autrement, il aurait déjà sauté le pas, ou serait au « moins à l'ombre, derrière les murailles du Luxembourg. » — Ailleurs, devant un château qu'on démolissait, l'ancien loueur de chaises répétait la phrase de Rousseau : « Un château ne tombe « jamais qu'on ne voie s'élever vingt chaumières à la place. » Sa mémoire était farcie de sentences et de tirades semblables qu'il appliquait à l'occasion. — On peut considérer cet homme comme un spécimen assez exact de la moyenne jacobine.

1. *Archives nationales*, F7, 3207. Lettre des administrateurs de la Côte-d'Or au ministre, 6 octobre 1792.

opprimés ont crié vers lui, vers « le ministre patriote,
« ennemi prononcé de l'anarchie », vers « le bon et
« incorruptible ministre de l'intérieur... à qui on n'a
« pu reprocher que le bon sens de sa femme », et il
n'a su leur envoyer pour réponse que des dissertations
et des condoléances : « Gémir sur les événements qui
« désolent le département, dire que les administrations
« sont vraiment utiles quand elles préviennent les maux,
« que c'est une triste nécessité d'être réduit à chercher
« des remèdes, leur recommander une surveillance plus
« active[1]. » — « Gémir, et trouver des consolations dans
« les observations en la lettre » qui annonce quatre
assassinats, mais fait observer que « les victimes immo-
« lées étaient des antirévolutionnaires[2] ». Il a dialogué
par écrit avec des municipalités de village et donné des
leçons de droit constitutionnel à des communautés de
casseurs de grès[3]. — Mais, sur ce terrain, il a été battu

1. *Archives nationales*, F⁷, 3195. Lettre des administrateurs des
Bouches-du-Rhône, 29 octobre, et réponse en marge du ministre.
2. *Ib.*, F⁷, 3249. Lettre des administrateurs de l'Orne, 7 septembre, et réponse en marge du ministre.
3. *Ib.*, F⁷, 3249. Correspondance avec la municipalité de Saint-
Firmin (Oise). Lettre de Roland, 3 décembre : « J'ai lu la lettre
« que vous m'avez adressée le 25 du mois dernier, et, je ne dois
« pas vous le dissimuler, c'est avec douleur que j'y ai trouvé des
« principes destructifs de tout lien de subordination envers les
« autorités constituées, des principes tellement erronés que, du
« moment où les communes les adopteraient, toute forme de
« gouvernement serait impossible et la société serait dissoute. En
« effet, la commune de Saint-Firmin a-t-elle pu se persuader qu'elle
« était le souverain, ainsi qu'elle-même l'annonce, et les citoyens
« qui la composent ont-ils oublié que le souverain est la nation
« entière, et non la 44 000ᵉ partie du tout; que Saint-Firmin n'est
« que cette fraction, qui a contribué à revêtir les députés à la

par ses propres principes et, à leur tour, les purs Jacobins lui font la leçon; eux aussi, ils savent tirer les conséquences de leur dogme. « Frère et ami, monsieur, écrivent ceux de Rouen [1], *pour n'être pas sans cesse* « *comme aux genoux de la municipalité,* nous nous « sommes déclarés sections de la commune délibérantes « et permanentes. » Que les soi-disant autorités constituées, que les formalistes et pédants du conseil exécutif, que le ministre de l'intérieur y regarde à deux fois avant de blâmer l'exercice de la souveraineté populaire. Le souverain élève la voix et fait rentrer ses commis sous terre : spoliations et meurtres, tout ce qu'il a fait est juste. « Auriez-vous oublié, après la tempête, ce que « vous avez dit vous-même, dans le fort de l'orage, que « c'est à la nation à se sauver elle-même? Eh bien, c'est « ce que nous avons fait [2]... Quoi! lorsque la France

« Convention nationale, les administrateurs de département et de « district de la faculté d'exercer et d'agir pour le plus grand « avantage de la commune, mais que, du moment qu'elle s'est « nommé des administrateurs et des agents, elle ne peut plus, « sans une subversion totale de l'ordre, ressaisir les pouvoirs « qu'elle a donnés, etc.? » — Il faudrait pouvoir citer toutes les pièces de cette affaire; rien de plus instructif et de plus comique, notamment le style du secrétaire-greffier de Saint-Firmin : « Nous vous conjurons de vous souvenir que les administrateurs « du district de Senlis veulent jouer le rôle des Sirènes qui « essayèrent d'enchanter Ulysse. »

1. *Archives nationales,* F⁷, 3265. Lettre du bureau central des sections de Rouen, 30 août.

2. *Ib.,* F⁷, 3195. Lettre des trois corps administratifs et des commissaires des sections de Marseille, 15 novembre 1792. Lettre des électeurs des Bouches-du-Rhône, 28 novembre. — (Les formules de politesse sont omises à la fin de ces lettres, et certainement avec intention.) — Roland leur répond (31 décembre) : « Tout « en applaudissant au civisme des courageux habitants de Mar-

« entière retentissait de cette proclamation si longtemps
« attendue que la tyrannie est abolie, vous auriez voulu
« que des traîtres, qui s'efforçaient de la faire revivre,
« n'excitassent pas contre eux la vindicte publique? Dans
« quel siècle, grand Dieu, trouve-t-on de semblables
« ministres! » Taxes arbitraires, amendes, confiscations, expéditions révolutionnaires, garnisaires ambulants, pillages, qu'y a-t-il à reprendre dans tout cela?
« Nous ne disons pas que ces voies sont légales; mais,
« nous rapprochant de la nature, nous demandons quel
« est le but que l'opprimé se propose en invoquant la
« justice. Serait-ce de languir et de poursuivre en vain
« une réparation équitable que les formes judiciaires
« font fuir devant lui? Corrigez ces abus, ou ne trouvez
« pas mauvais que le peuple souverain les supprime
« d'avance... A tant de titres, vous voudrez bien, Mon-
« sieur, révoquer vos injures et réparer vos torts, avant
« que nous ne venions à les rendre publics. »... « Citoyen
« ministre, on vous flatte, on vous dit trop souvent que
« vous êtes vertueux; dès que vous vous plaisez à l'en-
« tendre dire, vous cessez de l'être... Chassez les brigands astucieux qui vous entourent, écoutez le peuple,
et souvenez-vous que le citoyen ministre n'est que
« l'exécuteur de la volonté du peuple souverain. » — Si
borné que soit Roland, il doit enfin comprendre : les vols

« scille,... je ne pense pas tout à fait comme vous sur l'exercice
« de la souveraineté du peuple. » Il finit par déclarer qu'il a
communiqué leurs lettres et ses réponses aux députés des
Bouches-du-Rhône, que ceux-ci sont d'accord avec lui et que tout
s'arrangera.

et assassinats sans nombre qu'il vient de relever ne sont pas une explosion. irréfléchie, un accès de délire passager, mais le manifeste du parti vainqueur, le début d'un régime établi. Sous ce régime, écrivent les Jacobins de Marseille, « aujourd'hui, dans nos contrées heureuses, « *les bons dominent les mauvais et forment un corps* « *qui ne souffre point de mélange : tout ce qui est vi-* « *cieux se cache ou est exterminé* ». — Le programme est net, et il a été commenté par des actes. C'est ce programme que la faction, pendant tout l'interrègne, a signifié aux électeurs.

CHAPITRE III

I. La seconde étape de la conquête jacobine. — Grandeur et multitude des places vacantes. — II. Les élections. — Appel au scrutin des jeunes gens et des indigents. — Danger des modérés, s'ils sont candidats. — Abstention de leurs chefs. — Proportion des absents aux assemblées primaires. — III. Composition et ton des assemblées secondaires. — Exclusion des électeurs feuillants. — Pression sur les autres électeurs. — Les élus des modérés sont obligés de se démettre. — Annulation des élections catholiques. Scission des minorités jacobines. — Validation de leurs élus. — Désaccord des choix officiels et de l'opinion publique. — IV. Composition de la Convention nationale. — Nombre primitif des Montagnards. — Opinions et sentiments des députés de la Plaine. — La Gironde. — Ascendant des Girondins dans la Convention. — Leur esprit. — Leurs principes. — Leur plan de Constitution. — Leur fanatisme. — Leur sincérité, leur culture et leurs goûts. — En quoi ils se séparent des purs Jacobins. — Comment ils entendent la souveraineté du peuple. — Procédure qu'ils imposent à l'initiative des individus et des groupes. — Faiblesse du raisonnement philosophique et de l'autorité parlementaire en temps d'anarchie. — V. L'opinion à Paris. — La majorité de la population reste constitutionnelle. — Impopularité du régime nouveau. — Rareté et cherté des denrées. — Froissement des habitudes catholiques. — Désaffection universelle et croissante. — Aversion ou indifférence pour les Girondins. — Démission politique de la majorité. — Incompatibilité des mœurs modernes et de la démocratie directe. — Abstention des propriétaires et des rentiers. — Abstention des industriels et des boutiquiers. — Division, timidité, impuissance des modérés. — Les Jacobins forment seuls le peuple souverain. — VI. Composition du parti:

— Son nombre et sa qualité baissent. — Les artisans subalternes, les petits détaillants, les domestiques. — Les ouvriers viveurs et flâneurs. — La canaille suburbaine. — Les chenapans et les bandits. — Les filles. — Les septembriseurs. — VII. Le personnage régnant. — Son caractère et sa portée d'esprit. — Les idées politiques de M. Saule.

1

Ainsi s'achève la seconde étape de la conquête jacobine : à partir du 10 août, pendant trois mois consécutifs, du haut en bas de la hiérarchie, les Jacobins ont élargi et multiplié les vacances pour les remplir. — D'abord, au sommet des pouvoirs publics, la faction installe des représentants qui ne représentent qu'elle, sept cent quarante-neuf députés omnipotents, une Convention qui, n'étant bridée ni par des pouvoirs collatéraux ni par une constitution préétablie, dispose à son gré des biens, de la vie et de la conscience de tous les Français. — Ensuite, par cette Convention à peine installée, elle fait décréter le renouvellement complet[1] de tous les corps administratifs et judiciaires, conseils et directoires de département et de district, conseils et municipalités de commune, tribunaux civils, tribunaux criminels, tribunaux de commerce, bureaux de paix, juges de paix, assesseurs des juges de paix, suppléants des juges, commissaires nationaux près des tribunaux civils[2], secrétaires et

1. Duvergier, *Collection des lois et décrets*, décrets du 22 septembre et du 19 octobre 1792. De leur autorité propre, les assemblées électorales et les clubs avaient déjà, en plusieurs endroits, procédé à ce renouvellement, et le décret valide leurs choix.

2. Le besoin de mettre des Jacobins partout se montre très

greffiers des administrations et des tribunaux. Du même coup, l'obligation d'avoir exercé comme homme de loi est abolie, en sorte que le premier venu, s'il est du club, peut devenir juge, sans savoir écrire et presque sans savoir lire[1]. — Un peu auparavant[2], dans toutes les villes au-dessus de cinquante mille âmes, puis dans toutes les villes-frontières, l'état-major de la garde nationale a repassé par le crible électoral. Pareillement, les officiers de gendarmerie, à Paris et dans toute la France, subissent derechef le choix de leurs hommes. Enfin les directeurs et les contrôleurs de la poste sont soumis à l'élection. — Bien mieux, au-dessous ou à côté des fonctionnaires élus, l'épuration administrative atteint les fonctionnaires et les employés non électifs, si neutre que soit leur emploi, si indirect et si faible que soit le lien par lequel leur office se rattache aux affaires politiques, receveurs et percepteurs des impôts, directeurs et procureurs des eaux et forêts, ingénieurs, notaires, avoués, commis et scribes d'administration; ils sont révoqués si leur municipalité

bien dans la lettre suivante : « Sur le tableau des jurés de votre « district,... je vous prie de me désigner en marge, par une croix, « les bons Jacobins à choisir pour former la liste des 200 pour le « trimestre prochain; nous avons besoin de patriotes. » (Lettre du procureur général du Doubs, 25 décembre 1792. Sauzay, III, 220).

1. Pétion, *Mémoires* (édit. Dauban), 118 : « Le juge de paix « qui m'accompagnait était très bavard et ne disait pas un mot « de français ; il me raconta qu'il avait été tailleur de pierres « avant d'être juge de paix, mais que son patriotisme l'avait « porté à cette place. Il voulut dresser un petit procès-verbal « pour me confier à la garde de deux gendarmes; il ne sut « comment s'y prendre ; je lui dictai, et il poussa ma patience à « bout par la lenteur incroyable avec laquelle il écrivait. »

2. *Décrets* des 6 juillet, 15 août, 20 août, 26 septembre 1792.

ne leur accorde pas le certificat de civisme. A Troyes, sur quinze notaires, elle le refuse à quatre[1]; cela fait quatre études à prendre pour leurs clercs jacobins. A Paris[2], « tous les honnêtes gens, tous les commis instruits » sont chassés des bureaux de la marine; le ministère de la guerre devient « une caverne, où l'on ne travaille qu'en « bonnet rouge, où l'on tutoie tout le monde, même le « ministre, où quatre cents employés, parmi lesquels « plusieurs femmes, affectent la toilette la plus sale et « le cynisme le plus impudent, n'expédient rien et « volent sur toutes les parties ». — Sous la dénonciation des clubs, le coup de balai descend jusque dans les bas-fonds de la hiérarchie, jusqu'aux secrétaires de la mairie dans les villages, jusqu'aux expéditionnaires et garçons de bureau dans les villes, jusqu'aux geôliers et concierges, bedeaux et sacristains, gardes forestiers, gardes champêtres, gardiens de séquestres[3]; il faut que tous ces gens-là soient ou paraissent jacobins; sinon

1. *Décret* du 1er novembre 1792. — Albert Babeau, II, 11, 39, 40.

2. Dumouriez, III, 309, 355. — Miot de Mélito, *Mémoires*, I, 31, 33. — Gouverneur Morris, lettre du 14 février 1793 : « L'état de « désorganisation paraît être irrémédiable. La vénalité est telle, « que, s'il n'y a pas de traîtres, c'est parce que les ennemis n'ont « pas le sens commun. »

3. *Archives nationales*, F7, 3268. Lettre des officiers municipaux de Rambouillet, 3 octobre 1792. Ils dénoncent une pétition des Jacobins de la ville qui veulent faire destituer les quarante gardes de la forêt, presque tous pères de famille, « comme ayant « été ci-devant gagés par un roi parjure ». — Arnault, *Souvenirs d'un sexagénaire*, II, 15. Il se démet d'un petit emploi qu'il avait dans la fabrique des assignats, parce que, dit-il, « la moindre « place étant convoitée, le moindre employé se trouvait en butte « aux dénonciations de tout genre ».

leur place se dérobe sous eux, car il y a toujours quelqu'un pour la convoiter, la solliciter et la prendre. — Par delà les employés, le balayage atteint les fournisseurs ; en effet, dans les fournitures aussi, il y a des fidèles à pourvoir, et nulle part l'appât n'est si gros. Même en temps ordinaire, l'État demeure encore le plus grand des consommateurs, et en ce moment il dépense par mois, pour la guerre seulement, 200 millions d'extraordinaire : que de poissons à pêcher dans une eau si trouble[1] ! — Toutes ces commandes lucratives, comme tous ces emplois rétribués, sont à la disposition du peuple jacobin, et il les distribue : c'est un propriétaire légitime qui, rentrant chez lui après une longue absence, donne où retire sa pratique comme il lui plaît, et, au

1. Dumouriez, III, 539. — Meillan, *Mémoires*, 27 : « Huit « jours après son installation au ministère de la guerre, Beur- « nonville m'avoua qu'on lui avait fait des offres jusqu'à concur- « rence de 1 500 000 francs pour se prêter à des malversations. » Il tâche de balayer la vermine des employés voleurs, et aussitôt il est dénoncé par Marat. — Barbaroux, *Mémoires* (édit. Dauban). Lettre du 5 février 1793 : « J'ai trouvé le ministre de l'intérieur « pleurant de l'obstination de Vieilz qui voulait lui faire violer la « loi du 12 octobre 1791 (sur l'avancement). » Vieilz n'avait que quatre mois de service au lieu des cinq ans exigés par la loi, et le ministre n'osait se faire un ennemi d'un homme influent dans les clubs. — Buchez et Roux, XXVII, 10 et 14 mai. Discours de Barbaroux : « La société des Jacobins se vante d'avoir placé 9000 agents dans les administrations. » — *Ib.*, XXVIII, 10 (*Publication des pièces relatives au 31 mai*, à Caen, par Bergoeing, 28 juin 1793) : « Mon ami apprit que la place avait été accordée « à un autre qui avait compté 50 louis au député. — Les députés « de la Montagne disposent souverainement de ces places, et les « mettent à prix ; les tarifs sont presque publics. » — Le nombre des places augmente beaucoup dans l'année qui suit (Mallet du Pan, II, 56, mars 1794). « On compte trente-cinq mille employés « publics dans la seule capitale. »

logis, fait maison nette. — Dans les seuls services administratifs et judiciaires, treize cent mille places ; toutes celles des finances, des travaux publics, de l'instruction publique et de l'Église ; dans la garde nationale et l'armée, tous les postes, depuis celui de commandant en chef jusqu'à celui de tambour ; tout le pouvoir, central ou local, avec le patronage immense qui en dérive : jamais pareil butin n'a été mis en tas et à la fois sur la place publique. En apparence, l'élection fera les lots ; mais il est trop clair que les Jacobins n'entendent pas livrer leur proie aux hasards d'un scrutin libre : ils la garderont, comme ils l'ont prise, de force, et n'omettront rien pour maîtriser les élections.

II

Pour commencer, ils se sont frayé la voie. Dès le premier jour[1], les faibles et dernières garanties d'indépendance, d'honorabilité et de compétence que la loi exigeait encore de l'électeur et de l'éligible ont été supprimées par décret. Plus de distinction entre les citoyens actifs et les citoyens passifs ; plus de différence entre le cens de l'électeur du premier degré et le cens de l'électeur du second degré : plus de cens électoral. Tous les Français, sauf les domestiques dont on se défie parce qu'on les suppose sous l'influence de leurs maîtres, pourront voter aux assemblées primaires, et ils voteront, non plus à partir de vingt-cinq ans, mais dès

1. *Décret* du 11-12 août 1792.

vingt et un ans; ce qui appelle au scrutin les deux groupes les plus révolutionnaires, d'une part les jeunes gens, d'autre part les indigents, ceux-ci en nombre prodigieux par ce temps de chômage, de disette et de misère, en tout deux millions et demi et peut-être trois millions de nouveaux électeurs : à Besançon, le nombre des inscrits est doublé[1]. — Ainsi la clientèle ordinaire des Jacobins est admise dans l'enceinte électorale d'où jusqu'ici elle était exclue[2], et, pour l'y pousser plus sûrement, ses patrons font décider que tout électeur obligé de se déplacer « recevra 20 sous par lieue, outre 3 livres « par journée de séjour[3] ».

En même temps qu'ils rassemblent leurs partisans, ils écartent leurs adversaires. A cela le brigandage politique par lequel ils dominent et terrifient la France a déjà pourvu. Tant d'arrestations arbitraires, de pillages tolérés et de meurtres impunis sont un avertissement pour les candidats qui ne seraient pas de leur secte; et

1. Sauzay, III, 45. De 3200, le nombre des inscrits monte à 7000.

2. Durand de Maillane, *Mémoires*, 30 : « Cela fit de tous les « prolétaires de la France, qui n'avaient ni biens ni consistance, « le parti dominant dans les assemblées électorales.... Les divers « clubs établis en France (furent) alors maîtres des élections. » Dans les Bouches-du-Rhône, « 400 électeurs de Marseille, dont le « dixième n'avait pas le revenu du marc d'argent, maîtrisèrent « despotiquement notre assemblée électorale. Ils ne permettaient « à personne d'élever la voix contre eux.... On n'élut que ceux « que désigna Barbaroux. »

3. *Décret* du 11-12 août. — *Archives nationales*, CII, 58 à 76. Procès-verbal de l'assemblée électorale de Rhône-et-Loire tenue à Saint-Étienne. Les électeurs de Saint-Étienne demandent à être indemnisés comme les autres, attendu qu'ils donnent leur temps comme les autres. — Accordé.

je ne parle pas ici des nobles ou des amis de l'ancien régime, qui sont en fuite ou en prison, mais des monarchistes constitutionnels et des Feuillants. De leur part, toute initiative électorale serait une folie, presque un suicide. Aussi bien, pas un d'eux ne se met en avant. Si quelque modéré honteux, comme Durand de Maillane, figure sur une liste, c'est que les révolutionnaires l'ont adopté sans le connaître et qu'il jure haine à la royauté[1]. Les autres qui, plus francs, ne veulent pas endosser la livrée populaire et recourir au patronage des clubs, se gardent soigneusement de se présenter; ils savent trop bien que ce serait désigner leurs têtes aux piques et leurs maisons au pillage. Au moment même du vote, les propriétés de plusieurs députés sont saccagées, par cela seul que, « dans le tableau comparatif des sept « appels nominaux » envoyé aux départements par les Jacobins de Paris, leurs noms se trouvent à droite[2]. — Par un surcroît de précautions, les constitutionnels de la Législative ont été retenus dans la capitale; on leur

1. *Archives nationales*, CII, 1 à 32. Procès-verbal de l'assemblée électorale des Bouches-du-Rhône, discours de Durand de Maillane : « Pourrais-je, dans la Convention nationale, être différent de « moi-même sur le compte du ci-devant Louis XVI, qui, dès sa « fuite du 21 juin, m'a paru indigne du trône? Pourrai-je, après « tous les crimes de nos rois, ne pas abhorrer la royauté? »

2. *Moniteur*, XIII, 623, séance du 8 septembre. Discours de Larivière. — *Archives nationales*, CII, 1 à 83. (Les procès-verbaux des assemblées électorales mentionnent fréquemment l'envoi de ce tableau comparatif, et les Jacobins qui l'envoient invitent l'assemblée électorale à en faire la lecture, séance tenante.) Voyez, par exemple, le procès-verbal de l'assemblée électorale de l'Ardèche. — Balleydier, I, 79. (Lettre de Laussel, datée de Paris, 27 août 1792.)

a refusé des passeports, pour les empêcher d'aller en province rallier les voix et dire au public la vérité sur la révolution récente. — Pareillement, tous les journaux conservateurs ont été supprimés, réduits au silence, ou contraints à la palinodie. — Or, quand on n'a pas d'organe pour parler ni de candidat pour être représenté, à quoi bon voter? D'autant plus que les assemblées primaires sont des lieux de désordre et de violence[1], qu'en beaucoup d'endroits les patriotes y sont seuls admis[2], qu'un modéré y est « insulté et accablé par le

1. Rétif de la Bretonne, *les Nuits de Paris*, X[e] nuit, 301 : « Aussitôt les assemblées primaires se formèrent, les intrigants « s'agitèrent, on nomma les électeurs, et, par le mauvais mode « adopté dans les sections, le bruit tint lieu de majorité. » — Cf. Schmidt, *Tableaux de la Révolution française*, 1, 98. Lettre de Damour, vice-président de la section du Théâtre-Français, 29 octobre. — *Un séjour en France*, 29 : « Les assemblées primaires « ont déjà commencé dans ce département (Pas-de-Calais). Nous « sommes entrés par hasard dans une église, où Robespierre le « jeune haranguait un auditoire aussi peu nombreux que peu « respectable. Ils applaudissaient du reste assez bruyamment « pour compenser ce qui leur manquait d'ailleurs. »

2. Albert Babeau, I, 518. A Troyes, 26 août, dans la plupart des sections, les révolutionnaires font décider que les parents d'un émigré, désignés comme otages, et les signataires des adresses royalistes ne seront pas admis à voter : « Le peuple souverain, « réuni en assemblée primaire, ne peut admettre au nombre de « ses membres que des citoyens purs et sur lesquels on ne « puisse jeter le moindre soupçon. » (Arrêté de la section de la Madeleine.) — Sauzay, III, 47, 49 et suivantes. A Quingey, le 26 août, Louvot, fermier des forges de Châtillon, avec une centaine de ses ouvriers munis de bâtons, exclut du scrutin les électeurs de la commune de Courcelles, comme « suspects d'incivisme ». — *Archives nationales*, F[7], 3217. Lettres de Gilles, juge de paix du canton de Roquemaure (Gard), 31 octobre 1792 et 23 janvier 1793, sur les procédés électoraux employés dans son canton : « Dutour quitta son fauteuil de président du club pour appuyer « la motion de faire lanterner les revêches et les faux patriotes....

« nombre », que, s'il y parle, il est en danger, que, même en se taisant, il a chance d'y récolter des dénonciations, des menaces et des coups. Ne pas se montrer, rester à l'écart, éviter d'être vu, faire oublier qu'on existe, telle est la règle sous le règne du pacha, surtout quand ce pacha est la plèbe. C'est pourquoi la majorité s'abstient, et autour du scrutin le vide est énorme. A Paris, pour l'élection du maire et des officiers municipaux, les scrutins d'octobre, novembre et décembre, sur 160 000 inscrits, ne rassemblent que 14 000 votants, puis 10 000, puis 7000[1]. A Besançon, les 7000 inscrits déposent moins de 600 suffrages ; même proportion dans les autres villes, à Troyes par exemple. Pareillement dans les cantons ruraux, à l'Est dans le Doubs, à l'Ouest dans la Loire-Inférieure, il n'y a qu'un dixième des électeurs qui

a Le 4 novembre, il fit contribuer les citoyens, en menaçant de
« couper des têtes et de détruire les maisons. » Il a été élu juge
de paix. — Un autre, Magère, « a approuvé la motion de faire
« dresser une potence, pourvu que ce ne fût pas devant ses
« fenêtres, et a dit en plein club que, si l'on suivait les lois, on ne
« ferait jamais rien de mémorable. » Il a été élu membre du
directoire du département. — Un troisième, Tournier, « a écrit
« que les dons sont volontaires, alors que les citoyens n'ont donné
« que pour sauver leurs vies. » Il est élu membre du conseil
du département. — « Les paisibles citoyens font mettre leurs
« meubles en sûreté pour prendre la fuite.... Il n'y a plus de
« sécurité en France ; l'épithète d'aristocrate, de feuillant, de
« modéré, ajoutée au nom du plus honnête citoyen, suffit pour le
« faire spolier et l'exposer à perdre la vie.... Je persiste à voir la
« principale cause de l'anarchie dans la fausse idée qu'on se
« forme de la souveraineté du peuple. »
1. Schmidt, *Pariser Zustande*, I, 50 et suivantes. — Mortimer-Ternaux, V, 95, 109, 117, 120 (Scrutin du 4 octobre, 14 137 votants ; du 22 octobre, 14 006 ; du 19 novembre, 10 223 ; du 6 décembre, 7062).

ose user de son droit de vote[1]. On a tant épuisé, boule-
versé et bouché la source électorale qu'elle est presque
tarie : dans ces assemblées primaires qui, directement
ou indirectement, délèguent tous les pouvoirs publics et
qui, pour exprimer la volonté générale, devraient être
pleines, *il manque six millions trois cent mille électeurs
sur sept millions.*

III

Par cette purgation anticipée, les assemblées du premier degré se trouvent pour la plupart jacobines; en conséquence, les électeurs du second degré qu'elles élisent
sont pour la plupart jacobins, et dans nombre de départements leur assemblée devient le plus anarchique, le
plus turbulent, le plus usurpateur de tous les clubs. Ce
ne sont que cris, dénonciations, serments, motions incendiaires, acclamations qui emportent les suffrages,
harangues furieuses des commissaires parisiens, des délégués du club local, des fédérés qui passent, des pois-

---

1. Sauzay, III, 45, 46, 221. — Albert Babeau, I, 517. — Lallié,
le District de Machecoul, 225. — Cf. ci-dessus l'histoire des élections de Saint-Affrique : sur plus de 600 électeurs inscrits, le
maire et le procureur-syndic sont nommés par 40 voix. — Le plé-
biscite de septembre 1795 sur la Constitution de l'an III ne réunira
que 958 000 votants; c'est que la répugnance pour le vote dure
toujours. « Sur cent fois que j'ai demandé : Citoyen, comment
« s'est passée l'assemblée électorale de votre canton? on m'a
« répondu quatre-vingt-dix fois : « Moi, citoyen! Qu'asce que
« j'irions faire là? Ma fi, l'ont bin de la peine à s'entendre. » Ou :
« Que voulez-vous! On était en bin petit nombre; les honnêtes
« gens restions chez eux. » (Meissner, *Voyage à Paris*, vers la
fin de 1795.)

sardes qui réclament des armes[1]. L'assemblée du Pas-de-Calais élargit et applaudit une femme détenue pour avoir battu la caisse dans un attroupement populaire. L'assemblée de Paris fraternise avec les égorgeurs de Versailles et avec les assassins du maire d'Étampes. L'assemblée des Bouches-du-Rhône donne un certificat de vertu à Jourdan, le massacreur de la Glacière. L'assemblée de Seine-et-Marne applaudit à la proposition de fondre un canon qui puisse contenir, en guise de boulet, la tête de Louis XVI et la lancer à l'ennemi. — Rien d'étonnant si un corps électoral qui ne respecte rien ne se respecte pas lui-même, et se mutile sous prétexte de s'épurer[2]. Tout de suite la majorité despotique a voulu régner sans conteste, et de son autorité propre elle a expulsé les électeurs qui lui déplaisaient. A Paris, dans l'Aisne, dans la Haute-Loire, dans l'Ille-et-Vilaine, dans le Maine-et-Loire, elle exclut, comme indignes, les membres des anciens clubs feuillants ou monarchiques et les signataires des protestations con-

1. *Archives nationales*, CII, 1 à 76, passim, notamment les procès-verbaux des assemblées des Bouches-du-Rhône, de l'Hérault et de Paris. Discours de Barbaroux à l'assemblée électorale des Bouches-du-Rhône : « Frères et amis, la liberté périt, si vous « ne nommez à la Convention nationale des hommes qui portent « dans leur cœur la haine des rois depuis quatre ans. Je délivre-« rai la France de cette race malfaisante, ou je mourrai. Avant « mon départ, je signerai ma sentence de mort, je désignerai « tous les objets de mon affection, j'indiquerai tous mes biens, « je déposerai sur le bureau un poignard, il sera destiné à me « percer le cœur, si je suis infidèle un moment à la cause du « peuple. » (Séance du 3 septembre.) — Guillon de Montléon, I, 135. — Sauzay, III, 140.

2. Durand de Maillane, I, 33. Dans l'assemblée électorale des Bouches-du-Rhône, « on voulait tuer un électeur accusé ou soup-« çonné d'aristocratie ».

stitutionnelles. Dans l'Hérault, elle annule les élections du canton de Servian, parce que les élus, dit-elle, sont « d'enragés aristocrates ». Dans l'Orne, elle chasse un ancien constituant, Goupil de Préfeln, parce qu'il a voté la revision, et son gendre, parce qu'il est son gendre. Dans les Bouches-du-Rhône, où le canton de Seignon a, par mégarde ou routine, juré « de maintenir la Consti-« tution du royaume », elle casse ses élus rétrogrades, institue des poursuites contre « l'attentat commis », et envoie des troupes contre Noves, parce que l'électeur de Noves, un juge de paix dénoncé et en danger, s'est sauvé de la caverne électorale. — Après l'épuration des personnes, elle procède à l'épuration des sentiments. A Paris et dans neuf départements au moins[1], au mépris de la loi, elle supprime le scrutin secret, refuge suprême des modérés timides, et impose à chaque électeur le vote public à haute voix, sur appel nominal, c'est-à-dire, s'il vote mal, la perspective de la lanterne[2]. Rien de plus efficace pour tourner dans le

---

1. Mortimer-Ternaux, IV, 52. — *Archives nationales*, CII, 1 à 32. Procès-verbal de l'assemblée électorale des Bouches-du-Rhône, discours de Pierre Baille, 3 septembre : « Celui-là n'est pas libre « qui cherche à cacher sa conscience à l'ombre d'un scrutin. Les « Romains nommaient leurs tribuns à haute voix.... Quel est « celui d'entre nous qui voudrait rejeter une mesure aussi salu-« taire? *Les tribunes de l'Assemblée nationale ont autant fait « en faveur de la révolution que les baïonnettes des patriotes.* » — Dans Seine-et-Marne, l'assemblée avait d'abord opté pour le scrutin secret ; sur l'invitation des commissaires parisiens, Ron-sin et Lacroix, elle rapporte son premier arrêté et s'impose le vote à haute voix par appel nominal.

2. Barbaroux, *Mémoires*, 379 : « Un jour qu'on procédait aux « élections, des cris tumultueux se font entendre : « C'est un

bon sens les volontés indécises, et, en maint endroit,
des machines encore plus puissantes. se sont appliquées
violemment sur les élections. A Paris, on a voté en
pleine boucherie et pendant tout le cours de la boucherie, sous les piques des exécuteurs et sous la conduite des entrepreneurs. A Meaux et à Reims, les électeurs en séance ont pu entendre les cris des prêtres qu'on
égorgeait. A Reims, les massacreurs ont eux-mêmes
intimé à l'assemblée électorale l'ordre d'élire leurs candidats, Drouet, le fameux maître de poste, et Armonville,
un cardeur de laine ivrogne; sur quoi la moitié de l'assemblée s'est retirée, et les deux candidats des assassins
ont été élus. A Lyon, deux jours après le massacre, le
commandant jacobin écrit au ministre : « La catastrophe
« d'avant-hier met les aristocrates en fuite et nous assure
« la majorité dans Lyon[1]. » Du suffrage universel soumis
à tant de triages, foulé par une si rude pression, chauffé
et filtré dans l'alambic révolutionnaire, les opérateurs
tirent ce qu'ils veulent, un extrait concentré, une quin-
tessence de l'esprit jacobin.

Au reste, si l'extrait obtenu ne leur semble pas assez
fort, là où ils sont souverains, ils le rejettent et recommencent l'opération. — A Paris[2], au moyen d'un scrutin

« contre-révolutionnaire d'Arles, il faut le pendre! » On avait en
« effet arrêté sur la place un Arlésien, on l'avait amené dans
« l'assemblée et l'on descendait une lampe pour l'accrocher. »
1. Mortimer-Ternaux, III, 338. — Sybel, *Histoire de l'Europe
pendant la Révolution française* (traduction Dosquet), I, 525.
(Correspondance de l'armée du Sud, lettre de Charles de Hesse
commandant des troupes de ligne à Lyon.)
2. Mortimer-Ternaux, V, 101, 122 et suivantes.

épuratoire et surajouté, le nouveau conseil de la Commune entreprend l'expulsion de ses membres tièdes, et le maire élu des modérés, Le Fèvre d'Ormesson, est assailli de tant de menaces qu'au moment d'être installé il se démet. A Lyon[1], un autre modéré, Nivière-Chol, élu deux fois et par près de 9000 votants sur 11 000, est contraint deux fois d'abandonner sa place ; après lui, le médecin Gilibert, qui, porté par les mêmes voix, allait aussi réunir la majorité des suffrages, est saisi tout d'un coup et jeté en prison ; même en prison, il est élu ; les clubistes l'y maintiennent d'autant plus étroitement et ne le lâchent pas, même après qu'ils lui ont extorqué sa démission. — Ailleurs, dans les cantons ruraux, en Franche-Comté par exemple[2], quantité d'élections sont cassées si l'élu est catholique. Souvent la minorité jacobine fait scission, s'assemble à part au cabaret, élit son maire ou son juge de paix, et c'est son élu qui est validé comme patriote ; tant pis pour celui de la majorité : les suffrages bien plus nombreux qui l'ont choisi sont nuls, parce qu'ils sont « fanatiques ». — Interrogé de cette façon, le suffrage universel ne peut manquer de faire la réponse qu'on lui dicte. A quel point cette réponse est forcée et faussée, quelle distance sépare les choix officiels et l'opinion publique, comment les élections traduisent à rebours le sentiment

1. Guillon de Montléon, I, 172, 196 et suivantes.
2. Sauzay, III, 220 et suivantes. — Albert Babeau, II, 15. A Troyes, deux maires élus refusent tour à tour. Au troisième scrutin, dans cette ville de 32 000 à 35 000 âmes, le maire élu obtient 400 voix sur 555.

populaire, des faits sans réplique vont le montrer. Les
Deux-Sèvres, le Maine-et-Loire, la Vendée, la Loire-
Inférieure, le Morbihan et le Finistère n'ont envoyé à la
Convention que des républicains anticatholiques, et
ces mêmes départements seront la pépinière inépuisable
de la grande insurrection catholique et royaliste. Trois
régicides, sur quatre députés, représentent la Lozère
où, six mois plus tard, trente mille paysans marcheront
sous le drapeau blanc. Six régicides, sur neuf députés,
représentent la Vendée qui va se lever tout entière au
nom du roi[1].

IV

Si vigoureuse qu'ait été la pression électorale, la
machine à voter n'a point rendu tout ce qu'on lui demandait. Au début de la session, sur sept cent quarante-
neuf députés, il ne s'en trouve qu'une cinquantaine[2]

1. *Moniteur*, XV, 184 à 223 (appel nominal sur la peine à infli-
ger à Louis XVI). — Dumouriez, II, 73 (Dumouriez arrive à Paris
le 2 février 1793, après avoir visité les côtes de Dunkerque à
Anvers) : « Dans toute la Picardie, l'Artois et la Flandre mari-
« time, Dumouriez avait trouvé le peuple consterné de la mort
« tragique de Louis XVI. Il avait aperçu autant d'horreur que de
« crainte au seul nom des Jacobins. »
2. Ce chiffre si important est constaté par les textes suivants.
— *Moniteur*, séance du 20 décembre 1792. Discours de Birotteau :
« Une cinquantaine de membres contre 690.... Une vingtaine de
« ci-devant nobles, quinze à vingt prêtres et une douzaine de
« juges de septembre (veulent dominer) 700 députés. » — *Ib.*,
854 (26 décembre, sur la motion de différer le jugement du roi) :
« Une cinquantaine de voix, avec force : Non, non. » — *Ib.*, 865
(27 décembre, discours violent de Lequinio, applaudi par l'extrémité gauche et les galeries ; le président les rappelle à l'ordre) :
« Les applaudissements d'une cinquantaine de membres de l'ex-

pour approuver la Commune, presque tous élus, comme à Reims et à Paris, là où la terreur a pris l'électeur à la gorge, « sous les crocs, sous les haches, sous les «. poignards et les massues des assommeurs[1] ». Ailleurs, où la sensation physique du meurtre n'a pas été aussi présente et poignante, un reste de pudeur a empêché les choix trop criants. On n'a pu défendre aux suffrages de se porter sur des noms connus; soixante-dix-sept membres de la Constituante, cent quatre-vingt-six de la Législative entrent à là Convention, et à beaucoup d'entre eux la pratique du gouvernement a donné quelques lumières. Bref, chez six cent cinquante députés, la conscience et l'intelligence ne sont faussées qu'à demi.

Sans doute ils sont tous républicains décidés, ennemis de la tradition, apôtres de la raison, nourris de politique déductive; on ne pouvait être nommé qu'à ce prix.

« trémité continuent. » — Mortimer-Ternaux, VI, 557 (Adresse de Tallien aux Parisiens, 23 décembre, contre le bannissement du duc d'Orléans) : « Demain, sous le vain prétexte d'une autre « mesure de sûreté générale, on aurait chassé les 60 ou 80 « membres qui, par leur courageuse énergie et leur imperturbable « attachement aux principes, déplaisent beaucoup à toute la fac- « tion brissotine. » — *Moniteur*, XV, 74 (6 janvier), Robespierre, parlant à Roland, a prononcé ce mot : « les ministres factieux ». — « Cris : *A l'ordre, à la censure, à l'Abbaye!* » — « Peut-on « traiter ainsi, dit un membre, le ministre honnête qu'estime la « France ? » — « Les éclats de rire d'une soixantaine de membres « couvrent cette exclamation. » — *Ib.*, XV, 114 (11 janvier). Dénonciation du parti anarchique par Buzot. Garnier lui répond : « Vous calomniez Paris, vous prêchez la guerre civile. — Oui, « oui! » s'écrient une soixantaine de membres. » — Buchez et Roux, XXIV, 367 (26 février). Il s'agit de décider si Marat sera mis en accusation. « Murmures de l'extrémité gauche, une soixan- « taine de membres réclament à grands cris l'ordre du jour. »
1. Mercier, *le Nouveau Paris*, II, 200.

Tout candidat était tenu d'avoir la foi jacobine ou du moins de réciter le symbole révolutionnaire. En conséquence, dès sa première séance, la Convention, à l'unanimité, vote avec enthousiasme et par acclamation l'abolition de la royauté, et, trois mois plus tard, à la très grande majorité, elle jugera Louis XVI « coupable « de conspiration contre la liberté de la nation et d'at- « tentat contre la sûreté générale de l'État[1] ». — Mais sous les préjugés politiques subsistent les habitudes sociales. Par cela seul qu'un homme est né et a vécu longtemps dans une société ancienne, il en a reçu l'empreinte, et les pratiques qu'elle observe se sont déposées en lui sous forme de sentiments : si elle est réglée et policée, il y a contracté involontairement le respect de la propriété et de la vie humaine, et, dans la plupart des caractères, ce respect s'est enfoncé très avant. Une théorie, même adoptée, ne parvient pas à le détruire; elle n'y réussit que dans des cas rares, lorsqu'elle rencontre des naturels bruts ou malsains; pour avoir toutes ses prises, il faut qu'elle tombe sur les héritiers clairsemés de vieux appétits destructeurs, sur les âmes arriérées en qui sommeillent des passions d'une autre date; alors seulement elle peut manifester toute sa malfaisance; car elle réveille les instincts féroces ou pillards du barbare, du reître, de l'inquisiteur et du pacha. Au con-

---

1. Buchez et Roux, XIX, 17, et XXIII, 168. — 683 voix déclarent le roi coupable; 37 membres se récusent, comme juges; sur ces 37, il s'en trouve 26 qui, soit comme particuliers, soit comme législateurs, déclarent le roi coupable. Aucun des 11 autres ne le déclare innocent.

traire et quoi qu'elle fasse, chez le très grand nombre, la probité et l'humanité restent toujours de puissants mobiles. Nés presque tous dans la bourgeoisie moyenne, presque tous nos législateurs, quelle que soit l'effervescence momentanée de leur cervelle, sont au fond ce qu'ils ont été jusqu'ici, des avocats, procureurs, négociants, prêtres ou médecins de l'ancien régime, et ce qu'ils seront plus tard, des administrés dociles ou des fonctionnaires zélés de l'Empire[1], c'est-à-dire des hommes civilisés de l'espèce ordinaire, des bourgeois du dix-huitième et du dix-neuvième siècle, assez honnêtes dans la vie privée pour avoir envie de l'être aussi dans la vie publique. — C'est pourquoi ils ont horreur de l'anarchie, de Marat[2], des égorgeurs et des voleurs de septembre. Trois jours après leur réunion, « presque à « l'unanimité », ils votent la préparation d'une loi « con-

1. *Dictionnaire biographique*, par Eymery, 1807 (4 volumes). On peut y relever la situation des conventionnels qui ont survécu à la révolution. La plupart sont juges au civil ou au criminel, préfets, commissaires de police, chefs de bureau, employés des postes ou de l'enregistrement, receveurs des finances, inspecteurs aux revues, etc. — Parmi les conventionnels ainsi placés, voici la proportion des régicides : sur 23 préfets, 21 ont voté la mort ; sur 43 magistrats, 42 ont voté la mort ; le 43ᵉ était malade à l'époque du jugement ; des 5 sénateurs, 4 ont voté la mort ; sur 16 députés, 14 ont voté la mort : sur 36 autres fonctionnaires de diverses espèces, 35 ont voté la mort. Parmi les autres régicides, on trouve encore 2 conseillers d'État, 4 diplomates et consuls, 2 généraux, 2 receveurs généraux, un commissaire général de police, un colonel de gendarmerie, un ministre du roi Joseph, le ministre de la police et l'archichancelier de l'Empire.

2. Buchez et Roux, XIX, 97, séance du 25 septembre 1792. Marat : « J'ai, dans cette Assemblée, un grand nombre d'ennemis « personnels. » — « Tous, tous ! » s'écrie l'Assemblée en se « levant avec indignation. » — *Ib.*, XIX, 9, 49, 63, 538.

« tre les provocateurs au meurtre et à l'assassinat »
« Presque à l'unanimité », ils veulent se donner une
garde recrutée dans les quatre-vingt-trois départements
contre les bandes armées de Paris et de la Commune.
Pour premier président, ils ont élu Pétion « presque à
« la totalité des suffrages ». Roland, qui vient de leur
lire son rapport, reçoit « les plus vifs applaudissements
« de l'Assemblée presque entière ». — Bref, ils sont
pour la république idéale contre les brigands de fait.
De là vient qu'ils se rangent autour des députés probes
et convaincus qui, dans les deux précédentes Assemblées
ou à côté d'elles, ont le mieux défendu tout à la fois
l'humanité et les principes, autour de Buzot, Lanjuinais,
Pétion, Rabaut-Saint-Étienne, autour de Brissot, Vergniaud, Guadet, Gensonné, Isnard et Condorcet, autour
de Roland, Louvet, Barbaroux, et les cinq cents députés
de la Plaine marchent en corps sous la conduite des
cent quatre-vingts Girondins qui forment maintenant le
côté droit[1].

Parmi les républicains, ceux-ci sont les plus estimables et les plus croyants; car ils le sont depuis longtemps, par réflexion, étude et système, presque tous
lettrés et liseurs, raisonneurs et philosophes, disciples
de Diderot ou de Rousseau, persuadés que la vérité
absolue a été révélée par leurs maîtres, imbus de l'*En-*

---

1. Meillan, *Mémoires*, 20. — Buchez et Roux, XXVI, séance
du 15 avril 1793. Dénonciation des Vingt-Deux par les sections
de Paris; Boyer-Fonfrède regrette « que son nom ne soit pas
« inscrit sur cette liste honorable ». — « Et nous aussi, tous,
« tous! » s'écrient les trois quarts de l'Assemblée en se levant. »

cyclopédie ou du *Contrat social*, comme jadis les puritains de la Bible[1]. À l'âge où l'esprit, devenant adulte, s'éprend d'amour pour les idées générales[2], ils ont épousé la théorie et voulu rebâtir la société sur des principes abstraits. A cet effet, ils ont procédé en purs logiciens, avec toute la rigueur superficielle et fausse de l'analyse en vogue : ils se sont représenté l'homme en général, le même en tout temps et en tout pays, un extrait et un minimum de l'homme; ils ont considéré plusieurs milliers ou millions de ces êtres réduits, érigé en droits primordiaux leurs volontés imaginaires et rédigé d'avance le contrat chimérique de leur association impossible. Plus de privilèges, plus d'hérédité, plus de cens, tous électeurs, tous éligibles, tous membres égaux du souverain; tous les pouvoirs à court terme et conférés par l'élection; une assemblée unique, élue et renouvelée en entier tous les ans, un conseil exécutif élu et renouvelé par moitié tous les ans, une trésorerie nationale élue et renouvelée par tiers tous les ans; des administrations locales élues, des tribunaux élus; référendum au peuple, initiative du corps électoral, appel incessant au souverain qui,

1. *Archives nationales*, AF, II, 45. Lettre de Thomas Payne à Danton, 6 mai 1792 (en anglais) : « Je ne connais pas d'hommes « meilleurs ni de meilleurs patriotes. » — Cette lettre, comparée aux discours ou aux écrits du temps, fait le plus étrange effet par son bon sens pratique. L'Anglais-Américain, si radical qu'il soit, ne s'appuie, dans ses raisonnements politiques, que sur les exemples et l'expérience.

2. Cf. les *Mémoires* de Buzot, de Barbaroux, de Louvet, de Mme Roland, etc.

toujours consulté, toujours agissant, manifestera sa
volonté, non seulement par le choix de ses mandataires, mais encore par « la censure » qu'il exercera
sur les lois : telle est la Constitution qu'ils se forgent[1].
« Celle d'Angleterre, dit Condorcet, est faite pour les
« riches, celle d'Amérique pour les citoyens aisés; celle
« de France doit être faite pour tous les hommes. » —
A ce titre, elle est la seule légitime; toute institution
qui s'en écarte est contraire au droit naturel, et partant
n'est bonne qu'à jeter bas. — C'est ce que les Girondins ont fait sous la Législative; on sait par quelle persécution des consciences catholiques, par quelles violations de la propriété féodale, par quels empiétements
sur l'autorité légale du roi, avec quel acharnement
contre les restes de l'ancien régime, avec quelle complaisance pour les crimes populaires, avec quelle raideur, quelle précipitation, quelle témérité, quelles
illusions[2], jusqu'à lancer la France dans une guerre
européenne, jusqu'à confier les armes à la dernière
plèbe, jusqu'à voir dans le renversement de tout ordre
l'avènement de la philosophie et le triomphe de la raison. — Quand il s'agit de son utopie, le Girondin est un

1. Buchez et Roux, XXIV, 102. Projet de Condorcet, présenté au
nom du comité de Constitution, 15 et 16 avril 1793. A ce projet
est joint un long rapport de Condorcet, qui en outre, dans la
Chronique de Paris, publie une analyse de son rapport.

2. Buchez et Roux, XXIV, 102. — L'analyse de Condorcet contient cette phrase extraordinaire : « Dans tous les pays libres, on
« craint avec raison l'influence de la populace; mais donnez a
« tous les hommes les mêmes droits, et il n'y a plus de popu-
« lace. »

sectaire et ne connaît point de scrupules. Peu lui importe que neuf électeurs sur dix n'aient pas voté : il se croit le représentant autorisé des dix. Peu lui importe que la grande majorité des Français soit pour la Constitution de 1791 : il prétend leur imposer la sienne. Peu lui importe que ses anciens adversaires, roi, émigrés, insermentés, soient des gens honorables ou du moins excusables : il prodiguera contre eux toutes les rigueurs légales, la déportation, la confiscation, la mort civile, la mort physique[1]. A ses propres yeux, il est justicier, et son investiture lui vient de la justice éternelle : rien de plus pernicieux chez l'homme que cette infatuation de droit absolu; rien de plus propre à démolir en lui l'édifice héréditaire des notions morales. — Mais, dans l'enceinte étroite de leur dogme, les Girondins sont conséquents et sincères : ils comprennent leurs formules; ils savent en déduire les conséquences; ils y croient, comme un géomètre à ses théorèmes et comme un théologien à ses articles de foi; ils veulent les appliquer, faire la Constitution, établir un gouvernement régulier, sortir de l'état barbare, mettre fin aux coups de main de la rue, aux pillages, aux meurtres, au règne de la force brutale et des bras nus.

D'ailleurs le désordre, qui leur répugne à titre de logiciens, leur répugne encore à titre d'hommes cultivés et polis. Ils ont des habitudes de tenue[2], des besoins de

1. Sur la part qu'ont prise les Girondins à toutes ces mesures odieuses, cf. Edmond Biré, *la Légende des Girondins*.

2. Ce caractère est très bien marqué dans les reproches que leur fait le parti populaire, par la bouche de Fabre d'Églantine.

décence et même des goûts d'élégance. Ils ne savent ni ne veulent imiter les façons rudes de Danton, ses gros mots, ses jurons, ses familiarités populacières. Ils ne sont point allés, comme Robespierre, se loger chez un maître menuisier, pour y vivre et manger avec la famille. Aucun d'eux ne « s'honore », comme Pache, ministre de la guerre, « de descendre dîner chez son portier » et d'envoyer ses filles au club pour donner le baiser fraternel à des Jacobins ivres [1]. Il y a un salon, quoique pédant et raide, chez Mme Roland. Barbaroux adresse des vers à une marquise qui, après le 2 juin, le suivra à Caen [2]. Condorcet a vécu dans le grand monde, et sa femme, ancienne chanoinesse, a les grâces, le sérieux, l'instruction, la finesse d'une personne accomplie. De tels hom-

(Meillan, *Mémoires*, 323. Discours de Fabre d'Églantine aux Jacobins, à propos de l'adresse de la Commune pour demander l'expulsion des Vingt-Deux) : « Vous avez quelquefois régenté le « peuple, vous avez même quelquefois cherché à le caresser; « mais ces caresses portaient alors *ce caractère de sécheresse et* « *de répugnance aristocratique* auquel on n'a jamais pu se « méprendre. *Votre système de patriciat bourgeois* a toujours « percé dans vos paroles et dans vos actes; *vous ne vouliez pas* « *vous mêler au peuple*. En un mot, voici votre doctrine : le peu- « ple, après avoir servi dans les révolutions, doit rentrer dans la « poussière, ne plus être compté pour rien, et se laisser conduire « par ceux qui en savent plus que lui et veulent bien se donner « la peine de le mener. Vous, Brissot, et vous surtout, Pétion, « vous nous avez reçus avec morgue, avec hauteur, avec distance. « Vous nous tendiez un doigt, jamais la main; vous ne vous êtes « pas même interdit cette volupté des ambitieux, l'insolence et le « dédain. »

1. Buzot, *Mémoires*, 78.
2. Edmond Biré, *la Légende des Girondins*. (Fragments inédits des *Mémoires* de Pétion et de Barbaroux, cités par Vatel dans *Charlotte Corday et les Girondins*, III, 471, 478.)

mes ne peuvent souffrir à demeure la dictature inepte
et grossière de la canaille armée. Pour remplir le trésor
public, ils veulent des impôts réguliers, et non des confiscations arbitraires[1]. Pour réprimer les malveillants,
ils demandent « des punitions, et non des proscrip-
« tions[2] ». Pour juger les crimes d'État, ils repoussent
les tribunaux d'exception et s'efforcent de maintenir aux
accusés quelques-unes des garanties ordinaires[3]. S'ils
déclarent le roi coupable, ils hésitent à prononcer la
mort, et tâchent d'alléger leur responsabilité par l'appel
au peuple. « Des lois, et non du sang », ce mot prononcé
avec éclat dans une comédie du temps, est l'abrégé de
leur pensée politique. — Or, par essence, la loi, surtout
la loi républicaine, est générale ; une fois édictée, personne, ni citoyen, ni cité, ni parti, ne peut sans crime
lui refuser obéissance, Il est monstrueux qu'une ville
s'arroge le privilège de gouverner la nation ; Paris,
comme les autres départements, doit être réduit à son
quatre-vingt-troisième d'influence. Il est monstrueux
que, dans une capitale de 700 000 âmes, cinq ou six mille
Jacobins extrêmes oppriment les sections et fassent seuls
les élections ; dans les sections et aux élections, tous les
citoyens, ou du moins tous les républicains doivent avoir
un vote égal et libre. Il est monstrueux que le principe

1. Buchez et Roux, XXVI, 177. Plan financier présenté par le
département de l'Hérault, adopté par Cambon, repoussé par les
Girondins.
2. *Ib.*, XXV, 376, 378. Discours de Vergniaud (10 avril) :
« On cherche à consommer la révolution par la terreur : j'aurais
« voulu la consommer par l'amour. »
3. Meillan, 22.

de la souveraineté du peuple soit employé pour couvrir les attentats contre la souveraineté du peuple, que, sous prétexte de sauver l'État, le premier venu puisse tuer qui bon lui semble, que, sous couleur de résister à l'oppression, tout attroupement soit en droit de renverser tout gouvernement. — C'est pourquoi il faut pacifier ce droit militant, l'enfermer dans des formes légales, l'assujettir à une procédure fixe[1]. Si quelque particulier souhaite une loi, réforme ou mesure publique, qu'il le dise dans un papier signé de lui et de cinquante autres citoyens de la même assemblée primaire; alors sa proposition sera soumise à son assemblée primaire; puis, en cas de majorité, aux assemblées primaires de son arrondissement; puis, en cas de majorité, aux assemblées primaires de son département; puis, en cas de majorité, au corps législatif; puis, en cas de rejet, à toutes les assemblées primaires de l'empire, tellement qu'après un second verdict des mêmes assemblées une seconde fois consultées, le corps législatif, s'inclinant devant la majorité des suffrages primaires, devra se dissoudre et laisser la place à un corps législatif nouveau d'où tous ses membres seront exclus. — Voilà le dernier mot et le chef-d'œuvre de la théorie; Condorcet, le savant constructeur, s'est surpassé; impossible de dessiner, sur le papier, une mécanique plus ingénieuse et

1. Buchez et Roux, XXIV, 109. Projet de Constitution présenté par Condorcet. Déclaration des Droits, article 32 : « Dans tout « gouvernement libre, le mode de résistance à ces différents actes « d'oppression doit être réglé par une loi. » — *Ib.*, 136. Titre VIII de la Constitution, *De la censure des lois.*

plus compliquée ; par cet article final d'une Constitution irréprochable, les Girondins croient avoir découvert le moyen de museler la bête et de faire prévaloir le souverain.

Comme si, avec une Constitution quelconque, surtout avec une Constitution pareille, on pouvait museler la bête ! Comme si elle était d'humeur à tendre le cou pour recevoir la muselière qu'on lui présente ! A l'article de Condorcet, Robespierre, au nom des Jacobins, répond par un article contraire[1] : « Assujettir à des formes « légales la résistance à l'oppression est le dernier raf- « finement de la tyranie.... Quand le gouvernement viole « les droits du peuple, l'insurrection du peuple entier « et de chaque portion du peuple est le plus saint des « devoirs. » Or, contre cette insurrection toujours grondante, l'orthodoxie politique, l'exactitude du raisonnement et le talent de la parole ne sont pas des armes. « Nos philosophes, dit un bon observateur[2], veulent

[1]. Buchez et Roux, XXVI, 93, séance des Jacobins, 21 avril 1793.

[2]. Schmidt, *Tableaux de la Révolution française*, II, 4. Rapport de Dutard, 6 juin 1793. — L'état d'esprit des Jacobins fait contraste, et se marque très bien dans les discours suivants : « Nous voulons *despotiquement* une Constitution populaire. » (Adresse de la Société des Jacobins de Paris aux Sociétés des départements, 7 janvier 1793. — Buchez et Roux, XXIII). — *Ib.*, 274. Discours de Legros aux Jacobins, 1er janvier : « Les patriotes « ne se comptent pas, ils se pèsent.... Un patriote, dans la « balance de la justice, doit peser plus que 100 000 aristocrates. « Un Jacobin doit peser plus que 10 000 Feuillants. Un républi- « cain doit peser plus que 100 000 monarchiens. Un patriote de « Montagne doit peser plus que 100 000 brissotins. D'où je con- « clus que le grand nombre de votants contre la mort de « Louis XVI ne doit pas arrêter la Convention, (et cela) quand « bien même (il n'y aurait que) la minorité de la nation pour

« tout gagner par la persuasion ; c'est comme si l'on
« disait que c'est par des arguments d'éloquence, par de
« brillants discours, par des plans de Constitution, qu'on
« gagne des batailles. Bientôt, suivant eux..., il suffira
« de porter au combat, au lieu de canons, une édition
« complète de Machiavel, de Rousseau, de Montesquieu,
« et ils ne font pas attention que ces hommes-là, comme
« leurs ouvrages, n'ont été et ne sont encore que des
« sots à côté d'un coupe-tête muni d'un bon sabre. »
— En effet, le terrain parlementaire s'est dérobé ; on est
à l'état de nature, c'est-à-dire de guerre, et il ne s'agit
pas de discuter, mais d'avoir la force. Avoir raison, con-
vaincre la Convention, obtenir la majorité, faire rendre
des décrets, tout cela serait de mise en temps ordinaire,
sous un gouvernement pourvu d'une force armée et
d'une administration régulière, lorsque, du haut de
l'autorité publique, les décrets de la majorité descen-
dent, à travers des fonctionnaires soumis, jusqu'à la
population sympathique ou obéissante. Mais, en temps
d'anarchie, surtout dans l'antre de la Commune, dans
Paris tel que l'a fait le 10 août et tel que l'a fait le 2 septembre, rien de tout cela ne sert.

V

Et d'abord, dans ce grand Paris, ils sont isolés ; en
cas de danger, ils ne peuvent compter sur aucun groupe

« vouloir la mort de Capet. » — « Applaudi. » (J'ai été obligé de
redresser le dernier membre de phrase qui, mal rédigé, restait
obscur.)

zélé de partisans fidèles. Car, si la grande majorité est contre leurs adversaires, elle n'est pas pour eux; dans le secret du cœur, elle est restée « constitutionnelle[1] ». — « Je voudrais, dit un observateur de profession, me « rendre maître de Paris en huit jours et *sans coup* « *férir*, si j'avais six mille hommes et un valet d'écurie « de La Fayette pour les commander. » Effectivement, depuis que les royalistes sont partis ou se cachent, c'est La Fayette qui représente le mieux l'opinion intime, ancienne et fixe de la capitale. Paris subit les Girondins comme les Montagnards, à titre d'usurpateurs; la grosse masse du public leur tient rancune, et ce n'est pas seulement la bourgeoisie, c'est aussi la majorité du peuple qui répugne au régime établi.

L'ouvrage manque, toutes les denrées sont chères; l'eau-de-vie a triplé de prix; il ne vient au marché de Poissy que quatre cents bœufs, au lieu de sept ou huit mille; les bouchers disent que la semaine suivante il n'y aura plus de viande à Paris, sauf pour les malades[2]. Pour obtenir une mince ration de pain, il faut faire queue, pendant cinq ou six heures, à la porte des

---

1. Buzot, *Mémoires*, 53 : « La majorité du peuple français sou-« pirait après la royauté et la Constitution de 1791. C'est à Paris « surtout que ce vœu était le plus général.... Ce peuple est répu-« blicain à coups de guillotine.... Tous les vœux, toutes les espé-« rances se portent vers la Constitution de 1791. » — Schmidt, I, 232 (Dutard, 16 mai). Dutard, ancien avoué, ami de Garat, est un de ces hommes rares qui voient les choses à travers les mots; perspicace, énergique, actif, il abonde en conseils prati-ques, et mériterait d'avoir un autre chef que Garat.
2. Schmidt, *ib.*, I, 173, 179 (1ᵉʳ mai 1793)

boulangers[1], et, selon leur coutume, les ouvriers et les
ménagères imputent tout cela au gouvernement. Ce
gouvernement, qui pourvoit si mal à leurs besoins,
les froisse encore dans leurs sentiments les plus pro-
fonds, dans leurs habitudes les plus chères, dans leur
foi et dans leur culte. A cette date, le petit peuple,
même à Paris, est encore très religieux, bien plus
religieux qu'aujourd'hui. Si un prêtre, portant le via-
tique, passe dans la rue, on voit la multitude « accou-
« rir de toutes parts pour se jeter à genoux, tous,
« hommes, femmes, jeunes et vieux, se précipitant en
« adoration[2] ». Le jour où la châsse de saint Leu est portée en procession rue Saint-Martin, « tout le monde se
« prosterne : je n'ai pas vu, dit un spectateur attentif,
« un seul homme qui n'ait ôté son chapeau. Au corps de
« garde de la section Mauconseil, toute la force armée
« s'est mise sous les armes ». En même temps « les
« citoyennes des Halles se concertaient pour savoir s'il
« n'y aurait pas moyen de tapisser[3] ». Dans la semaine
qui suit, elles obligent le comité révolutionnaire de Saint-

1. Dauban, *la Démagogie à Paris en* 1793, 152 (*Diurnal* de
Beaulieu, 17 avril). — *Archives nationales*, AF, II, 45. (Rapports
de police, 20 mai) : « La cherté des denrées est la principale
« cause des agitations et des murmures. — (*Ib.*, 24 mai) : « La
« tranquillité qui paraît régner dans Paris sera bientôt troublée,
« si les objets de première nécessité ne diminuent pas prompte-
« ment. » — (*Ib.*, 25 mai) : « Les murmures contre la cherté des
« denrées vont chaque jour en augmentant, et cette circonstance
« parait devoir devenir un des motifs des événements qui se
« préparent. »
2. Schmidt, I, 198 (Dutard, 9 mai).
3 *Ib.*, I, 550, II, 6 (Dutard, 30 mai, 6 et 7 juin).

Eustache à autoriser une autre procession, et cette fois encore chacun s'agenouille : « tout le monde approu-
« vait la cérémonie, et aucun, que j'aie entendu, ne la
« désapprouvait. C'est un tableau bien frappant que
« celui-là.... J'y ai vu le repentir, j'y ai vu le parallèle
« que chacun fait forcément de l'état actuel des choses
« avec celui d'autrefois; j'y ai vu la privation qu'éprou-
« vait le peuple par la perte d'une cérémonie qui fut
« jadis la plus belle de l'Église. Le peuple de tous les
« rangs, de tous les âges, est resté honteux, abattu, et
« quelques personnes avaient les larmes aux yeux. » Or,
sur cet article, les Girondins, en leur qualité de philosophes, sont plus iconoclastes, plus intolérants que
personne[1], et il n'y a pas de raison pour les préférer à
leurs adversaires. Au fond, pour le très grand nombre

1. Durand de Maillane, 100 : « Le parti girondin était encore
« plus impie que Robespierre. » — Un député ayant demandé
que dans le préambule de la Constitution on fît mention de
l'Être suprême, Vergniaud lui répond : « Nous n'avons que faire
« de la nymphe de Numa, non plus que du pigeon de Mahomet;
« la raison seule nous suffit pour donner à la France la plus
« sage Constitution. » — Buchez et Roux, XIII, 444. Robespierre
ayant parlé de la mort de l'empereur Léopold comme d'un coup
de la Providence, Guadet répond qu'il ne voit « aucun sens à
« cette idée », et blâme Robespierre « de concourir à remettre le
« peuple sous l'esclavage de la superstition ». — *Ib.*, XXVI, 63
(séance du 10 avril 1793). Discours de Vergniaud contre l'article
9 de la Déclaration des Droits qui pose que « tout homme est
« libre dans l'exercice de son culte ». — « Cet article, dit Ver-
« gniaud, est un résultat du despotisme et de la superstition
« sous lesquels nous avons si longtemps gémi. » — Salle :
« J'engage la Convention à rédiger un article par lequel tout
« citoyen s'engagera, quel que soit son culte, à se soumettre à la
« loi. » — Lanjuinais, que l'on range souvent parmi les Girondins, est catholique et gallican convaincu.

des Parisiens, quelle que soit leur condition, le gouvernement installé par la dernière comédie électorale n'a qu'une autorité de fait ; on s'y résigne, faute d'un autre, et tout en reconnaissant qu'il ne vaut rien [1] ; c'est un gouvernement d'étrangers, intrus, tracassiers, maladroits, faibles et violents. Ni dans le peuple, ni dans la bourgeoisie, la Convention n'a de racines, et, à mesure qu'elle glisse plus bas sur la pente révolutionnaire, elle rompt un à un les fils par lesquels elle se rattachait encore les indifférents.

Après huit mois de règne, elle s'est aliéné toute l'opinion publique. « Presque tous ceux qui ont quelque « chose sont modérés[2] », et tous les modérés sont contre elle. « Les gendarmes qui, sont ici parlent ouvertement « contre la révolution, jusqu'à la porte du Tribunal ré- « volutionnaire dont ils improuvent hautement les juge- « ments. Tous les vieux soldats détestent le régime « actuel[3]. » — Les volontaires « qui reviennent de l'ar- « mée paraissent fâchés de ce qu'on ait fait mourir le « roi, et, à cause de cela seul, ils écorcheraient tous les « Jacobins[4] ». — Aucun parti de la Convention n'échappe à cette désaffection universelle et à cette aversion croissante. « Si l'on décidait par appel nominal la question « de guillotiner tous les membres de la Convention, il y

1. Schmidt, I, 547 (Dutard, 30 mai) : « Que vois-je en ce mo- « ment? Un peuple mécontent qui hait la Convention, tous les « administrateurs et, généralement, l'ordre de choses actuel. »
2. *Ib* , I, 278 (Dutard, 23 mai).
3. *Ib.*, I, 210 (Dutard, 13 mai).
4. *Ib.*, I, 240 (Dutard, 17 mai).

« aurait contre eux au moins les dix-neuf vingtièmes »
des voix[1], et, de fait, telle est à peu près la proportion
des électeurs qui, par effroi ou dégoût, n'ont pas voté
et ne votent plus. — Que la gauche ou la droite de la
Convention soit victorieuse ou vaincue, c'est l'affaire
de la droite ou de la gauche; le grand public n'entre
point dans les débats de ses conquérants et ne se déran-
gera pas plus pour la Gironde que pour la Montagne.
Ses anciens griefs lui reviennent toujours « contre les
« Vergniaud, les Guadet » et consorts[2]; il ne les aime
point, il n'a pas confiance en eux, il les laissera écraser sans leur porter aide. Libre aux enragés d'expulser
les trente-deux, puis de les mettre sous les verrous.
« L'aristocratie (entendez par là les propriétaires, les
négociants, les banquiers, la bourgeoisie riche ou aisée)
« ne souhaite rien tant que de les voir guillotinés[3]. »
— « L'aristocratie même subalterne (entendez par là
les petits boutiquiers et les ouvriers maîtres) ne s'in-
« téresse pas plus à leur sort que s'ils étaient des bêtes
« fauves échappées... et qu'on réencage[4]. » — « Gua-
« det, Pétion, Brissot ne trouveraient pas à Paris trente

1. Schmidt, I, 217 (Dutard, 13 mai).
2. *Ib.*, I, 163 (Dutard, 30 avril).
3. *Ib.*, II, 37 (Dutard, 13 juin). — Cf. *ib.*, II, 80 (Dutard,
21 juin) : « Si l'on mettait à l'appel nominal si les trente-deux
« doivent être guillotinés, et que ce fût à scrutin fermé, je vous
« déclare que les gens comme il faut accourraient de toutes les
« campagnes voisines pour donner leur vœu, et qu'aucun de ceux
« qui sont à Paris ne manquerait de se rendre à sa section. »
4. *Ib.*, II, 35 (Dutard, 13 juin). — Pour le sens de ce mot
aristocratie subalterne, voyez tous les rapports de Dutard et des
autres observateurs employés par Garat.

« personnes qui prissent leur parti, qui fissent même la
« moindre démarche pour les empêcher de périr[1]. »

Au reste, peu importe que la majorité ait des préfé-
rences ; ses sympathies, si elle en a, ne seront jamais que
platoniques. Elle ne cómpte plus dans aucun des deux
camps, elle s'est retirée du champ de bataille, elle n'est
plus que l'enjeu du combat, la proie et le butin du futur
vainqueur. Car, n'ayant pu ni voulu se plier à la forme
politique qu'on lui imposait, elle s'est condamnée elle-
même à l'impuissance parfaite. Cette forme, c'est le gouvernement direct du peuple par le peuple, avec tout ce
qui s'ensuit, permanence des assemblées de section,
délibérations publiques des clubs, tapage des tribunes,
motions en plein air, rassemblements et manifestations
dans la rue : rien de moins attrayant et de plus impra-
ticable pour des gens civilisés et occupés. Dans nos sociétés modernes, le travail, la famille et le monde absorbent
presque toutes les heures ; c'est pourquoi un tel régime
ne convient qu'aux déclassés oisifs et grossiers ; n'ayant
ni intérieur ni métier, ils passent leur journée au club
comme au cabaret ou au café, et ils sont les seuls qui
s'y trouvent à leur place ; les autres refusent d'entrer
dans un cadre qui semble taillé uniquement et tout
exprès pour des célibataires, enfants trouvés, sans profession, logés en garni, mal embouchés, sans odorat,
forts en gueule, aux bras robustes, à la peau dure, aux
reins solides, experts en bousculades, et pour qui les

1. Schmidt, II, 37 (Dutard, 13 juin).

horions sont des arguments[1]. — D'abord, après les massacres de septembre et dès l'ouverture des barrières,
nombre de propriétaires et de rentiers, non seulement
les suspects, mais ceux qui croyaient pouvoir l'être, se
sont sauvés de Paris, et, pendant les mois qui suivent,
l'émigration recommence avec le danger. Vers le mois
de décembre, des listes ayant couru contre les anciens
Feuillants, « on assure que, depuis huit jours, plus de
« quatorze mille personnes ont quitté la capitale[2] ». Au
rapport du ministre lui-même[3], « beaucoup de personnes
« indépendantes par leur état et leur fortune abandonnent
« une ville où l'on ne parle chaque jour que de renou-
« veler les proscriptions ». — « L'herbe croît dans les
« plus belles rues, écrit un député, et le silence des tom-
« beaux règne dans les Thébaïdes du faubourg Saint-
« Germain. » — Quant aux modérés qui restent, ils se

1. Schmidt, I, 328 (Perrière, 28 mai) : « Les hommes d'esprit
« et les propriétaires ont cédé aux autres les assemblées de sec-
« tion, comme des lieux où la poigne de l'ouvrier triomphe de la
« langue de l'orateur. » — *Moniteur*, XV, 114, séance du 11 janvier. Discours de Buzot : « Il n'y a pas un seul homme ayant
« quelque chose, en cette ville, qui ne craigne d'être insulté,
« d'être frappé dans sa section, s'il ose élever la voix contre les
« dominateurs.... Les assemblées permanentes de Paris sont
« composées d'un petit nombre d'hommes qui sont parvenus à
« en éloigner le reste des citoyens. » — Schmidt, I, 325 (Dulard,
28 mai) : « Une seconde mesure serait de faire exercer les jeunes
« gens au jeu de bâton. Il faut être sans-culotte, vivre avec les
« sans-culottes, pour déterrer des expédients de ce genre. Il
« n'est rien que les sans-culottes craignent tant que le bâton.
« Dernièrement, il y avait des jeunes gens qui en portaient dans
« leurs pantalons ; tout le monde tremblait en les regardant. Je
« voudrais que la mode en devint générale. »
2. *Moniteur*, XV, 95. Lettre de Charles de Villette, député.
3. *Ib.*, XV, 179. Lettre de Roland, 11 janvier 1793.

confinent dans la vie privée; d'où il suit que, dans la balance politique, les présents ne pèsent pas plus que les absents. Aux élections municipales d'octobre, novembre et décembre, sur 160 000 inscrits, il y en a 144 000, puis 150 000, puis 153 000 qui s'abstiennent; certainement, et à plus forte raison, on ne voit point ceux-là le soir à l'assemblée de leur section. Le plus souvent, sur trois ou quatre mille citoyens, il ne s'y trouve que cinquante ou soixante assistants; telle assemblée, dite générale et qui, en cette qualité, signifie à la Convention les volontés du peuple, se composait de vingt-cinq votants[1]. Aussi bien, qu'est-ce qu'un homme de sens, ami de l'ordre, irait faire dans ces bouges d'énergumènes? Il reste chez lui, comme aux jours d'orage; il laisse couler l'averse des paroles, et ne va pas chercher des éclaboussures dans le ruisseau de bavardage où s'entasse et bouillonne toute la fange de son quartier.

S'il sort, c'est pour se promener comme autrefois, pour suivre les goûts qu'il avait sous l'ancien régime, ses goûts de Parisien, d'administré, de badaud, de causeur et flâneur aimable. « Hier soir, écrit un homme qui « sent approcher la Terreur, je vais me placer au milieu « de l'aile droite des Champs-Élysées[2]; je la vois tapissée,

1. *Moniteur*, XV, 66, séance du 5 janvier. Discours du maire de Paris (Chambon). — *Ib.*, XV, 114, séance du 14 janvier. Discours de Buzot. — *Ib.*, XV, 136, séance du 13 janvier. Discours d'une députation de fédérés. — Buchez et Roux, XXVIII, 91. Lettre de Gadolle à Roland, octobre 1792. — *Ib.*, XXI, 417 (20 décembre, article de Marat) : « L'ennui et le dégoût ont rendu les assem- « blées désertes. » — Schmidt, II, 69 (Dutard, 18 juin).

2. Schmidt, I, 203 (Dutard, 10 mai). Au moyen des estampes

« de qui? Le croiriez-vous? De modérés, d'aristocrates,
« de propriétaires, de fort jolies petites femmes bien
« ajustées s'y faisant caresser par le zéphyr printanier.
« Ce coup d'œil était charmant; tout le monde riait; il
« n'y avait que moi qui ne riais pas.... Je me retire pré-
« cipitamment, et, en passant par le jardin des Tuileries,
« j'y trouve le duplicata de ce que j'avais vu, quarante
« mille propriétaires dispersés çà et là, presque autant
« que Paris en contient. » — Manifestement, ce sont des
moutons prêts pour la boucherie. Ils ont renoncé à se
défendre, ils ont abandonné toutes les places aux sans-
culottes, « ils refusent toutes les fonctions civiles et mili-
« taires[1], » ils se dérobent au service de la garde nationale, ils payent des remplaçants. Bref ils se retirent d'un
jeu qu'en 1789 ils ont voulu jouer sans le connaître et
où, depuis la fin de 1791, ils se sont toujours brûlé les
doigts. A d'autres les cartes, surtout depuis que les
cartes sont sales, et que les joueurs se les jettent au
visage; pour eux, ils sont la galerie, et ne veulent pas
être autre chose. — « Qu'on leur laisse leurs anciens
« plaisirs[2]; qu'on ne les prive pas de l'agrément d'aller,
« de venir, dans l'intérieur du royaume; qu'on ne les
« force pas d'aller à la guerre. Dût-on les assujettir aux
« contributions les plus fortes, ils ne feront pas le moindre

publiées dans les premières années de la Révolution et sous le
Directoire, on peut revoir la scène complète (Cabinet des Estampes).

1. *Moniteur*, XV, 67, séance du 5 janvier 1793. Discours du
maire de Paris.

2 Schmidt, I, 373 (Blanc, 12 juin).

« mouvement, on ne saura même pas qu'ils existent, et
« la plus grande question qu'ils pourront agiter dans les
« jours où ils raisonneront sera celle-ci : S'amuse-t-on
« autant sous le gouvernement républicain que sous
« l'ancien régime? » — Peut-être ils espèrent, à force de
neutralité inoffensive, se mettre à l'abri : comment sup-
poser que le vainqueur, quel qu'il soit, veuille traiter en
ennemis des gens résignés d'avance à son règne? « Un
« petit-maître[1] disait hier matin à côté de moi : Pour
« moi, on ne me désarmera pas, car je n'ai jamais eu
« d'armes. — Hélas! lui dis-je, ne vous en vantez pas;
« car vous trouveriez à Paris quarante mille j... f.....
« qui vous en diraient autant, et, vraiment, ce n'est pas
« propre à faire honneur à la ville de Paris. » — Tel
est l'aveuglement ou l'égoïsme du citadin qui, ayant
toujours vécu sous une bonne police, ne veut pas changer ses habitudes et ne comprend pas que, pour lui, le
temps est venu d'être gendarme à son tour.

Au-dessous du rentier, l'industriel, le négociant, le
boutiquier est encore moins disposé à quitter ses affaires
privées pour les affaires publiques; car les affaires privées n'attendent pas, et il a son bureau, son magasin,
son comptoir, qui le retiennent. Par exemple, « les mar-
« chands de vin[2] sont presque tous aristocrates dans le

1. Schmidt, II, 5 (Dutard, 5 juin).
2. *Ib.*, II, 10 (Dutard, 11 juin). — *Ib.*, II, 70 (Dutard, 18 juin) :
« Je voudrais, s'il était possible, pouvoir visiter avec vous les
« 5000 ou 4000 marchands de vin et autant de limonadiers qui
« sont à peu près à Paris; vous y trouveriez fort occupés les
« 15000 commis qu'ils ont chez eux. — Que si nous allions de

« sens qu'on entend en ce moment » ; mais « ils ne ven-
« dent jamais tant que les jours de révolution ou d'in-
« surrection du peuple ». Partant, ces jours-là, impossible d'avoir leur aide. « On les voit chez eux, avec trois
« ou quatre garçons », fort actifs, et, à tous les appels,
ils font la sourde oreille. « Comment quitter, lorsqu'on a
« tant de pratiques ? Il faut bien servir le monde. Qui le
« servira, si moi et mes garçons nous nous en allons ? »
— Autres causes de faiblesse. Ayant abandonné aux
Jacobins extrêmes tous les grades de la garde nationale et toutes les places de la municipalité, ils n'ont
point de chefs : la Gironde ne sait pas les rallier ; le
ministre Garat ne veut pas les employer. D'ailleurs, ils
sont divisés entre eux, ils ne peuvent pas compter les
uns sur les autres, « il faudrait les enchaîner tous
« l'un contre l'autre pour en tirer quelque chose[1] ».
Enfin le souvenir de septembre pèse sur leur esprit
comme un cauchemar. — Tout cela fait d'eux un trou-

« là chez les 114 notaires, nous y trouverions encore les deux
« tiers de ces messieurs en bonnet et en pantoufles rouges, avec
« leurs scribes fort occupés aussi. — Nous pourrions encore aller
« chez les 200 ou 300 imprimeurs ; nous trouverions les 4000 ou
« 5000 journalistes, imprimeurs, commis, facteurs, etc., *tous mo-*
« *dérantisés*, parce qu'ils ne gagnent plus ce qu'ils gagnaient
« autrefois, et quelques-uns, parce qu'ils ont fait fortune. » —
L'incompatibilité de la vie moderne et de la démocratie directe
éclate à chaque pas ; c'est que la vie moderne s'accomplit dans
d'autres conditions que la vie antique. Ces conditions, pour la
vie moderne, sont la grandeur des États, la division du travail,
la suppression de l'esclavage et le besoin du bien-être : Ni les
Girondins ni les Montagnards, restaurateurs d'Athènes et de
Sparte, ne comprenaient les conditions exactement contraires
dans lesquelles Athènes et Sparte avaient vécu.
1. Schmidt, I, 207 (Dutard, 10 mai).

peau qui prend peur et se disperse à la moindre alarme.
« Dans la section du Contrat-Social, dit un officier de
« la garde nationale, un tiers de ceux qui sont en état
« de défendre la section sont à la campagne; un tiers
« se cachent chez eux; et l'autre tiers n'ose rien faire[1]. »
— « Si, sur cinquante mille modérantisés, vous pouvez
« en réunir trois mille, je serai bien étonné. Et si, sur
« ces trois mille, il s'en trouve seulement cinq cents qui
« soient d'accord et assez courageux pour énoncer leur
« opinion, je serai plus étonné encore. *Ceux-là, par*
« *exemple, doivent s'attendre à être septembrisés*[2]. » Ils
le savent, et voilà pourquoi ils se taisent, plient le dos.
— « Que ferait la majorité même des sections, lorsqu'il
« est prouvé que douze fous bien en fureur, à la tête de
« la section sans-culottière, feraient fuir les quarante-
« sept autres sections de Paris[3]? » — Par cet abandon
de la chose publique et d'eux-mêmes, ils se livrent
d'avance, et, dans la grande cité, comme jadis à Sparte
ou dans l'ancienne Rome, on voit, à côté et au-dessus
d'une immense population de sujets sans droits, une
petite oligarchie despotique qui compose à elle seule le
peuple souverain.

1. Schmidt, II, 79 (Dutard, 19 juin).
2. *Ib.*, II, 70 (Dutard, 10 juin).
3. *Ib.*, II, 81 (Dutard, 19 juin). — Cf. I, 333 (Dutard, 29 mai) :
« Il est de fait que vingt modérés entourent quelquefois deux ou
« trois aboyeurs et que les premiers sont comme forcés d'applau-
« dir aux motions les plus incendiaires. » — *Ib.*, I, 163 (Dutard,
30 avril) : « Une douzaine de jacobins fait peur à deux cents ou
« trois cents aristocrates. »

VI

Non que cette minorité se soit accrue depuis le 10 août;
au contraire. — Le 19 novembre 1792, son candidat à la
mairie, Lhuillier, n'a obtenu que 4896 voix[1]. Le 18 juin
1793, son candidat au commandement de la garde nationale, Henriot, n'aura que 4573 suffrages; pour le faire
élire, il faudra, à deux reprises, annuler l'élection, imposer le vote à haute voix, dispenser les votants de montrer
leur carte de section, ce qui permettra aux affidés de se
présenter successivement dans les divers quartiers et de
doubler leur nombre apparent en donnant chacun deux ou
trois fois leur vote[2]. En tout, il n'y a pas à Paris six mille
Jacobins, bons sans-culottes et partisans de la Montagne[3].
Ordinairement, dans une assemblée de section, ils sont
« dix ou quinze », au plus « trente ou quarante », « con-

1. Mortimer-Ternaux, V, 101.
2. Meillan, 54. — Raffet, concurrent d'Henriot et dénoncé
comme aristocrate, eut d'abord plus de voix que lui, 4953 contre 4578. Au dernier scrutin, sur 15000, il a encore 5900 contre
9087 à Henriot. — Mortimer-Ternaux, VIII, 31 : « Les électeurs
« durent voter à haute voix; tous ceux qui se hasardèrent à
« donner leurs suffrages à Raffet étaient marqués d'une croix
« rouge sur le registre d'appel, et l'on faisait suivre leurs noms
« de l'épithète de *contre-révolutionnaires.* »
3. Schmidt, II, 37 (Dutard, 13 juin) : « Marat et autres ont un
« parti de quatre mille à six mille hommes qui feraient tous les
« efforts pour les sauver. » — Meillan, 188 (Dépositions recueillies par la commission des Douze) : « Laforêt a dit qu'ils étaient
« au nombre de six mille sans-culottes prêts à massacrer au
« premier signal les mauvais députés. » — Schmidt, II, 87 (Dutard, 24 juin) : « Je sais qu'il ne reste pas dans tout Paris trois
« mille révolutionnaires décidés. »

« stitués en tyrannie permanente.... » — « Le reste écoute,
« et lève la main machinalement.... » — « Trois ou quatre
« cents illuminés dont la dévotion est aussi franche que
« stupide, et deux ou trois cents auxquels le résultat de la
« dernière révolution n'a pas procuré les emplois et les
« honneurs sur lesquels ils avaient trop évidemment
« compté, » font tout le personnel actif du parti ; voilà
« les vociférants des sections et des groupes, les seuls
« qui soient distinctement prononcés contre l'ordre,...
« apôtres d'une nouvelle sédition, gens flétris ou ruinés
« qui ont besoin de troubles pour vivre », au-dessous
d'eux la queue de Marat, les femmes du ruisseau, les
voyous et « les clabaudeurs à 3 livres par jour[1] ».

En effet, la qualité des factieux a baissé encore plus
que leur nombre. Quantité de braves gens, petits détaillants, marchands de vin, rôtisseurs, commis de boutique, qui, le 10 août, étaient contre la cour, sont maintenant contre la Commune[2] ; probablement septembre les
a rebutés, ils ne veulent pas que les massacres recommencent : par exemple, l'ouvrier Gonchon, orateur ordinaire
du faubourg Saint-Antoine, homme probe, désintéressé et
de bonne foi, appuie Roland, et tout à l'heure, à Lyon,
voyant les choses de ses propres yeux, il approuvera

1. *Moniteur*, XV, 114, séance du 11 janvier. Discours de Buzot.
— *Ib.*, 136, séance du 13 janvier. Discours des fédérés. — *Ib.*,
XIV, 852, séance du 23 décembre 1792. Discours des fédérés du
Finistère. — Buchez et Roux, XXVIII, 80, 81, 87, 91, 93. Lettres
de Gadolle à Roland, octobre 1792. — Schmidt, I, 207 (Dutard,
10 mai 1793).
2. Schmidt, II, 37 (Dutard, 13 juin).

loyalement la révolte des modérés contre les Maratistes[1].
— « Insensiblement, disent les observateurs, la classe
« respectable des arts décline de la faction pour s'atta-
« cher à la saine partie[2]. » — « Depuis que les porteurs
« d'eau, les portefaix et autres font grand fracas dans les
« sections, on voit à pleins yeux que la gangrène du dé-
« goût gagne les fruitiers, les limonadiers, les tailleurs,
« cordonniers[3], » et autres semblables. — Vers la fin,
« les bouchers de l'une et l'autre classe, haute et basse,
« sont aristocratisés ». — Pareillement, « les femmes de
« la Halle, sauf quelques-unes qui sont soldées ou dont
« les maris sont jacobins, jurent, pestent, sacrent, mau-
« gréent ». — « Ce matin, dit un marchand, j'en avais
« quatre ou cinq ici ; elles ne veulent plus qu'on les
« appelle du nom de *citoyennes ; elles disent qu'*elles cra-
« *chent sur la république*[4] ». — Il ne reste de femmes
patriotes que les dernières de la dernière classe, les
mégères qui pillent les boutiques, autant par envie
que par besoin, « les femmes de bateau[5], aigries par la

1. Mortimer-Ternaux, IV, 269 (Pétition présentée par Gonchon).
— Buchez et Roux, XXVIII, 82, 83, 93. Lettres de Gadolle, témoignages sur Gonchon, — *Archives nationales*, AF, II, 43. Lettres de Gonchon au ministre Garat, 31 mai, 1er juin, 3 juin 1793.
Ces lettres sont très curieuses et naïves. Il écrit : « citoyen
Garra ».
2. Schmidt, I, 254 (Dutard, 19 mai). — *Moniteur*, XIV, 522.
(Lettre adressée à Roland), n° du 21 novembre 1792 : « Les sec-
« tions (sont) composées ou du moins fréquentées, pour les dix-
« neuf vingtièmes, par la classe la plus inférieure en mœurs et
« en connaissances. »
3. *Ib.*, II, 30 (Dutard, 13 juin).
4. *Ib.*, II, 87 (Dutard, 14 juin). Le mot des poissardes est plus cru.
5. Rétif de la Bretonne, *Bibliographie de ses œuvres*, par

« peine,... jalouses de l'épicière mieux habillée, comme
« celle-ci l'était de l'avocate et de la conseillère, comme
« celles-ci l'étaient de la financière et de la noble. La
« femme du peuple ne croit pouvoir trop faire pour
« ravaler l'épicière à son niveau ».

Ainsi réduite à sa lie par la retraite de ses recrues à
peu près honnêtes, la faction ne comprend plus que la
populace de la populace, d'abord « les ouvriers subal-
« ternes qui voient tous avec un certain plaisir la défaite
« de leurs patrons », ensuite les plus bas détaillants,
les fripiers, les regrattiers, « les revendeurs d'habits au
« carreau de la Halle, les gargotiers qui, au cimetière des
« Innocents, débitent sous des parasols de la viande et
« des haricots[1] », puis les domestiques, charmés d'être
à présent les maîtres de leurs maîtres[2], marmitons, pale-
freniers, laquais, concierges, valets de toute espèce, qui,
au mépris de la loi, ont voté dans les élections, et qui, aux
Jacobins, forment « le peuple bête », persuadés « qu'ils
« possèdent la géographie universelle, parce qu'ils, ont
« couru une ou deux fois la poste », et qu'ils savent à

Jacob, 287. (Sur le pillage des boutiques, le 25 et le 23 février 1793.)
1. Schmidt, II, 61 ; I, 265 (Dutard, 17 juin et 21 mai).
2. Schmidt, I, 96. (Lettre du citoyen Lauchou au président de
la Convention, 11 octobre 1792.) — II, 37 (Dutard, 13 juin).
Récit de la femme d'un perruquier : « Ce sont de vilains ani-
« maux que les domestiques. Il en vient tous les jours ici : ils
« jasent, ils parlent contre leurs maîtres, il n'y a pas d'horreurs
« qu'ils n'en disent. Ils sont tous comme ça, il n'y en a pas de plus
« enragés qu'eux. J'en ai vu qui avaient reçu des bienfaits de
« leurs maîtres, d'autres qui en recevaient encore : rien ne les
« arrête. »

fond la politique, « parce qu'ils ont lu les *Quatre fils*
« *Aymon*[1] ». — Mais, dans cette boue qui déborde et
s'étale en plein soleil, c'est la fange et l'écume ordinaires des grandes villes qui forment le plus gros afflux,
mauvais sujets de toute profession ou métier, ouvriers
viveurs, irréguliers et maraudeurs de l'armée sociale,
gens « qui sortent de la Pitié et, après avoir parcouru
« une carrière désordonnée, finissent par retomber à
« Bicêtre[2] ». — « *De la Pitié à Bicêtre* est un adage
« reçu parmi le peuple. Cette espèce d'hommes n'a au-
« cune sorte de conduite : elle mange 50 livres quand
« elle a 50 livres, ne mange que 5 livres quand elle n'a
« que 5 livres ; de manière que, mangeant à peu près
« toujours tout, elle n'a à peu près jamais rien, elle ne
« ramasse rien. C'est cette classe qui a pris la Bastille[3],
« qui a fait le 10 août, etc. C'est elle aussi qui a garni les
« tribunes des Assemblées de toute espèce, qui a rem-

1. *Ib.*, I, 246 (Dutard, 18 mai). — Grégoire, *Mémoires*, I, 387.
L'abaissement moral et mental du parti se manifeste très bien
dans la composition nouvelle de la Société des Jacobins, à partir
de septembre 1792 : « J'y reparus un moment, dit Grégoire, en
« septembre 1792 » (après un an d'absence). « Elle était mécon-
« naissable ; il n'était plus permis d'y opiner autrement que la
« faction parisienne... Je n'y remis plus les pieds. (C'était) un
« tripot factieux. » Buchez et Roux, XXVI, 214 (séance du
30 avril 1793, discours de Buzot) : « Voyez cette Société jadis cé-
« lèbre, il n'y reste pas 30 de ses vrais fondateurs ; on n'y trouve
« que des hommes perdus de crimes et de dettes. »
2. Schmidt, 1, 189 (Dutard, 6 mai).
3. Cf. Rétif de la Bretonne, *Nuits de Paris*, t. XVI (12 juillet 1789). Ce jour-là, Rétif est au Palais-Royal « où, depuis le
« 13 juin, se tenaient de nombreuses assemblées, et se faisaient
« des motions.... Je n'y trouvai que des hommes grossiers, l'œil
« ardent, qui se préparaient plutôt au butin qu'à la liberté ».

« pli les groupes », et qui pendant tout ce temps-là n'a
plus fait œuvre de ses dix doigts. Par suite, « la femme,
« qui avait une montre, des pendants d'oreilles, des
« bagues, des bijoux, les a d'abord portés au mont-de-
« piété, et puis ils ont été vendus. Dans ce moment,
« beaucoup de ces personnages doivent au boucher, au
« boulanger, au marchand de vin, etc. ; personne ne .veut
« leur prêter davantage. Ils ont une femme dont ils sont
« dégoûtés, des enfants qui crient la faim lorsque le père
« est aux Jacobins ou aux Tuileries. Beaucoup d'entre eux
« ont quitté leur état, leur métier », et, soit « paresse »,
soit conscience « de leur incapacité,... » « ils verraient
« avec une espèce de peine ce métier reprendre vigueur ».
Celui de comparse politique, de claqueur soldé est bien
plus agréable, et telle est aussi l'opinion des flâneurs
qu'on a recrutés à son de trompe pour travailler au camp
sous Paris. — Là[1], huit mille hommes touchent chacun
42 sous par jour « à ne rien faire » ; « on voit les ou-
« vriers arriver à huit, neuf, dix heures. L'appel fait,
« s'ils restent,... c'est pour transporter à grand'peine
« quelques brouettées de terre. Les autres jouent aux
« cartes toute la journée, et la plupart quittent à trois,
« quatre heures de l'après-dîner. Si on interroge les
« inspecteurs, ils vous disent aussitôt qu'ils ne sont pas
« en force pour se faire obéir et qu'ils ne veulent pas se

---

1. Mortimer-Ternaux, V, 225 et suivantes (adresse de la section
des Sans-Culottes, 25 septembre). — *Archives nationales*, F⁷, 140
[Adresse de la section du Roule, 23 septembre). A propos du ton
menaçant des ouvriers du camp, les pétitionnaires ajoutent : « Tel
« était le langage des ateliers de 1789 et 1790. »

« faire égorger.». Là-dessus, la Convention ayant décrété
le travail à la tâche, les prétendus travailleurs réclament
au nom de l'égalité, rappellent qu'ils se sont levés le
10 août, et veulent massacrer les commissaires. On ne
vient à bout de les dissoudre que le 2 novembre, en al-
louant à ceux des départements 3 sous par lieue; mais
il en reste assez à Paris pour grossir outre mesure la
troupe des frelons qui, ayant pris l'habitude de consommer le miel des abeilles, se croient en droit d'être payés
par le public pour bourdonner à vide sur les affaires de
l'État.

Comme arriére-garde, ils ont « toute la canaille des
« environs de Paris, qui accourt au moindre bruit de
« tambour, parce qu'elle espère faire un coup lucratif[1] ».
— Comme avant-garde, ils ont « les brigands », en première ligne « tous les voleurs que Paris recèle et que
« la faction a enrôlés dans son parti pour s'en servir
« au besoin », en seconde ligne « beaucoup d'anciens
« domestiques, les suppôts de jeu et des maisons de
« tolérance, toute la classe avilie[2] ». — Naturellement,
les femmes perdues en sont. « Citoyennes, dira Henriot
aux filles du Palais-Royal qu'il a fait descendre en masse
dans le jardin, citoyennes, êtes-vous bonnes républicai-
« nes? — Oui, oui, notre général. — N'auriez-vous pas,

1. Schmidt, II, 12 (Dutard, 7 juin) : « J'ai vu, ces jours passés,
« des gens de Neuilly, de Versailles, de Saint-Germain, etc., qui
« étaient ici à demeure, par l'odeur alléchés. »

2. *Ib.*, I, 254 (Dutard), 19 mai). — A cette date, les voleurs
foisonnent à Paris, et le maire, Chambon, dans son rapport à la
Convention, l'avoue lui-même (*Moniteur*, XV, 67, séance du 5 janvier 1793).

« par hasard, caché dans vos cabinets quelque prêtre
« réfractaire, quelque Autrichien, quelque Prussien? —
« Fi, fi, nous ne recevons que des sans-culottes[1]. » —
Avec elles, les voleuses et les prostituées que les septembriseurs, au Châtelet et à la Conciergerie, ont élar-
gies, puis enrôlées en septembre, font, sous le commandement d'une « vieille barboteuse », nommée Rose
Lacombe[2], le public ordinaire de la Convention; aux
grands jours, on en compte sept ou huit cents, parfois
deux mille, dès neuf heures du matin, à la porte et dans
les galeries[3]. — Mâle et femelle, « la vermine antiso-
« ciale[4] » grouille ainsi aux séances de l'Assemblée, de la
Commune, des Jacobins, du Tribunal révolutionnaire, des
sections, et on imagine les physionomies. — « Il semblait,
« dit un député[5], qu'on eût cherché dans tous les dégor-
« geoirs de Paris et des grandes villes ce qu'il y avait
« partout de plus sale, de plus hideux, de plus infect....
« De vilaines figures terreuses, noires ou couleur de cui-

---

1. E. et J. de Goncourt, *la Société française pendant la Révolution* (d'après le *Courrier de l'égalité*, juillet 1793)

2. Buzot, 72.

3. Moore, 10 novembre 1792 (d'après un article de la *Chronique
de Paris*). — Le jour où Robespierre présenta son apologie, « les
« tribunes contenaient sept à huit cents femmes et deux cents
« hommes au plus. Robespierre est un prêtre qui a ses dévotes. »
— Mortimer-Ternaux, VII, 552 (lettre du député Michel,
20 mai 1793) : « Deux ou trois mille femmes, organisées et enré-
« gimentées par la Société fraternelle séante aux Jacobins, ont
« commencé leur tintamarre, qui a duré jusqu'à six heures, qu'il
« a fallu lever la séance. La plupart de ces créatures sont des
« filles publiques. »

4. Expression de Gadolle dans ses lettres à Roland.

5. Buzot, 57.

« vre, surmontées d'une grosse touffe de cheveux gras,
« avec des yeux enfoncés à mi-tête.... Ils jetaient, avec
« leurs haleines nauséabondes, les plus grossières inju-
« res, au milieu des cris aigus de bêtes carnassières. »
— Parmi eux, on distingue « ces sabreurs du 2 septem-
« bre, que je compare, dit un observateur[1] bien placé
« pour les connaître, à des tigres oisifs qui lèchent en
« murmurant leurs griffes, pour y découvrir encore quel-
« ques gouttes du sang qu'ils viennent de verser, en
« attendant le nouveau ». Bien loin de se cacher, ils tiennent le haut du pavé. L'un d'eux, Petit-Mamain, fils d'un
aubergiste de Bordeaux et ancien soldat, « figure blême
« et tirée, les yeux étincelants, l'air audacieux, avec un
« cimeterre au côté et une paire de pistolets à la cein-
« ture[2] », se promène au Palais-Royal, « accompagné
« ou suivi de loin par d'autres individus de son espèce »,
et « se mêle à toutes les conversations ». — « C'est moi,
« dit-il, qui ai éventré la Lamballe et qui lui ai arraché
« le cœur.... Tout mon regret est que le massacre ait été
« si court, mais il recommencera ; laissez seulement passer
« quinze jours. » Et, là-dessus, il se nomme tout haut,
par défi. — Un autre, qui n'a pas besoin de dire son nom
trop connu, Maillard, le président des massacres à l'Abbaye, tient son quartier général rue Favart, au café Chré-
tien[3] ; de là, tout en lampant des petits verres, « il lance

1. Buchez et Roux, XXVIII, 80. Lettre de Gadolle à Roland.
2. Beaulieu, *Essais*, I, 108 (témoin oculaire). — Schmidt, II, 15.
Rapport de Perrière, 8 juin.
3. Beaulieu, *ib.*, I, 100 : « Maillard est mort les entrailles brû-
« lées d'eau-de-vie (le 15 avril 1794). — Alexandre Sorel, *Sta-*

« ses hommes à moustaches, soixante-huit coupe-jarrets
« qui sont la terreur des quartiers environnants » ; dans
les cafés ou aux foyers des théâtres, on les voit tout à
coup « tirer leurs grands sabres » et dire à des gens
inoffensifs : « Je suis un tel, et, si tu me regardes avec
« mépris, je te hache. » — Encore quelques mois, et, sous
le commandement d'un aide de camp de Henriot, une escouade de cette bande volera et *chauffera* les paysans aux
environs de Corbeil et de Meaux[1]. En attendant, à Paris
même, on chauffe, on vole et on viole dans les grandes
occasions. Le 25 et le 26 février 1793[2], chez les épiciers
grands ou petits, « sauf chez quelques-uns jacobins »,

nislas Maillard, 52 à 42. (Rapport de Fabre d'Églantine sur
Maillard, 17 décembre 1793.) Décrété d'accusation avec Ronsin et
Vincent, Maillard publie son apologie, et l'on y voit qu'il exerçait
déjà avant le 51 mai, au club de la rue Favart : « Je suis un des
« sociétaires de cette réunion de vrais patriotes, et je m'en fais
« honneur; car c'est de là qu'est partie l'étincelle de la sainte
« insurrection du 51 mai. »

1. Alexandre Sorel, *ib.* (Dénonciation du fait par Lecointre,
14 décembre 1793, avec procès-verbaux des juges de paix). — *Archives nationales*, F7. 3268. Lettre du directoire de Corbeil au
ministre, avec procès-verbal, 28 novembre 1792. Le 26 novembre,
huit ou dix hommes armés, fantassins, et plusieurs autres, cavaliers, sont entrés chez Ruelle, fermier à la ferme des Folies,
commune de Lisse. Ils ont sabré Ruelle, puis lui ont mis la tête dans
un sac, lui ont donné un coup de pied dans le visage, l'ont sup-
plicié, ont presque étouffé sa femme et ses deux servantes, pour
lui faire livrer son argent. Un charretier a reçu un coup de pistolet dans l'épaule et deux coups de sabre; les autres valets et
batteurs en grange ont été liés et attachés comme des veaux.
Enfin les bandits sont partis, emportant l'argenterie, une montre,
des bagues, des dentelles, deux fusils, etc.

2. *Moniteur*, XV, 565. — Buchez et Roux, XXIV, 335 et suivantes. — Rétif de la Bretonne, *Nuits de Paris*, VIII, 560 (témoin
oculaire). Les derniers détails sont de lui.

rue des Lombards, rue des Cinq-Diamants, rue Beaurepaire, rue Montmartre, dans l'île Saint-Louis, sur le port
au Blé, devant l'Hôtel de Ville, rue Saint-Jacques, bref
dans douze cents boutiques, on pille non seulement les
denrées de première nécessité, savon et chandelle, mais
encore le sucre, l'eau-de-vie, la cannelle, la vanille,
l'indigo et le thé. « Rue de la Bourdonnaie, plusieurs
« personnes sortaient avec des pains de sucre qu'elles
« n'avaient pas payés et qu'elles revendaient. » C'est un
coup monté : comme au 5 octobre 1789, on voit, parmi
les femmes, « beaucoup d'hommes déguisés qui n'ont
« pas même pris la précaution de faire leur barbe », et,
en quelques endroits, grâce au désordre, ils s'en donnent
à cœur joie. Les pieds dans le feu ou le front sous un
pistolet, le maître de la maison est contraint de leur
livrer « or, argent, assignats et bijoux », trop heureux
quand sa femme et ses filles ne sont pas outragées devant
lui, comme dans une ville prise d'assaut.

VII

Tel est le peuple politique qui, à partir des derniers
mois de 1792, règne sur Paris et, à travers Paris, sur la
France, cinq mille brutes ou vauriens[1] avec deux mille

---

1. Cf. Éd. Fleury, *Babeuf*, 139 et 150. — Par une coïnci-
dence frappante, le personnel du parti se trouve encore le même
en 1796. Babeuf estime qu'il a pour adhérents dans Paris
« 4000 révolutionnaires, 1500 membres des anciennes autorités,
« 1000 canonniers bourgeois, » outre des militaires, des détenus
et des gens de la police. Il a recruté aussi beaucoup de filles;

drôlesses, à peu près ce qu'une bonne police expulserait, s'il s'agissait de nettoyer la capitale[1], eux aussi convaincus de leur droit, d'autant plus ardents dans leur foi révolutionnaire que leur dogme érige en vertus leurs

les hommes qui viennent à lui sont des ouvriers « qui prétendent « avoir *arsouillé* dans la révolution et qui sont *tous prêts à se* « *remettre à la besogne, pourvu que ce soit pour tuer les coquins* « *de riches, d'accapareurs, de marchands, de mouchards et de* « *panachés du Luxembourg.* » (Lettre de l'agent de la section Bonne-Nouvelle, 13 avril 1796.)

1. La proportion, la composition et l'esprit du parti sont les mêmes partout, notamment à Lyon (Guillon de Montléon, *Mémoires*, et Balleydier, *Histoire du peuple de Lyon*, passim), à Toulon (Lauvergne, *Histoire du département du Var*), à Marseille, Bordeaux, Toulouse, Strasbourg, Besançon, etc. — A Bordeaux (Riouffe, *Mémoires*, 23), « c'étaient tous des gens sans aveu, des « Savoyards, des Biscayens, des Allemands même..., commission- « naires et porteurs d'eau..., devenus si puissants, qu'ils arrê- « taient les gens riches, et si heureux, qu'ils couraient la poste ». Riouffe ajoute : « Lorsque je lus ce morceau à la Conciergerie, « des hommes de tous les points de la république s'écrièrent « unanimement : C'est le tableau de ce qui s'est passé dans « toutes nos communes. » — Cf. Durand de Maillane, *Mémoires*, 67 : « Ce peuple, ainsi qualifié, n'était, depuis la suppression « du marc d'argent, que la partie *la plus vicieuse et la plus dé-* « *pravée* de la société. » — Dumouriez, II, 61 : « Les Jacobins, étant « pour la plupart tirés de la partie la plus abjecte et la plus gros- « sière de la nation, ne pouvant fournir de sujets assez élevés « pour les places, ont baissé les places pour se mettre de niveau.... « Ce sont des Ilotes ivres et barbares qui ont usurpé la place des « Spartiates. » — Leur avénement a pour signe l'expulsion des libéraux et gens cultivés de 1789. (*Archives nationales*, F⁷, 4434, nᵒ 6. Lettre de Richard au Comité de Salut public, 3 ventôse an II.) Pendant le proconsulat de Baudot à Toulouse, « on a exclu « presque tous les patriotes de 1789 de la Société populaire « qu'ils avaient fondée; on y a introduit un nombre infini de ces « hommes dont le patriotisme remonte tout au plus au « 10 août 1792, si toutefois il ne date pas du 31 mai dernier. On « met en fait que, sur plus de mille individus qui composent « aujourd'hui la Société, il n'y en a pas cinquante dont le patrio- « tisme date de la naissance de la révolution. »

vices et transforme leurs méfaits en services publics. Ils
sont bien véritablement le peuple souverain, et c'est leur
pensée intime qu'il importe de démêler. Si l'on veut
comprendre les événements, il faut apercevoir l'émotion spontanée que soulève en eux le procès du roi, la
défaite de Neerwinden, la défection de Dumouriez,
l'insurrection de la Vendée, l'accusation de Marat, l'arrestation d'Hébert, et chacun des dangers qui tour à tour
viennent fondre sur leurs têtes. Car cette émotion, ils
ne l'empruntent point à autrui, ils ne la reçoivent pas
d'en haut, ils ne sont pas une armée confiante de soldats
disciplinés, mais un amas méfiant d'adhérents provisoires. Pour leur commander, il faut leur obéir, et leurs
conducteurs seront toujours leurs instruments. Si
applaudi et si affermi que semble un chef, il ne subsiste
que pour un temps, sous bénéfice d'inventaire, *comme
porte-voix de leurs passions et comme pourvoyeur de
leurs appétits.* Tel était Pétion en juillet 1792, et tel
est Marat depuis les journées de septembre. « Un
« Marat de plus ou de moins (et il y paraîtra tout à
« l'heure) ne changerait rien au cours des événe-
« ments[1]. » — « Il n'en resterait qu'un seul[2], Chau-
« mette par exemple, que c'en serait assez pour
« conduire la horde, » parce que c'est la horde qui
conduit. « Elle s'attachera toujours, sans aucun res-
« pect pour ses anciens patrons, à celui qui paraîtra
« la suivre davantage dans ses débordements.... Ils

1. Rœderer, *Chronique des cinquante jours.*
2. Schmidt, I, 246 (Dutard, 18 mai).

« n'aiment Marat, Robespierre, qu'autant que ceux-ci
« leur diront : Tuons, dépouillons, » et, sitôt que le
meneur du jour ne sera plus dans le courant du jour,
ils le briseront comme un obstacle ou le rejetteront
comme une épave. — Jugez s'ils consentiront à s'empêtrer dans les toiles d'araignée que leur oppose la
Gironde. En face de la Constitution métaphysique qu'on
leur prépare, ils ont dans la tête une constitution toute
faite, simple par excellence, adaptée à leur capacité et
à leurs instincts. Rappelez-vous un de leurs coryphées
que nous avons déjà rencontré, M. Saule, « gros petit
« vieux tout rabougri, toute sa vie ivrogne, jadis tapis-
« sier, puis colporteur charlatan, aux boîtes de 4 sous
« garnies de graisse de pendu pour guérir les maux de
« reins[1] », ensuite chef de claque dans les galeries de la
Constituante et chassé de là pour friponnerie, réintégré
sous la Législative, et, par la protection d'un palefrenier
de la cour, gratifié d'un emplacement à la porte de l'Assemblée pour y établir un café patriotique, par suite
honoré d'une récompense de 600 livres, pourvu d'un
logement national, nommé inspecteur des tribunes,
devenu régulateur de l'esprit public, et maintenant
« l'un des enragés de la Halle au Blé ». Un pareil
homme est un type, le spécimen moyen du parti, non
seulement par son éducation, son caractère et sa conduite, mais encore par ses ambitions, ses principes, sa
logique, et ses succès. « Il a juré de faire sa fortune, et
« il l'a faite. Il a constamment crié qu'il fallait abattre

----

1. Schmidt, I, 215 (Dutard, 23 mai).

« les nobles et les prêtres, et les uns et les autres ne
« sont plus. Il a constamment crié qu'il fallait abattre
« la liste civile, et la liste civile a été supprimée. Enfin,
« logé dans la maison de Louis XVI, il lui a dit, à son
« nez et à sa barbe, qu'il fallait lui couper la tête, et la
« tête de Louis XVI est tombée. » — Voilà, en abrégé,
l'histoire et le portrait de tous les autres ; rien d'étonnant si les vrais Jacobins entendent la révolution à la
façon de M. Saule[1], si, pour eux, la seule Constitution

1. Buchez et Roux, XXV, 156 (extrait du *Patriote français*,
30 mars 1793). Discours de Chasles aux Jacobins, 27 mars :
« Nous avons annoncé aux citoyens des campagnes que, par le
« moyen de la taxe de guerre, les pauvres seraient nourris par
« les riches, et qu'ils trouveraient dans les portefeuilles des
« égoïstes de quoi subvenir à leurs besoins. » — *Ib.*, 269. Discours de Rose Lacombe aux Jacobins : « Il faut s'assurer des aris-
« tocrates, les faire marcher au-devant des ennemis que Dumou-
« riez amène sur Paris ; nous leur signifierons que, s'ils trahis-
« sent, leurs femmes et leurs enfants seront égorgés, et leurs
« propriétés incendiées.... Je ne veux pas que les patriotes sor-
« tent, je veux qu'ils gardent Paris ; et, si nous succombons, le
« premier qui hésitera à mettre le feu sera poignardé à l'instant.
« Je veux que les propriétaires, qui ont tout accaparé pour exas-
« pérer le peuple, tuent les tyrans ou qu'ils périssent. » (Applaudissements. — 3 avril.) — *Ib.* 302 (Convention, 8 avril) : « Marat
« demande que 100 000 parents et amis des émigrés soient pris
« en otages pour la sûreté des commissaires livrés à l'ennemi. » —
Cf. Balleydier, 117, 122. A Lyon, le 26 janvier 1793, Chàlier disait
au club central : « Sans-culottes, réjouissez-vous, le sang du tigre
« royal a coulé en vue de sa tanière ; mais le peuple n'a pas fait
« justice entière, il y a parmi vous encore 500 têtes qui méritent
« le sort du tyran. » — Il propose (5 février) un tribunal révolutionnaire pour juger révolutionnairement les gens arrêtés : « C'est
« le seul moyen d'en imposer à tous les factieux royalistes et aris-
« tocrates, le seul moyen raisonnable de venger *la souveraineté
« des braves sans-culottes, qui n'appartient qu'à nous.* » Hydens,
commissaire national, ajoute : « Périssent cent mille fois les

légitime est l'établissement définitif de leur omnipotence,
s'ils appellent ordre et justice l'arbitraire illimité qu'ils
exercent sur les biens et sur les vies, si leur instinct,
court et violent comme celui d'un bey, ne comprend
que les mesures extrêmes et destructives, arrestations,
déportations, confiscations, exécutions, tout cela accom-
pli le front haut, avec joie, comme un office patriotique,
en vertu d'un sacerdoce moral, au nom du peuple, soit
directement et tumultuairement par leurs propres
mains, soit indirectement et régulièrement par les
mains de leurs élus dociles. Leur politique se réduit à
cela ; rien ne les en décrochera ; car ils y sont ancrés de
tout le poids et de toutes les attaches de leur immoralité,
de leur ignorance et de leur bêtise. A travers l'hypo-
crisie des parades obligatoires, leur idée fixe s'impose
au parleur pour qu'il la mette en tirade, au législateur
pour qu'il la mette en décret, à l'administrateur
pour qu'il la mette en œuvre, et, depuis leur
entrée en campagne jusqu'à leur victoire, ils n'y
souffriront qu'une variante, une variante légère. Au
mois de septembre 1792, ils disaient par leurs
actes : « Ceux qui ne pensent pas comme nous seront
« assassinés, et nous aurons leur or, leurs bijoux, leurs
« portefeuilles ». Au mois de novembre 1793, ils diront
par l'institution officielle du gouvernement révolutionnaire : « Ceux qui ne pensent pas comme nous seront

« 25 millions de Français plutôt qu'une seule fois la république
« une et indivisible ! »

« guillotinés, et nous serons leurs héritiers[1]. » —
Entre ce programme soutenu par la plèbe jacobine et le
programme des Girondins soutenu par la majorité de la
Convention, entre la Constitution de Condorcet et
l'article abréviatif de M. Saule, il est aisé de voir lequel
prévaudra. « Ces polissons de Parisiens, dit un Girondin, nous prenaient pour leurs valets[2], » et un valet
est sûr d'être renvoyé s'il contredit son maître. Dès le
premier jour, quand la Convention en corps traversait
les rues pour se rendre en séance, elle a pu comprendre, à certaines phrases significatives, en quelles
mains imbéciles et terribles elle était tombée. « Pour-
« quoi, disait-on sur son passage, pourquoi faire venir
« tant de gens pour gouverner la France? N'y en a-t-il
« pas assez à Paris[3]? »

1. Ce dernier mot est de Mallet du Pan.
2. Buzot, 64.
3. Michelet. IV, 6 (d'après le récit oral de Daunou). — Buchez
et Roux, XXVIII, 101. Lettre de Louvet à Roland : « Au moment
« où les prétendus commissaires des 48 sections de Paris venaient
« présenter leur pétition contre la force armée (départementale),
« j'ai entendu Santerre, qui sortait aussi, dire à haute voix aux
« personnes qui l'environnaient à peu près ceci : « Vous voyez
« que les députés ne sont pas à la hauteur de la révolution.... Ça
« arrive de 50 lieues; de 100 lieues, de 200 lieues ; ça ne com-
« prend rien à ce que vous dites. »

CHAPITRE IV

Henriot commandant général. — Le 31 mai. — Mesures de la
Commune. — Le 2 juin. — Arrestation des Douze et des Vingt-
Deux. — VIII. Qualité des nouveaux gouvernants. — Pourquoi
la France les a suivis.

« Citoyen Danton, écrivait le député Thomas Payne[1],
« le danger d'une rupture entre Paris et les départe-
« ments croît tous les jours : les départements n'ont
« point envoyé leurs députés à Paris pour être insultés,
« et chaque. insulte qu'on fait aux députés est une
« insulte pour les départements qui les ont choisis et
« envoyés. Je ne vois qu'un plan efficace pour empêcher
« cette rupture d'éclater : c'est de fixer la résidence de
« la Convention et des futures Assemblées à une
« distance de Paris.... Pendant la révolution améri-
« caine, j'ai constaté les énormes inconvénients atta-
« chés à la résidence du gouvernement du Congrès dans
« l'enceinte d'une juridiction municipale quelconque.
« Le Congrès se tint d'abord à Philadelphie et, après
« une résidence de quatre ans, trouva nécessaire de
« quitter cette ville. Il s'ajourna dans l'État de Jersey.
« Ensuite il se transporta à New-York. Enfin, quittant
« New-York, il revint à Philadelphie, et, après avoir
« éprouvé dans chacun de ces endroits le grand
« embarras qui naît du séjour d'un gouvernement dans
« un gouvernement, il forma le projet de bâtir, pour la
« future résidence du Congrès, une ville qui ne serait
« comprise dans les limites d'aucune juridiction muni-

1, *Archives nationales*, AF, II, 45, 6 mai 1793 (en anglais).

« cipale. Dans chacun des lieux où avait résidé le
« Congrès, l'autorité municipale s'opposait, par voie
« publique ou privée, à l'autorité du Congrès, et le
« peuple de chacun de ces lieux s'attendait à être
« compté et considéré par le Congrès pour une part plus
« grande que celle qui lui revenait dans une confédé-
« ration d'États égaux. Les mêmes inconvénients se
« produisent maintenant en France, mais avec de plus
« grands excès. » — Danton sait cela et il est assez
clairvoyant pour comprendre le danger ; mais le pli est
pris, et il l'a donné lui-même. Depuis le 10 août, Paris
tient la France asservie, et une poignée de révolutionnaires tyrannise Paris[1].

I

Grâce à la composition et à la tenue des assemblées
de section, la source première du pouvoir est restée
jacobine et se teint d'une couleur de plus en plus
foncée ; par suite, les procédés électoraux qui, sous la
Législative, avaient formé la Commune usurpatrice du

1. Moore, I, 185 (20 octobre) : « Il est évident que, quoique tous
« les départements de la France aient en théorie une part égale
« dans le gouvernement, pourtant, en fait, le département de
« Paris s'est approprié à lui seul tout le pouvoir du gouver-
« nement. — Par la pression de l'émeute, Paris fait la loi à la
« Convention et à toute la France.. » Moore, II, 534 (pendant le
procès du roi) : « Tous les départements, y compris celui de
« Paris, sont en réalité obligés de se soumettre souvent à la tyrannie
« criarde d'une bande de coquins soldés qui, dans les tribunes,
« usurpent le nom et les fonctions du peuple souverain, et qui,
« dirigés secrètement par un petit nombre de démagogues, gou-
« vernent cette malheureuse nation. » — Cf. ib., II (13 novembre.)

10 août, se sont perpétués et s'aggravent sous la Convention[1]. « Dans presque toutes les sections[2], ce sont les
« sans-culottes qui occupent le fauteuil, qui ordonnent
« l'intérieur de la salle, qui disposent les sentinelles,
« qui établissent les censeurs et reviseurs. Cinq ou six
« espions habitués de la section, soldés à 40 sous, y
« sont depuis le commencement jusqu'à la fin de la
« séance; ce sont des gens à tout entreprendre. Ces
« mêmes hommes sont encore destinés à porter les
« ordres d'un comité de surveillance à l'autre,... de
« sorte que, si les sans-culottes d'une section ne sont
« pas assez forts, ils appellent ceux de la section
« voisine. » — En de pareilles assemblées, les élections
sont faites d'avance, et l'on voit comment toutes les
places électives demeurent par force ou arrivent forcément aux mains de la faction. A travers les velléités
hostiles de la Législative et de la Convention, le conseil
de la Commune est parvenu d'abord à se maintenir

1. Schmidt, I, 96. Lettre de Lauchou au président de la Convention, 11 octobre 1792 : « De sa pleine autorité, la section de 1792
« a arrêté, le 5 de ce mois, que les personnes en état de domes-
« ticité pourraient voter dans nos assemblées primaires... Il serait
« bon que la Convention nationale trouvât moyen de persuader
« aux habitants de Paris qu'eux seuls ne composent pas la répu-
« blique entière. Cette idée, quoique absurde, ne laisse pas de se
« réaliser tous les jours. » — *Ib.*, 99. Lettre de Damour, vice-président de la section du Panthéon, 29 octobre : « Le citoyen Paris...
« a dit que lorsque la loi blesse l'opinion générale, il ne faut plus
« y avoir égard... Ces perturbateurs, qui veulent à toute force
« attraper des places, soit à la municipalité, soit ailleurs, causent
« les plus grands vacarmes. »
2. *Ib.*, I. 223. Rapport de Dutard, 14 mai.

pendant quatre mois; puis, en décembre[1], quand il est enfin obligé de se dissoudre, il reparaît, autorisé de nouveau par le suffrage populaire, renforcé et complété par ses pareils, avec trois chefs, procureur-syndic, substitut et maire, tous les trois auteurs ou fauteurs de septembre, avec Chaumette, soi-disant Anaxagoras, ancien mousse, puis clerc, puis commis, toujours endetté, bavard et buveur; avec Hébert, dit le *Père Duchesne*, et c'est tout dire; avec Pache, subalterne empressé, intrigant doucereux, qui a exploité son air simple et sa figure de brave homme pour se pousser jusqu'au ministère de la guerre, qui a mis là tous les services au pillage, et qui, né dans une loge de concierge, y revient dîner par calcul ou par goût. — Par delà l'autorité civile, les Jacobins ont accaparé aussi le pouvoir militaire. Aussitôt après le 10 août[2], la garde nationale refondue a été distribuée en autant de bataillons qu'il y a de sections, et chaque bataillon est ainsi devenu « la « section armée »; là-dessus, on devine de quoi maintenant il se compose, et quels démagogues il se choisit

1 Mortimer-Ternaux, VI, 117; VII, 59 (scrutins des 2 et 4 décembre). — Dans la plnpart de ces scrutins et de ceux qui suivent, le nombre des votants n'est que le vingtième de celui des inscrits. Chaumette est élu dans sa section par 53 voix, Hébert par 56, Gency, maître tonnelier, par 34, Lechenard, tailleur, par 39, Douce, ouvrier en bâtiment, par 24. — Pache, élu maire le 15 février 1793, obtient 11881 voix sur 100000 inscrits.

2. Buchez et Roux, XVII, 101. (Décret du 19 août 1702.) — Mortimer-Ternaux, IV, 223. — Beaulieu, *Essais*, III, 454. « Depuis le 10 août, la garde nationale a cessé d'exister. » — Buzot, 454. — Schmidt, I, 533. (Dutard, 29 mai) : « Il est de fait que la force armée de Paris est nulle. »

pour officiers et sous-officiers. « On ne peut plus, écrit
« un député, donner le nom de garde nationale au
« ramassis de gens à piques et de remplaçants, mêlés
« de quelques bourgeois, qui, depuis le 10 août, conti-
« nuent à Paris le service militaire. » A la vérité,
110 000 noms sont sur le papier ; aux grands appels, tous
les inscrits, s'ils n'ont pas été désarmés, peuvent venir ;
mais, à l'ordinaire, presque tous restent chez eux et
payent un sans-culotte pour monter leur garde. En fait,
pour fournir au service quotidien, il n'y a, dans chaque
section, qu'une réserve soldée, environ cent hommes,
toujours les mêmes. Cela fait dans Paris une bande de
quatre à cinq mille tape-dur, dans laquelle on peut
démêler des pelotons qui ont déjà figuré en septembre,
Maillard et ses 68 hommes à l'Abbaye, Gauthier et ses
40 hommes à Chantilly, Audouin, dit le *Sapeur des
Carmes*, et ses 550 hommes dans la banlieue de Paris,
Fournier, Lazowski et leurs 1500 hommes à Orléans et à
Versailles[1]. — Quant à leur solde et à la solde de leurs
auxiliaires civils, la faction n'est pas en peine ; car, avec
le pouvoir, elle a pris l'argent. Sans compter ses rapines
de septembre[2], sans parler des innombrables places

---

1. Beaulieu, *Essais*, IV, 6. — *Archives nationales*, F7, 5249 (Oise).
Lettres des administrateurs de l'Oise, 24 août, 12 septembre,
20 septembre 1792. Lettres des administrateurs du district de
Clermont, 14 septembre, etc.

2. Cf. plus haut, livre III, chap. 1er. — *Archives nationales*, F7,
5249. Lettre des administrateurs du district de Senlis, 51 octobre 1792. Deux administrateurs de l'hôpital de Senlis ont été arrêtés par des commissaires parisiens et conduits « au prétendu
« Comité de Salut public de Paris, avec tout ce qu'ils pouvaient

lucratives dont elle dispose, quatre cents distribuées par le seul Pache, quatre cents autres distribuées par le seul Chaumette[1], la Commune a 850 000 francs par mois pour sa police militaire. D'autres saignées pratiquées au Trésor font encore couler l'argent public dans les poches de sa clientèle. Un million par mois entretient les ouvriers fainéants qu'elle a racolés à son de trompe pour établir un camp sous Paris. 5 millions de francs couvrent les petits détaillants de la capitale contre la dépréciation des billets de confiance. 12 000 francs par jour maintiennent le prix du pain à la portée des indigents de Paris[2]. A ces fonds régulièrement alloués, joignez les fonds qu'elle détourne ou qu'elle extorque. D'une part, au ministère de la guerre, Pache, son complice avant d'être son maire, a institué le gaspillage et le grappillage en permanence : en trois mois d'administration, il parviendra à laisser un découvert de 130 millions, « sans quittances[3] ». D'autre part,

a avoir d'argent, bijoux, assignats. » Les mêmes commissaires emmènent deux sœurs de l'hôpital avec toute l'argenterie de la maison ; les sœurs ont été relâchées, mais l'argenterie n'a pas été rendue. — Buchez et Roux, XXVI, 209 (*Patriote français*), séance du 30 avril 1793, compte rendu final de la commission chargée d'examiner les comptes de l'ancien comité de surveillance : « Panis « et Sergent (sont) convaincus de bris des scellés... » « 67 580 « livres trouvées chez Septeuil ont disparu, ainsi que beaucoup « d'effets précieux. »

1. Schmidt, I, 270.

2. Mortimer-Ternaux, IV, 221 à 229, 242 à 260; VI, 43 à 52.

3. Sybel, *Histoire de l'Europe pendant la Révolution française*, II, 76. — Mme Roland, II, 152 : « La comptabilité fut impossible, « non seulement à établir, mais à figurer, pour 130 millions... « Dans les 24 heures qui suivirent sa démission, il nomma à

le duc d'Orléans, devenu Philippe-Égalité, traîné en avant par ses anciens stipendiés, la corde au cou, presque étranglé, doit financer plus que jamais et de toute la profondeur de sa bourse ; puisque, pour sauver sa vie, il consent à voter la mort du roi, c'est qu'il est résigné à d'autres sacrifices[1] ; probablement, des 74 millions de dettes qu'on trouvera à son inventaire, une grosse part provient de là. — Ayant ainsi les places, les grades, les armes et l'argent, la faction, maîtresse de Paris, n'a plus qu'à maîtriser la Convention isolée[2] qu'elle investit de toutes parts.

II

Par les élections, elle y a déjà porté son avant-garde, cinquante députés, et, grâce à l'attrait qu'elle exerce

« soixante places... depuis son gendre, devenu vicaire ordonna-
« teur à 19 000 livres d'appointements, jusqu'à son perruquier,
« polisson de 19 ans, fait commissaire des guerres. » — « Il fut
« prouvé qu'on payait au complet des régiments réduits à un
« petit nombre d'hommes. » — Meillan, 20 : « La faction devint
« maîtresse à Paris par les brigands qu'elle soudoyait à l'aide des
« millions qu'elle faisait mettre à la disposition de la municipa-
« lité, sous prétexte d'assurer les subsistances. »

1. Voyez, dans les *Mémoires* de Mme Elliot, les circonstances de
ce vote. — Beaulieu, I, 445 : « J'ai vu, affiché au coin des rues,
« un placard signé Marat, par lequel il demandait 15 000 livres
« à M. le duc d'Orléans, en récompense de ce qu'il faisait pour
« lui. » — Gouverneur Morris, I, 160, lettre du 21 décembre 1792:
Les tribunes forcent la Convention à révoquer son décret contre
l'expulsion des Bourbons. — Le 22 décembre, les sections présentent une pétition dans le même sens, et il y a dans les faubourgs une sorte d'émeute en faveur de Philippe-Égalité.

2. Schmidt, I, 246 (Dutard, 13 mai) : « La Convention ne peut pas
« compter à Paris trente personnes qui soient de son parti. »

sur les naturels emportés et despotiques, sur les tempéraments brutaux, sur les esprits courts et détraqués, sur les imaginations affolées, sur les probités véreuses, sur les vieilles rancunes religieuses ou sociales, elle arrive, au bout de six mois, à doubler ce nombre[1]. Sur les bancs de l'extrémité gauche, autour de Robespierre, Danton et Marat, le noyau primitif des septembriseurs attire à lui les hommes de son acabit : d'abord les pourris comme Chabot, Tallien et Barras, les scélérats comme Fouché, Guffroy et Javogues, les enfiévrés et possédés comme David, les fous féroces comme Carrier, les demi-fous méchants comme Joseph Lebon, les simples fanatiques comme Levasseur, Baudot, Jeanbon-Saint-André, Romme et Le Bas, ensuite et surtout les futurs représentants à poigne, gens rudes, autoritaires et bornés, excellents troupiers dans une milice politique, Bourbotte, Duquesnoy, Rewbell, Bentabole, « un tas de b.... d'ignorants, disait Danton[2], n'ayant pas « le sens commun, et patriotes seulement quand ils « sont soûls. Marat n'est qu'un aboyeur; Legendre n'est « bon qu'à dépecer sa viande; les autres ne savent que « voter par assis et levé; mais ils ont des reins et du « nerf ». Parmi ces nullités énergiques, on voit s'élever un jeune monstre, au visage calme et beau, Saint-Just,

---

1. Buchez et Roux, XXV, 463. Appel nominal du 13 avril 1793; quatre-vingt-douze députés votent pour Marat.

2. Prudhomme, *Crimes de la Révolution*, V, 153. Conversation avec Danton, en décembre 1792. — Barante, III, 123. Même conversation, mais probablement d'après une autre tradition orale. — J'ai été obligé de substituer un équivalent aux derniers mots trop crus de la citation.

sorte de Sylla précoce, qui, à vingt-cinq ans, nouveau
venu, sort tout de suite des rangs et à force d'atrocité
se fait sa place[1]. Six ans auparavant, il a débuté dans
la vie par le vol domestique : en visite chez sa mère, il
est parti de nuit, emportant l'argenterie et des bijoux
qu'il est venu manger dans un hôtel garni, rue Fromen-
teau, au centre de la prostitution parisienne[2]; là-dessus,
à la demande des siens, on l'a enfermé six mois dans
une sorte de maison d'arrêt. De retour au logis, il a
occupé ses loisirs à composer un poème ordurier
d'après *la Pucelle*; puis, par une contraction furieuse
qui ressemble à un spasme, il s'est lancé, la tête en
avant, dans la révolution. « Un sang calciné par
« l'étude », un orgueil colossal, une conscience hors des
gonds, une imagination emphatique, sombre, hantée
par les souvenirs sanglants de Rome et de Sparte, une
intelligence faussée et tordue jusqu'à se trouver à l'aise
dans l'habitude du paradoxe énorme, du sophisme

1. Il porte le premier la parole, au nom de la Montagne, dans le
procès du roi, et devient tout de suite président des Jacobins. Son
discours contre Louis XVI est significatif. « Louis est un autre
« Catilina; » il faut le tuer, d'abord comme traître, saisi en fla-
grant délit, ensuite comme roi, c'est-à-dire à titre d'ennemi naturel et de bête féroce prise dans un rets.

2. Vatel, *Charlotte Corday et les Girondins*, I, préface, CXLI (avec
toutes les pièces de l'affaire, les lettres de Mme de Saint-Just,
l'interrogatoire du 6 octobre 1786, etc.). Les objets volés étaient
six pièces d'argenterie, une bague fine, des pistolets garnis en or,
des paquets de galon d'argent, etc. — Le jeune homme déclare
« qu'il est au moment d'être placé dans les gardes de M. le comte
« d'Artois, en attendant qu'il soit assez grand pour entrer dans
« les gardes du corps. » Il a songé aussi à entrer à l'Oratoire.

effronté et du mensonge meurtrier[1], tous ces ingré-
dients dangereux, amalgamés dans la fournaise de
l'ambition refoulée et concentrée, ont bouillonné en lui
longtemps et silencieusement, pour aboutir à l'outrance
continue, à l'insensibilité voulue, à la raideur automa-
tique, à la politique sommaire de l'utopiste dictateur et
exterminateur. — Manifestement, une minorité pareille
n'acceptera pas la règle des débats parlementaires, et,
plutôt que de céder à la majorité, elle importera dans
la discussion les vociférations, les injures, les menaces,
les bousculades d'une rixe, avec les poignards, les pistolets, les sabres et jusqu'aux « espingoles » d'un vrai
combat.

« Vils intrigants, calomniateurs, scélérats, monstres,
« assassins, gredins, imbéciles, cochons[2] », voilà leurs
apostrophes ordinaires, et ce ne sont là que leurs
moindres violences. Il y a telle séance où le président
est obligé de se couvrir trois fois et finit par briser sa
sonnette. Ils l'injurient, ils le forcent à descendre du

1. Cf. son discours contre le roi, ses rapports sur Danton, sur
les Girondins, etc. Pour comprendre le caractère de Saint-Just,
lire sa lettre à d'Aubigny, 20 juillet 1792 : « Depuis que je suis ici,
« je suis dévoré par une fièvre républicaine qui me dévore et me
« consume... Il est malheureux que je ne puisse rester à Paris.
« Je me sens de quoi surnager dans ce siècle... Vous êtes tous des
« lâches qui ne m'avez pas apprécié. Ma palme s'élèvera pourtant
« et vous obscurcira peut-être. Infâmes que vous êtes, je suis un
« fourbe, un scélérat, parce que je n'ai point d'argent à vous don-
« ner ? Arrachez-moi le cœur, et mangez-le ; vous deviendrez ce
« que vous n'êtes point : grands. »
2. Buchez et Roux, XXIV, 296, 363 ; XXV, 323 ; XXVII, 144, 145.
— Moniteur, XIV, 80 (paroles de Danton, David, Legendre,
Marat).

fauteuil, ils demandent « qu'il soit cassé ». Basire veut
« lui arracher des mains » une déclaration qu'il présente ; Boürdon, de l'Oise, lui crie que, « s'il est assez
« osé pour la lire[1], il l'assassine ». La salle « est
« devenue une arène de gladiateurs[2] ». Parfois, la Montagne se précipite tout entière hors de ses bancs, et,
contre cette vague humaine qui descend de gauche,
une vague pareille descend de droite : les deux s'entre-
choquent au centre de la salle, parmi des cris et des
gestes furieux, et, dans une de ces bagarres, un montagnard ayant présenté son pistolet, le girondin Lauze-
Deperret tire l'épée[3]. A partir du milieu de décembre,
des membres marquants du côté droit, « continuelle-
« ment poursuivis, menacés, outragés »,. réduits « à
« découcher toutes les nuits, sont forcés d'avoir des
« armes pour leur défense[4] », et, après le supplice du
roi, ils en apportent « presque tous » aux séances de la
Convention. En effet, chaque jour, ils peuvent s'attendre à l'assaut final, et ils ne veulent pas mourir
sans vengeance : dans la nuit du 9 au 10 mars, ne se
trouvant plus que quarante-trois, ils se font passer le

---

1 *Moniteur*, XV, 74. — Buchez et Roux, XXVII, 254, 257, séances du 6 janvier et du 27 mai.

2. *Ib.*, XIV, 851, séance du 26 décembre 1792. Discours de
Jullien de la Drôme.

3. *Ib.*, XIV, 768, séance du 16 décembre. Le président : « J'ai
« rappelé trois fois Calon à l'ordre ; trois fois il a résisté. » —
Vergniaud : « La majorité de l'Assemblée (est) sous le joug d'une
« minorité séditieuse. » — *Ib.*, XIV, 851, 853, 865, séances du 26
et du 27 décembre. — Buchez et Roux, XXV, 596, séance du 11
avril.

4. Louvet, 72.

mot pour s'élancer ensemble, « au premier mouvement
« hostile, contre leurs adversaires et pour en tuer le
« plus possible » avant de périr[1].

L'expédient est désespéré, mais c'est l'unique ; car,
outre les forcenés de la salle, ils ont contre eux·les forcenés des tribunes, et là aussi il y a des septembriseurs.
La pire canaille jacobine les enveloppe à demeure et de
parti pris, d'abord dans la vieille salle du Manège, puis
dans la nouvelle salle des Tuileries. En cercle autour
d'eux et au-dessus d'eux, ils voient tous les jours des
adversaires enrégimentés, « huit ou neuf cents têtes
« encaquées dans la grande galerie du fond sous une
« voûte profonde et sourde », et de plus, sur les côtés,
mille ou quinze cents autres, deux immenses tribunes
toutes pleines[2]. Comparées à celles-ci, les galeries de
la Constituante et de la Législative étaient calmes.
« Rien ne déshonore plus la Convention, écrit un spectateur étranger[3], que l'insolence de ses auditeurs » ;
à la vérité, un décret interdit toutes les marques·d'ap-
probation ou de désapprobation ; mais « il est violé
« tous les jours, et personne n'a jamais été puni pour

1. Meillan, 24 : « Depuis quelque temps, nous étions tous armés
« de sabres, de pistolets, d'espingoles. » — Moore, II, 235 (octobre 1792). Déjà à cette date un grand nombre de députés ne sortaient qu'armés de cannes à dard et de pistolets de poche.

2. Dauban, *la Démagogie en* 1793, 181. Description de la
salle par Prudhomme, avec estampes. — *Ib.*, 199. Lettre de Brissot à ses commettants : « Les brigands et les bacchantes ont
« trouvé moyen de s'emparer de la nouvelle salle. » — Selon Prudhomme, les tribunes peuvent contenir en tout quatorze cents
personnes, et, selon Dulaure, deux à trois mille.

3. Moore, I, 44 (10 octobre) et II, 534.

« ce délit ». Vainement la majorité s'indigne contre
« la troupe de gredins soldés » qui l'obsèdent et qui
l'oppriment ; tout en réclamant et en protestant, elle
subit cette obsession et cette oppression. « Effroyable
« lutte, dit un député[1], cris, murmures, trépigne-
« ments, huées.... Les injures les plus ordurières ont
« été vomies par les tribunes. » — « Depuis long-
« temps, dit un autre, on ne peut parler ici si l'on
« n'a obtenu leur permission[2]. » Le jour où Buzot
obtient la parole contre Marat, « elles entrent en fureur,
« hurlent, trépignent et menacent[3] » ; chaque fois que
Buzot veut commencer, les clameurs couvrent sa voix,
et il reste une demi-heure à la tribune sans pouvoir
achever une phrase. Aux appels nominaux surtout, les
cris ressemblent à ceux de la foule en délire qui,
dans un cirque espagnol, suit des yeux et du cœur le
combat des picadors et du taureau : « vociférations
« de cannibales » chaque fois qu'un député ne vote
pas la mort du roi, ou vote l'appel au peuple ;
« huées interminables » chaque fois qu'un député
vote l'accusation de Marat. « Je déclare, disent des
« députés à la tribune, que je ne suis pas libre ici ; je
« déclare qu'on me fait délibérer sous le couteau[4]. »

1. *Moniteur*, XIV, 705, 19 décembre 1792. Discours de Lanjuinais.

2. Buchez et Roux, XX, 5, 396, séance du 11 avril 1793. Discours
de Lauze-Deperret.

3. Dauban, 143. Lettre de Valazé, 14 avril. — Cf. *Moniteur*, XIV,
746, séance du 14 décembre. — *Ib.*, 800, séance du 20 décembre,
tout entière. — *Ib.*, 853, séance du 26 décembre.

4. Discours de Salle. — Lanjuinais dit aussi : « On paraît déli-

A la porte de la salle, on annonce à Charles Villette que
« s'il ne vote pas la mort du roi, il sera massacré ».
— Et ce ne sont pas là des menaces en l'air. Le
10 mars, en attendant l'émeute promise, « les tribunes
« averties... armaient déjà leurs pistolets[1] ». Au mois
de mai, les femmes déguenillées et payées qui, sous le
nom « de Dames de la Fraternité », se sont formées en
club, viennent tous les jours, dès le matin, monter la
garde en armes dans les couloirs de la Convention ;
elles déchirent les billets donnés à ceux ou à celles qui
ne sont pas de leur bande ; elles accaparent toutes les
places ; elles montrent des pistolets et des poignards, et
disent « qu'il faut faire sauter dix-huit cents têtes,
« pour que tout aille bien[2] ».

Derrière ces deux premières lignes d'assaillants, il en
est une troisième, bien plus épaisse, d'autant plus
effrayante qu'elle est obscure et indéfinie, je veux dire
la multitude vague de la séquelle anarchiste, éparse
dans tout Paris et toujours prête à renouveler contre la
majorité récalcitrante le 10 août et le 2 septembre. De
la Commune, des Jacobins, des Cordeliers, de l'Évêché,
des assemblées de section, des groupes qui stationnent

« bérer ici dans une Convention libre ; mais c'est sous les poi-
« gnards et les canons des factieux. » — *Moniteur*, XV, 180
séance du 16 janvier. Discours de N., député, prononcé à la demande de Charles de Villette.

1. Meillan, 24.

2. *Archives nationales*, AF, II, 45. Rapports de police des 16, 18
et 19 mai. « On craint au premier jour quelque scène sanglante. »
— Buchez et Roux, XXVII, 125. Rapport de Gamon, inspecteur de
la salle de la Convention.

aux Tuileries et dans les rues, partent incessamment
des motions incendiaires et des appels à l'émeute.
« Hier, écrit le président de la section des Tuileries[1],
« au même moment et dans différents points de Paris,
« rue du Bac, au Marais, à l'église Saint-Eustache, au
« palais de la Révolution, sur la terrasse des Feuillants,
« des scélérats prêchaient le pillage et l'assassinat. »
— Le lendemain, encore sur la terrasse des Feuillants,
c'est-à-dire sous les fenêtres mêmes de la Convention,
on « provoque l'assassinat de Louvet, pour avoir
« dénoncé Robespierre ». — « Je n'entends parler,
écrit le ministre Roland, que de conspirations, de
« projets de meurtre. » — Trois semaines plus tard,
pendant plusieurs jours « on annonce un soulèvement
« dans Paris[2] »; le ministre est averti « qu'on a voulu
« tirer le canon d'alarme », et les têtes sur lesquelles
fondra cette insurrection toujours grondante sont
désignées d'avance. Dans le mois qui suit, au mépris de
la loi expresse et récente, « l'assemblée électorale fait
« imprimer et distribuer gratuitement la liste des indi-
« vidus associés aux clubs de la Sainte-Chapelle et des
« Feuillants; elle ordonne aussi l'impression et la dis-
« tribution de la liste des huit mille et des vingt mille,
« ainsi que celle des clubs de 1789 et de Montaigu[3] ».
Au mois de janvier, « les colporteurs crient dans la rue

---

1. *Moniteur*, XIV, 362 (1er novembre 1792). — *Ib.*, 387, séance
du 4 novembre. Discours de Royer et de Gorsas. — *Ib.*, 382. Lettre
de Roland, 5 novembre.

2. *Ib.*, XIV, 690. Lettre de Roland, 28 novembre.

3. *Ib.*, XIV, 697, n° du 11 décembre.

« la liste des aristocrates et royalistes qui ont voté
« l'appel au peuple[1] ». Quelques-uns des appelants sont
signalés nominativement par des placards, et Thibault,
évêque du Cantal, occupé à lire sur un mur l'affiche
qui le concerne, entend dire à ses côtés : « Je voudrais
« bien connaître cet évêque du Cantal, je lui ferais
« passer le goût du pain. » Des tape-dur montrent du
doigt des députés qui sortent de séance, et crient : « Il
« faut écharper ces gueux-là ! » — De semaine en
semaine les signes avant-coureurs d'une insurrection se
suivent et se multiplient, comme les éclairs dans un
ciel chargé d'orages. Le 1er janvier, « le bruit court que
« les barrières doivent être fermées la nuit même et
« que les visites domiciliaires vont recommencer[2] ». Le
7 janvier, sur la motion des Gravilliers, la Commune
demande au ministre de la guerre 132 canons qui sont
aux magasins de Saint-Denis, afin de les répartir entre
les sections. Le 15 janvier, les Gravilliers proposent aux
quarante-sept autres sections de nommer, comme au
10 août, des commissaires spéciaux qui s'assembleront

1. *Moniteur*, XV, 180, séance du 16 janvier. Discours de Lehardi,
Hugues et Thibault. — Meillan, 14 : « Alors fut tracée une ligne de
« séparation entre les deux côtés de l'Assemblée. Plusieurs députés
« que la faction voulait perdre avaient voté la mort. On préféra
« prendre pour base la liste des suffrages pour l'appel au peuple
« dans laquelle ils étaient presque tous inscrits. Nous fûmes donc
« désignés sous le nom d'*appelants.* »
2. *Ib.*, XV, 8. Discours de Rabaut-Saint-Étienne. — Buchez et
Roux, XXIII, 24. — Mortimer-Ternaux, V, 418. — *Moniteur*, XV,
180, séance du 16 janvier. — Buchez et Roux, XXIV, 292. — *Moniteur*, XV, 182. Lettre du maire de Paris, 16 janvier. — *Ib.*, 179.
Lettre de Roland, 16 janvier. — Buchez et Roux, XXIV, 448. Rapport de Santerre.

à l'Évêché et veilleront à la sûreté publique. Le même
jour, pour que la Convention ne se méprenne pas sur
l'objet de ces menées, on dit tout haut dans ses tribunes
que les canons ramenés sont à Paris « pour faire un
« 10 août contre elle ». Le même jour, il faut un
déploiement de force militaire pour empêcher les bandits de se porter aux prisons et d'y « renouveler les
« massacres ». Le 28 janvier, le Palais-Royal, centre
des gens de plaisir, est cerné par Santerre à huit heures
du soir, et « six mille hommes environ, trouvés sans
« carte de civisme », sont arrêtés pour subir un à un
le jugement de leur section. — Non seulement l'éclair
brille, mais déjà, par coups isolés, la foudre frappe[1].
Le 31 décembre, un nommé Louvain, dénoncé jadis par
Marat comme agent de La Fayette, est égorgé au faubourg Saint-Antoine, et son cadavre est traîné dans les
rues jusqu'à la Morgue. Le 25 février, c'est le pillage
des épiciers, sur les provocations de Marat, avec la
connivence ou la tolérance de la Commune. Le 9 mars,
c'est l'imprimerie de Gorsas saccagée par deux cents
hommes armés de sabres et de pistolets. Le même soir
et le lendemain, c'est l'émeute préparée et lancée contre
la Convention elle-même; c'est « le comité des Jacobins
« appelant toutes les sections de Paris à se lever en
« armes », pour « se débarrasser » des députés appe-

---

1. Buchez et Roux, XV, 23 à 26. — Mortimer-Ternaux, VI, 184.
(Manifeste du comité central, 9 mars, 2 heures du matin.) — *Ib.*,
193. Récit de Fournier à la barre de la Convention, 12 mars. —
Rapport du maire de Paris, 10 mars. — *Rapport* du ministre de
la justice, 13 mars. — Meillan, 24. — Louvet, 72, 74.

lants et des ministres; c'est la société des Cordeliers invitant les autorités parisiennes « à s'emparer de « l'exercice de la souveraineté et à mettre en arresta-« tion les députés traîtres »; c'est Fournier, Varlet et Champion requérant la Commune « de se déclarer en « insurrection et de fermer les barrières »; ce sont toutes les avenues de la Convention occupées par « des « dictateurs de massacre », Pétion[1] et Beurnonville reconnus au passage, poursuivis et en danger de mort, des attroupements furibonds sur la terrasse des Feuillants pour « juger populairement », pour « couper des « têtes » et pour « les envoyer aux départements ». — Par bonheur, il pleut, ce qui refroidit toujours l'effervescence populaire, et un député du Finistère, Kervelegan, qui s'échappe, trouve moyen d'aller chercher au fond du faubourg Saint-Marceau un bataillon de volontaires brestois, arrivés depuis quelques jours et encore fidèles; ils accourent à temps pour dégager la Convention. — Ainsi vit la majorité, sous la triple pression de la Montagne, des tribunes, de la plèbe extérieure, et, de mois en mois, surtout à partir du 10 mars, la pression va s'aggravant.

III

De mois en mois, sous cette pression, la majorité fléchit. — Quelques-uns sont domptés par le pur effroi

1. Pétion, *Mémoires*, 106 (édit. Dauban) : « Combien de fois « me suis-je entendu dire : « Scélérat, nous aurons ta tête ! » —

physique : dans le procès du roi, au troisième appel
nominal, lorsque les votes de mort tombaient du haut
de la tribune, un député, voisin de Daunou, « témoi-
« gnait par ses gestes sa désapprobation énergique. Son
« tour arrive; les tribunes, qui sans doute avaien
« remarqué son attitude »; éclatent en menaces si
violentes, que pendant quelques minutes il est impuis-
sant à se faire entendre; « enfin le silence se rétablit,
« et il vote... la mort[1] ». — D'autres, comme Durand
de Maillane, avertis par Robespierre que « le parti le
« plus fort est aussi le plus sûr », se répètent « qu'il
« est prudent, nécessaire de ne pas contrarier le peuple
« en émotion », et prennent la résolution « de se tenir
« constamment à l'écart sous l'égide de leur silence et
« de leur nullité[2] ». Parmi les cinq cents députés de la
Plaine, il y en a beaucoup de cette sorte; on commence
à les appeler « crapauds du Marais »; dans six mois, ils
se réduiront eux-mêmes à l'état de figurants muets ou
plutôt de mannequins homicides, et, sous un regard de ·

« Et je ne puis pas douter que plusieurs fois on n'ait eu le projet
« de m assassiner. »
1. Taillandier, *Documents biographiques* sur Daunou (Récit
de Daunou), 38. — Doulcet de Pontécoulant, *Mémoires*, I, 139 :
« C'est alors qu'on vit la Montagne user de tous les moyens d'in-
« timidation qu'elle savait si bien mettre en œuvre, remplir les
« tribunes de ses satellites qui se désignaient à haute voix chaque
« député, à mesure qu'il montait au bureau du président pour
« motiver son vote, et qui poursuivaient de hurlements féroces
« chacun de ceux qui ne votaient pas pour la mort immédiate et
« sans restriction. » — Carnot, *Mémoires*, I, 293. — Carnot a voté
la mort du roi et cependant avoue que « Louis XVI eût été sauvé
« si la Convention n'eût pas délibéré sous les poignards ».
2. Durand de Maillane, 35, 38, 57.

Robespierre, « léur cœur, maigri d'épouvante[1] », leur remontera jusque dans la gorge. Bien avant la chute des Girondins, « atterrés du présent, ne trouvant plus dans « leur âme aucun ressort », ils laissent déjà voir sur leur visage « la pâleur de la crainte ou l'abandon du « désespoir[2] ». Cambacérès louvoie, puis se réfugie dans son comité de législation[3]. Barère, né valet et valet à tout faire, met sa faconde méridionale au service de la majorité probable, jusqu'au moment où il mettra sa rhétorique atroce au service de la minorité maîtresse. Siéyès, après avoir voté la mort, entre dans un silence obstiné, autant par dégoût que par prudence : « Qu'im- « porte, dit-il, le tribut de mon verre de vin dans ce « torrent de rogomme[4] ? » — Plusieurs, même dans la Gironde, colorent à leurs propres yeux leurs concessions par des sophismes. Il y en a qui, « se croyant quelque « popularité, craignent de la compromettre[5]. Parfois « on prétexte la nécessité de conserver son influence « pour des circonstances importantes. Quelquefois on « affecte de dire ou même on dit de bonne foi : Laissez

1. Mot de Dusaulx dans les *Fragments pour servir à l'histoire de la Convention.*

2. Mme Roland, *Mémoires*, édition Barrière et Berville, II, 52. (Note de Roland.)

3. *Moniteur*, XV, 187. Vote de Cambacérès : « Louis a encouru « les peines établies contre les conspirateurs par le Code pénal... « Il faut suspendre l'exécution jusqu'à la cessation des hostilités ; « en cas d'invasion du territoire français par les ennemis de la « république, le décret sera mis à exécution. » — Sur Barère, voyez le terrible article de Macaulay (*Biographical Essays*).

4. Sainte-Beuve, *Causeries du lundi*, V, 209. (*Siéyès*, d'après ses papiers inédits.)

5. Mme Roland, II, 56. (Note de Roland.)

« faire (les extravagants), ils se font connaître, ils
« s'usent ». — Souvent les motifs allégués sont scanda-
leux ou grotesques. Selon Barbaroux, il faut voter
l'exécution immédiate, parce que c'est le meilleur
moyen de disculper la Gironde et de fermer la bouche à
ses calomniateurs jacobins[1]. Selon Berlier, il faut voter
la mort; car à quoi bon voter l'exil? Louis XVI serait
déchiré avant d'arriver à la frontière[2]. — La veille de
l'arrêt, Vergniaud disait à M. de Ségur : « Moi, voter la
« mort! c'est m'insulter que de me croire capable
« d'une action aussi indigne. » Et il en détaillait
l'affreuse iniquité, l'inutilité, le danger même. — « Je
« resterais, disait-il, seul de mon opinion que je ne
« voterais pas la mort[3] »; et le lendemain, ayant voté
comme on sait, il s'excuse en disant « qu'il n'a pas cru
« devoir mettre en balance la chose publique avec la
« vie d'un seul homme[4] ». Quinze à vingt députés,
entraînés par son exemple, ont voté comme lui, et cet
appoint a suffi pour déplacer la majorité[5]. — Même
faiblesse aux autres moments décisifs. Chargé de
dénoncer la conjuration du 10 mars, Vergniaud l'attribue
aux aristocrates et avoue à Louvet « qu'il n'a pas voulu
« nommer les vrais conspirateurs, de peur de trop
« aigrir des hommes violents et déjà portés à tous les

1. Mortimer-Ternaux, V, 476.
2. *Ib.*, V, 513.
3. Comte de Ségur, *Mémoires*, I, 13.
4. Harmand de la Meuse (membre de la Convention), *Anecdotes
relatives à la Révolution*, 83, 85.
5. Meissner, 148, *Voyage à Paris* (dernier mois de 1795). Témoignage du régicide Audrein.

« excès[1] ». Le fait est que les Girondins, comme jadis les constitutionnels, sont trop civilisés pour leurs adversaires et subissent la force, faute de se résoudre à l'employer.

« Subjuguer la faction, dit l'un d'eux[2], cela ne se
« pouvait faire qu'en l'égorgeant, ce qui peut-être
« n'était pas bien difficile. Tout Paris était aussi las que
« nous de son joug, et, si nous avions eu le goût et la
« science des insurrections, elle eût été bientôt détruite.
« Mais comment faire adopter des mesures aussi atroces
« à des hommes qui en reprochaient l'usage à leurs
« adversaires? Et cependant elles auraient sauvé la
« patrie. » Par suite, incapables d'agir, ne sachant que parler, réduits à protester, à barrer la voie aux décrets révolutionnaires, à faire appel aux départements contre Paris, ils apparaissent comme un obstacle aux gens pratiques et engagés de tout leur cœur dans le fort de l'action. — Sans doute, Carnot est aussi honnête qu'eux, aussi honnête « que peut l'être un fanatique « badaud[3] ». Sans doute, Cambon, non moins intègre que Roland, s'est prononcé aussi haut que Roland contre le 2 septembre, la Commune et l'anarchie[4]. — Mais, à Carnot et à Cambon qui passent leurs nuits, l'un à établir ses budgets, l'autre à étudier ses cartes,

1. Louvet, 75.
2. Meillan, 16.
3. Mot de M. Guizot (*Mémoires*, II, 73).
4. *Moniteur*, XIV. 432, séance du 10 novembre 1792. Discours de Cambon : « Voilà ce qui me fera toujours haïr le 2 septembre ; car « je n'approuverai jamais les assassinats. » Dans le même discours, il justifie les Girondins du reproche de fédéralisme.

il faut avant tout un gouvernement qui leur fournisse
des millions et des armées, partant une Convention
unanime et sans scrupules, c'est-à-dire, puisqu'il n'y a
pas d'autre expédient, une Convention contrainte, c'est-
à dire enfin une Convention purgée de ses orateurs
incommodes et dissidents[1], en d'autres termes la dictature de la populace parisienne. Dès le 15 décembre
1792, Cambon s'y est résigné, et même il a érigé le
terrorisme populacier en système européen; à partir de
cette date[2], il prêche la sans-culotterie universelle, un
régime qui, pour administrateurs, aura les pauvres et,
pour contribuables, les riches, bref le rétablissement
des privilèges en sens inverse; c'est que le futur mot de
Siéyès est déjà vrai : il ne s'agit plus d'appliquer les

1. *Le Maréchal Davout*, par Mme de Blocqueville. Lettre de Davout, chef de bataillon, 2 juin 1793 : « L'âme de Le Peletier est
« passée dans les nôtres; c'est assez vous dire quelles sont nos
« opinions et quelle sera notre conduite dans la crise où va peut-
« être nous plonger de nouveau *une faction qui cherche à mettre*
« *la guerre civile entre les départements et Paris...* Perfide élo-
« quence... Tartufes modérés. »

2. *Moniteur*, XIV, 758. Rapport de Cambon, 15 décembre, « sur
« la conduite à tenir par les généraux français dans les pays
« occupés par les armées de la république. » Cette pièce essentielle
est le vrai manifeste de la Révolution. — Buchez et Roux, XXVII,
140, séance du 20 mai, et XXVI, 177, séance du 27 avril, discours
de Cambon : « Le département de l'Hérault a dit à tel individu :
« Tu es riche, tu as une opinion qui nous occasionne des dépen-
« ses... Je veux t'enchaîner malgré toi à la révolution; je veux que
« tu prêtes ta fortune à la république, et, quand la liberté sera
« établie, la république te rendra tes capitaux. » — « Je voudrais
« donc qu'imitant le département de l'Hérault, la Convention ouvrît
« un emprunt civique d'un milliard qui serait rempli par les
« égoïstes et les indifférents. » — *Décret* du 20 mai, « rendu à la
« presque unanimité » : « Il y aura un emprunt forcé d'un mil-
« liard sur les citoyens riches. »

principes de la révolution, mais d'en sauver les hommes. Devant cette nécessité de plus en plus poignante, nombre de députés indécis suivent le courant, laissent faire les Montagnards et se détachent des Girondins.

Et, ce qui est plus grave, par delà toutes ces défections, la Gironde se manque à elle-même. Non seulement elle ne sait pas faire une ligue, être un corps; non seulement « la seule pensée d'une démarche collective « la révolte, chacun de ses membres voulant être indé- « pendant, se conduire à sa manière[1] », présenter sa motion sans prévenir les autres et voter à l'occasion contre son parti; mais de plus, par son principe abstrait, elle est d'accord avec ses adversaires, et, sur la pente fatale où ses instincts d'honneur et d'humanité la retiennent encore, ce dogme commun, comme un poids intérieur, la fait glisser de plus en plus bas, jusque dans l'abîme sans fond où l'État, selon la formule de Jean-Jacques, omnipotent, philosophe, anti-catholique, antichrétien, autoritaire, égalitaire, intolérant et propagandiste, confisque l'éducation, nivelle les fortunes, persécute l'Église, opprime la conscience, écrase l'individu et, par la force militaire, impose sa forme à l'étranger[2]. Au fond, sauf un excès de brutalité

---

1. Meillan, 100.

2. Discours de Ducos, 20 mars : « Il faut opter entre l'éduca- « tion domestique et la liberté. Tant que, par une éducation com- « mune, vous n'aurez pas rapproché le pauvre du riche, c'est en « vain que vos lois proclameront la *sainte Égalité*. » — Rabaut- Saint-Étienne : « Dans chaque canton, on érigera un temple na- « tional où, chaque dimanche, les officiers municipaux donneront « une leçon morale aux citoyens assemblés. Cette leçon sera tirée

et de précipitation, les Girondins, partis des mêmes principes que la Montagne, marchent vers le même but que la Montagne; c'est pourquoi le préjugé sectaire amollit en eux les répugnances morales; dans le secret de leur cœur, l'instinct révolutionnaire conspire avec leurs ennemis, et, en mainte occasion, ils se trahissent eux-mêmes. — Par ces défaillances diverses et multipliées, d'une part, la majorité diminue jusqu'à ne plus réunir que 279 voix contre 228[1]; d'autre part, à force de reculades, elle livre, un à un, aux assiégeants, tous les postes dominants de la citadelle publique, en sorte qu'au premier assaut elle n'aura plus qu'à fuir ou à crier merci.

IV

Elle s'est voté en principe une garde départementale, et, devant les protestations de la Montagne, elle n'a pas osé convertir son principe en fait. — Elle a été protégée pendant six mois et sauvée le 10 mars par l'assis-

« de livres approuvés par le corps législatif. Un catéchisme, aussi « simple que court, dressé par le corps législatif, sera enseigné, « et tout garçon devra le savoir par cœur. » — Sur les sentiments des Girondins à l'égard du christianisme, voyez vol. V, livre II, ch. III, et vol. VI, livre III, ch. III. — Sur les moyens d'égaliser les fortunes, articles de Rabaut-Saint-Étienne (Buchez et Roux, XXIII, 467). — *Ib.*, XXIV, 475 (7-11 mars), décret abolissant le droit de tester. — Condorcet, dans son *Tableau des progrès de l'esprit humain*, assigne aussi pour but à la société le nivellement des conditions. — Sur la propagande à l'étranger, lire le rapport de Cambon (15 décembre). Ce rapport passe à la presque unanimité, et Buzot l'aggrave par un amendement (*Moniteur*, XIV, 761).

1. Buchez et Roux, XXVII, 287, séance du 28 mai, vote sur le maintien de la commission des Douze.

tance spontanée, des fédérés provinciaux, et, loin d'organiser ces auxiliaires de passage en un corps permanent de défenseurs fidèles, elle les laisse disperser ou corrompre par Pache et les Jacobins. — Elle a décrété à plusieurs reprises la punition des fauteurs de septembre, et, sur leur pétition menaçante, elle ajourne indéfiniment les poursuites[1]. — Elle a mandé à sa barre Fournier, Lazowski, Desfieux et les autres meneurs qui, le 10 mars, ont voulu la jeter par les fenêtres, et, sur leur apologie impudente, elle les renvoie absous, libres et prêts à recommencer[2]. — Au ministère de la guerre, elle élève tour à tour deux Jacobins sournois, Pache et Bouchotte, qui ne cesseront de travailler contre elle. Au ministère de l'intérieur, elle laisse tomber Roland, son plus ferme appui, et nomme à sa place Garat, un idéologue, dont l'esprit, composé de généralités creuses, et le caractère, pétri de velléités contradictoires, s'effondrent en réticences, en mensonges, en demi-trahisons sous le poids de son office trop lourd. — Elle vote le meurtre du roi, ce qui met une mare de sang infranchissable entre elle et les gens honnêtes. — Elle lance la nation dans une guerre de principes[3] et provoque contre la France une ligue

1. *Moniteur*, XV, 395, séance du 8 février 1793.
2. *Décrets* des 13 et 14 mars.
3. Moore, II, 44 (octobre 1792). Danton déclare à la tribune que « la Convention doit être un comité d'insurrection contre tous les « rois de l'univers ». — Sur quoi Moore remarque que c'est déclarer la guerre à toute l'Europe, sauf la Suisse. — Mallet du Pan, *Considérations sur la Révolution de France*, 37 : « Dans une lettre dont « le hasard m'a procuré la connaissance, Brissot écrivait à l'un

européenne, ce qui, en ramenant sur la frontière les périls de septembre, établit en permanence le régime de septembre à l'intérieur. — Elle forge d'avance les pires instruments de la Terreur prochaine, par le décret qui institue le Tribunal révolutionnaire, avec Fouquier-Tinville comme accusateur public et l'obligation pour chaque juré de prononcer à haute voix son verdict[1]; par le décret qui condamne à la mort civile et à la confiscation des biens tout émigré « de l'un ou l'autre « sexe », même simple fugitif, même rentré depuis six mois[2]; par le décret qui met « hors la loi les aristo- « crates et les ennemis de la révolution[3] »; par le décret qui, dans chaque commune, établit une taxe sur les riches de la commune, afin de proportionner aux salaires le prix du pain[4]; par le décret qui soumet tout sac de grain à la déclaration et au maximum[5]; par le décret qui punit de six ans de fers la vente du numéraire[6]; par le décret qui ordonne « l'emprunt forcé « d'un milliard sur les riches[7] »; par le décret qui, dans

« de ses ministres-généraux, vers la fin de l'année passée : « Il « faut incendier les quatre coins de l'Europe, notre salut est là. »

1. Duvergier, *Collection des lois et décrets*. Décret du 10-12 mars, titre I, articles 4, 12, 13; titre II, articles 2, 3. Ajoutez-y le décret du 29-31 mars, établissant la peine de mort contre quiconque aura composé ou imprimé des écrits provoquant au rétablissement de la royauté.

2. *Ib.* Décret du 28 mars-5 avril (article 6). — Cf. les décrets du 18-22 mars et du 23-24 avril.

3. *Décret* du 27-30 mars.

4. *Décret* du 3-7 avril.

5. *Décret* du 4 mai.

6. *Décret* du 11-16 avril.

7. *Décret* du 20-25 mai.

chaque grande ville, lève une armée de sans-culottes
salariés « pour tenir les aristocrates sous leurs piques[1] » ;
enfin, par le décret qui, instituant le Comité de Salut
public[2], fabrique un moteur central pour manœuvrer à
toute vitesse toutes ces faux tranchantes à travers les
fortunes et les vies. — A ces engins de destruction
générale, elle en ajoute un, spécial, contre elle-même.
Non seulement elle fournit à ses rivaux de la Commune
les millions dont ils ont besoin pour solder leurs bandes ;
non seulement elle avance, sous forme de prêt, aux diverses sections[3] les centaines de mille francs dont elles
ont besoin pour abreuver leurs aboyeurs ; mais encore,
dans les derniers jours de mars, juste au moment où
elle vient d'échapper par hasard à la première invasion
jacobine, elle fait élire dans chaque section un comité
de surveillance, elle l'autorise à faire des visites domiciliaires et à désarmer les suspects[4] ; elle tolère qu'il
fasse des arrestations et qu'il impose des taxes nomina-
tives ; elle ordonne, pour lui faciliter ses opérations, que
la liste de tous les habitants de chaque maison, « avec
« leurs noms, prénoms, surnoms, âges et professions »,
soit affichée sur la porte et bien lisible[5] ; elle lui en fait
délivrer copie, elle la soumet à son contrôle. Pour
achever, elle s'y soumet elle-même, et, « sans avoir

1. *Décret* du 5-7 avril. Paroles de Danton au cours de la discussion.
2. *Décret* du 6-11 avril.
3. *Décrets* des 13, 16, 22, 23, 24, 25, 26, 29 mai et 1ᵉʳ juin.
4. *Décret* du 21-23 mars, et du 26-30 mars.
5. *Décret* du 29-31 mars.

« égard à l'inviolabilité d'un représentant de la nation
« française[1] », elle décide qu'en cas de dénonciation
politique ses propres membres pourront être mis en
accusation.

V

« Il me semble, écrit un observateur ironique[2], vous
« entendre dire à la faction : Tenez, nous avons des
« moyens, mais nous ne voulons pas en faire usage
« contre vous; il n'y aurait pas de cœur à vous atta-
« quer lorsque vous n'êtes pas en force. La force
« publique émane de deux principes, de l'autorité légale
« et de la force armée. Eh bien, nous allons d'abord
« créer des comités de surveillance dont nous vous
« établirons les chefs, parce que, avec cette verge, vous
« pourrez donner le fouet à toutes les personnes
« honnêtes de Paris et régler l'esprit public. Nous
« voulons faire plus, car le sacrifice ne serait pas com-
« plet : nous voulons vous faire présent de notre force
« armée, en vous autorisant à désarmer les gens qui
« vous seront suspects. Quant à nous, nous sommes
« prêts à vous rendre jusqu'à nos couteaux de poche[3];

1. *Décret* du 1-5 avril.
2. Schmidt, I, 232. Rapport de Dutard, 10 mai.
3. *Archives nationales*, F⁷, 2401 à 2505. Registres des délibérations des sections de Paris. — Beaucoup de ces registres commencent le 28 mars 1793 et contiennent les délibérations des comités révolutionnaires : par exemple, F⁷, 2475, section des Piques
ou de la place Vendôme. On voit par les procès-verbaux du
28 mars et des jours suivants qu'on enlève aux suspects jusqu'aux
moindres armes, cannes à épée, cannes à poignard, cannes à
à dard, épées de toilette à poignée d'acier ou d'argent.

« nous restons isolés avec nos vertus et nos talents.
« Mais prenez-y garde. Si, manquant à la reconnais-
« sance, vous osiez attenter à nos personnes sacrées,
« nous trouverions des vengeurs dans les départements.
« — Eh, que vous importe ce que pourront faire les
« départements déchaînés l'un contre l'autre, lorsque
« vous ne serez plus? » — Rien de plus exact que ce
résumé ni de mieux fondé que cette prédiction. Désormais, et en vertu des décrets de la Convention elle-
même, les Jacobins ont non seulement le pouvoir
exécutif tout entier, tel qu'on le rencontre dans les
pays civilisés, mais aussi le pouvoir discrétionnaire du
tyran antique ou du pacha moderne, cette main-forte
arbitraire qui, choisissant l'individu, s'abat sur lui pour
lui prendre ses armes, sa liberté et son argent. A partir
du 28 mars, on voit recommencer à Paris le régime
qui, institué le 10 août, s'est achevé par le 2 septembre.
Dès le matin, le rappel est battu; à midi, les barrières
sont fermées, les ponts et les passages interceptés, un
factionnaire est au coin de chaque rue, nul ne peut
« sortir des limites de sa section »; nul ne peut circu-
'er dans sa section sans montrer sa carte de civisme;
les maisons sont investies, nombre de personnes sont
arrêtées[1], et, pendant les deux mois qui suivent, l'opération se poursuit sous l'arbitraire des comités de surveillance. Or, dans presque toutes les sections, « ce
« sont des sans-culottes qui remplissent le comité »,

1. Buchez et Roux, XXV, 157. — *Archives nationales*, F⁷, 3294,
section de la Réunion, procès-verbal du 28 mars.

non pas des pères de famille, des hommes de quarante ans, des gens domiciliés depuis longtemps dans le quartier, mais « des étrangers ou des jeunes gens qui « cherchent à devenir quelque chose[1] », ambitieux subalternes, casse-cou ignorants, intrus despotiques, inquisiteurs novices, acharnés et ombrageux.

D'abord, désarmement des suspects. « Il suffit qu'un « citoyen soit dénoncé comme tel et que cette suspec- « tion soit à la connaissance du comité[2] », ou que sa carte civique lui soit délivrée depuis un mois seulement[3], pour qu'un délégué, avec dix hommes armés, vienne chez lui faire perquisition. Dans la seule section de la Réunion et dès le premier jour, on désarme ainsi 57 personnes dénoncées « pour fait d'incivisme ou « pour propos contraires à la république », non seulement des avoués, notaires, architectes et autres bourgeois notables, mais encore de petits commerçants ou

1. Schmidt, I, 223 (Dutard, 14 mai). — *Ib.*, 224 : « Si la Con- « vention laisse substituer à son autorité celle des comités de sur- « veillance, je ne lui en donne pas pour huit jours. » — Meillan, 111 : « Les agitateurs des sections étaient presque tous des « étrangers. » — *Archives nationales*, F7, 3294 et 3297, registre des délibérations des comités de surveillance de la section de la Réunion, et de la section des Droits-de-l'Homme. L'orthographe et le style indiquent la qualité des esprits et des éducations. Par exem- ple : « Le dit jour et an que deçus. » — « Orloger. » — « Lecture « d'une letres du comité de surté general de la convention qui « invite le comité à se transporter de suites chez le citoyen Louis « Féline rue Baubourg, a leffets de faire perquisition chez lui et « dans tout ces papiers, et que ceux qui paraitrons suspect lon y metes les selés. »

2. *Archives nationales*, F7, 3294, section de la Réunion, procès-verbal du 28 mars.

3. Buchez et Roux, XXV, 168. Arrêté de la Commune, 27 mars.

boutiquiers, chapeliers, teinturiers, serruriers, méca-
niciens, doreurs et limonadiers. Telle section, au mépris
de la loi, y ajoute en bloc les signataires de la pétition
des Huit Mille et de la pétition des Vingt Mille : « par
« ces manigances, dit un observateur[1], tous les fusils
« qui sont à Paris, au nombre de plus de cent mille,
« vont passer aux mains de la faction ». Il n'y en a plus,
même chez les armuriers, pour ses adversaires; car
par un arrêté de la Commune, « nul ne peut en acheter
« un, sans un certificat délivré par le comité de sur-
« veillance de sa section[2] ». — D'autre part, grâce à la
faculté d'accorder ou refuser les cartes de civisme,
chaque comité barre à son gré, de sa seule autorité, et
à tous les habitants de sa circonscription, non seulement la vie publique, mais encore la vie privée. A qui
n'obtient pas sa carte[3], impossible d'avoir un passeport
pour voyager, s'il est commerçant ; impossible de garder sa place, s'il est employé public, commis d'administration, avoué ou notaire; impossible de sortir de
Paris ou de rentrer tard. Si l'on se promène, c'est au
risque d'être arrêté et ramené entre deux fusiliers
devant le comité de la section; si l'on rentre chez soi,
c'est avec la chance d'être visité comme receleur de
prêtres ou de nobles. Un Parisien qui ouvre le matin

1. Schmidt, I, 223. Rapport de Dutard, 14 mai.
2. Buchez et Roux, XXV, 107. Arrêté du 27 mars. — XXVII, 157.
Arrêté du 20 mai.
3. *Archives nationales*, F⁷, 3294. Voir notamment les procès-
verbaux du mois d'avril. — Buchez et Roux, XXV, 149, et XXVI,
342 (arrêtés de la Commune, 27 mars et 2 mai).

ses fenêtres s'expose à voir sa maison cernée par une
escouade de carmagnoles, s'il n'a pas en poche le certificat indispensable[1]. Or, aux yeux d'un comité jacobin,
il n'y a de civisme que dans le jacobinisme, et l'on imagine s'il en délivre volontiers le brevet à des adversaires
ou même à des indifférents, par quels examens il les
fait passer, à quels interrogatoires il les soumet, combien d'allées, de venues, de sollicitations, de compa-
rutions et d'attentes il leur impose, avec quelle persistance il atermoie, avec quel plaisir il refuse. Buzot
s'est présenté quatre fois au comité des Quatre-Nations
pour obtenir une carte à son domestique, et n'a pu en
venir à bout[2]. — Autre expédient plus efficace encore
pour tenir les malveillants en bride. Dans chaque section, c'est le comité qui, avec l'aide d'un membre de la
Commune[3], désigne les réquisitionnaires pour l'expédition de Vendée, et il les désigne, nominativement, un à

1. Buchez et Roux, XXVI, 402 (article du *Patriote français*,
8 mai) : « Les arrestations se sont multipliées ces jours derniers,
« à un point effrayant. La mairie regorgeait de prisonniers, et on
« ne peut se faire une idée de l'insolence et de la dureté avec
« lesquelles on traitait les citoyens. On n'y parlait que d'égorger,
« que de faire une Saint-Barthélemy. » — Meillan, 55 : « Quel-
« qu'un dans une assemblée ou seulement dans un cercle lais-
« sait-il percer une opinion qui ne fût pas conforme aux vues de
« la municipalité, il était sûr d'être arrêté la nuit suivante. » —
Gouverneur Morris, 29 mars 1793 : « Hier je fus arrêté dans la rue
« et conduit à la section de la Butte-des-Moulins... Des hommes
« armés sont venus dans ma maison hier. » — Réponse du ministre Lebrun, 3 avril : « Les visites domiciliaires étaient une
« mesure générale dont aucune maison à Paris n'était exempte. »
2. Buchez et Roux, XXVI, 284. Discours de Buzot, séance du
8 mai.
3. *Ib.*, XXVI, 332. Arrêté de la Commune, 1er mai.

un, à son choix : cela purgera Paris de douze mille anti-jacobins et pacifiera les assemblées de section où les opposants sont parfois incommodes. A cet effet, le comité choisira d'abord et de préférence parmi les clercs de notaire et d'avoué, les commis de banque, de négoce et d'administration, les garçons marchands, les garçons de bureau, bref parmi les célibataires de la bourgeoisie et de la demi-bourgeoisie; il y en a plus de vingt-cinq mille à Paris[1]; d'après l'arrêté on en prendra un sur deux, sans doute le plus mal noté, ce qui clora la bouche à l'autre, et l'empêchera de mal parler dans sa section[2].

Tandis qu'une main tient ainsi l'homme au collet, l'autre main fouille dans ses poches. Dans chaque section, le comité de surveillance, toujours assisté par un membre de la Commune[3], désigne les gens aisés,

1. Schmidt, I, 216. Rapport de Dutard, 13 mai.

2. *Ib.*, I, 501 (Dutard, 25 mai) : « Dans nos sections, les meil-« leurs citoyens ont encore peur d'être emprisonnés ou désarmés; « on n'y parle qu'à contre-cœur. » — Même calcul des révolution-naires à Lyon (*Archives nationales*, AF, II, 43). Lettre des admi-nistrateurs du département du Rhône aux représentants du peuple, 4 juin 1793. Le comité révolutionnaire « désigna, pour aller en « Vendée, les citoyens les plus aisés ou ceux que la haine avait « marqués, tandis qu'on admettait des inscriptions conditionnelles « pour rester dans le département uniquement en faveur de ceux « intéressés à la désorganisation ». — Cf. Guillon de Montléon, I, 255.

3. Buchez et Roux, XXVI, 399. Arrêté de la Commune, 3 mai, sur l'emprunt forcé de 12 millions, article 6 : « Les comités ré-« volutionnaires recevront les rôles des contributions pour leur « servir seulement de renseignements, sans qu'ils soient tenus de « les prendre pour bases. » — Article 14 : « Les meubles et im-« meubles de ceux qui n'auront point satisfait à la réquisition

évalue leur revenu à son gré ou d'après la commune renommée, et leur envoie l'ordre de payer tant, à proportion de leur superflu, selon une taxe progressive. Le nécessaire admis est de 1500 francs par an pour un chef de famille, outre 1000 francs pour sa femme et 1000 francs pour chacun de ses enfants; si l'excédent est de 15000 à 20000 francs, on en requiert 5000; s'il est de 40000 à 50000 francs, on en requiert 20000; en aucun cas, le superflu conservé ne pourra être au-dessus de 50000; tout ce qui dépasse ce chiffre est acquis à l'État. De cette contribution subite, on exige le premier tiers dans les quarante-huit heures, le second tiers dans la quinzaine, le dernier tiers dans le mois, et sous des peines graves. Tant pis pour l'imposé si la taxe est exagérée, si son revenu est aléatoire ou imaginaire, si ses rentrées sont futures, s'il ne peut se procurer d'argent comptant, si, comme Francœur, entrepreneur de l'Opéra, « il n'a que des dettes ». — « En cas « de refus, lui écrit le comité de la section Bon-Conseil, « tes meubles et immeubles seront vendus par le « comité révolutionnaire, et ta personne sera déclarée « suspecte[1]. » — Encore n'est-ce là qu'un acompte :

« patriotique seront saisis et vendus sur la poursuite des comités
« révolutionnaires, et leurs personnes déclarées suspectes. »
1. Buchez et Roux, XXVII, 17 (*Patriote français*, n° du 14 mai). Francœur est taxé à 5600 livres. — Même opération à Lyon (Balleydier, 174, et Guillon de Montléon, I, 238). La taxe autorisée par les commissaires de la Convention était de 6 millions; le comité révolutionnaire en perçoit 30 à 40, par mandats impératifs, payables dans les vingt-quatre heures (13 et 14 mai). Plusieurs personnes sont taxées à 80000, à 100000 livres, et le texte de la réquisition porte les traces d'une hostilité ironique.

« Le comité veut bien en ce moment n'exiger qu'une
« portion de ton superflu »; le demeurant sera saisi
plus tard. Déjà, à la tribune des Jacobins, le banque-
routier Desfieux[1] estime à 640 millions la fortune des
100 plus riches notaires et financiers de Paris; la liste
de leurs noms a été envoyée par la municipalité aux
sections, afin d'être complétée; à ne leur prendre qu'un
dixième, cela ferait 64 millions, et ces grosses « épon-
ges », vigoureusement pressées, pourront dégorger bien
davantage. « Il ne faut pas, dit Robespierre, que le plus
« riche des Français ait plus de 3000 livres de
« rente[2]. » Avec les contributions des « messieurs »,
on armera les sans-culottes, « on payera les artisans
« pour assister aux assemblées de section, on nourrira
« les ouvriers sans ouvrage[3] ». Déjà, par la vertu souveraine des réquisitions sommaires, tout est en proie :
on saisit à l'écurie les chevaux de luxe, et l'on va
prendre sous la remise, chez de vieilles dames, la plu-

1. Buchez et Roux, XXVI, 463, séance des Jacobins, 11 mai.
2. Meillan, 17.
3. Buchez et Roux, XXVI, 463, séance des Jacobins, 11 mai.
Discours d'Hassenfratz. — *Ib.*, 455, séance des Jacobins, 10 mai.
Discours de Robespierre : « Tous les riches font des vœux pour la
« contre-révolution ; il n'y a que les hommes gueux, il n'y a que
« le peuple qui puisse sauver la patrie. » — *Ib.*, 453, N.... : « Il
« faut former dans chaque département des bataillons révolution-
« naires entretenus aux dépens des riches, qui n'ont pas de cou-
« rage. » — *Ib.*, XXVII, 517. Pétition du faubourg Saint-Antoine,
11 mai. — Schmidt, I, 315. Rapport de Dutard, 23 mai : « Les
« faubourgs ne se recrutent pas, parce qu'ils savent qu'ils sont
« plus nécessaires ici que dans la Vendée. Ils laissent les autres
« plus riches aller à la guerre. Ils veillent ici, et ne comptent sur
« personne comme sur eux pour garder Paris. »

part veuves, les dernières berlines ou voitures de maître qu'il y ait encore à Paris[1]. — Avec de tels pouvoirs ainsi maniés, la section exploite l'envie enracinée et l'antique animosité du pauvre contre le riche[2]; elle s'attache à demeure les nécessiteux et les vagabonds, et, grâce aux bras vigoureux de sa clientèle active, elle achève de briser les résistances débiles, passagères, mal concertées que la Convention nationale et la population parisienne opposent encore à sa domination.

Le 13 avril, Marat, accusé depuis trois mois et de jour en jour plus audacieusement incendiaire, a été enfin décrété d'accusation par la majorité indignée[3], et, le 24, il comparaît devant le tribunal révolutionnaire. Mais le tribunal révolutionnaire, comme tous les corps nouvellement institués, est composé de Jacobins purs, et d'ailleurs le parti a pris ses précautions. Pour cortège à l'audience, Marat a « les commissaires munici- « paux, les envoyés de plusieurs sections, les délégués « de toutes les sociétés patriotiques »; en outre, « une

---

1. *Archives nationales*, F⁷, 2494, section de la Réunion, procès-verbaux des 15 et 16 mai. — Buchez et Roux, XXX, 167, arrêté de la Commune, 27 mars.

2. Schmidt, I, 327. Rapport de Perrière, 28 mai : « Notre « groupe lui-même paraissait n'obéir qu'à cette antique haine du « pauvre contre le riche. Il faudrait être bien inepte observateur « pour ne pas s'apercevoir, à mille symptômes, que ces deux en- « nemis naturels sont rangés en bataille et n'attendent plus que « le signal ou l'occasion. »

3. Buchez et Roux, XXV, 460. Les écrits visés par l'accusation sont les numéros du 5 janvier et du 25 février du journal de Marat. La pièce qui provoque le décret est son *Adresse à la Convention nationale*; *ib.*, 446 et 450.

« multitude de bons patriotes » ont d'avance occupé la
salle; « dès le matin, les autres salles du Palais, les
« corridors, les cours, les rues adjacentes », regorgent
de « sans-culottes *prêts à venger les outrages qui pour-*
« *raient être faits à leur fidèle défenseur*[1] ». Naturellement, avec son infatuation souveraine, il parle, non en
accusé, mais « en apôtre et en martyr », il est couvert
d'applaudissements, il est absous à l'unanimité, on le
couronne de lauriers, on le porte en triomphe jusque
dans la Convention; il y entonne un chant de victoire,
et la majorité girondine est tenue de subir sa présence
en attendant qu'elle subisse ses proscriptions. — Aussi
impuissants que les modérés du corps législatif, les
modérés de la rue ne se redressent que pour être
rabattus par terre. Le 4 et le 5 mai, deux bandes de
cinq ou six cents jeunes gens, bien vêtus et sans
armes, se sont formées aux Champs-Élysées et au
Luxembourg, afin de protester contre l'arrêté de la
Commune qui les choisit pour l'expédition de Vendée[2];
ils crient : *Vive la république! Vive la loi! A bas les
anarchistes! Au diable Marat, Danton, Robespierre!*
Naturellement, la garde soldée de Santerre disperse
ces muscadins; on en arrête un millier, et dorénavant les autres s'abstiendront de toute manifestation

1. Buchez et Roux, XXVI, 149. — *Ib.*, récit de Marat, 114. Bulletin
du tribunal révolutionnaire. — *Ib.*, 142, séance de la Convention.
   2. *Ib.*, XXVI, 558, article de la *Chronique de Paris*, 556, article
de Marat. — Schmidt, I, 184. Rapport de Dutard, 5 mai. — Paris,
Histoire de Joseph Lebon, I, 81. Lettre de Robespierre jeune,
7 mai.

bruyante sur la voie publique. Alors, faute de mieux, on les voit à plusieurs reprises, surtout dans les premiers jours de mai, revenir aux assemblées de section; ils s'y trouvent en majorité et prennent des délibérations contre la tyrannie jacobine : à la section Bon-Conseil, aux sections de Marseille et de l'Unité, Lhuillier est hué, Marat menacé, Chaumette dénoncé[1]. — Mais ce n'est là qu'un feu de paille; pour dominer à demeure dans ces assemblées permanentes, il faudrait que les modérés, comme les sans-culottes, fussent assidus et prêts à faire le coup de poing tous les soirs. Par malheur, les jeunes gens de 1793 n'ont pas encore l'expérience douloureuse, la rancune profonde, la rudesse athlétique qui les soutiendra en 1795. « Après « une soirée où presque partout les chaises ont été « cassées[2] » sur le dos des contendants, ils faiblissent, ils ne reviennent plus, et, au bout de quinze jours, les tape-dur de profession triomphent sur toute la ligne. — Pour mieux terrasser les résistances, les assommeurs se sont ligués par un acte exprès, et vont, de section en

1. Buchez et Roux, XXV, 240 et 246. Protestations de la section du Mail, du corps électoral, des sections de l'Arsenal, du Marais, des Gravilliers et des Arcis. (Convention, séance du 2 avril ; Commune, séance du 2 avril.) — XXVI, 358. Protestations des sections Bon-Conseil et de l'Unité (5 mai). — XXVII, 71. Défaite des anarchistes dans la section de la Butte-des-Moulins. « Un grand nombre « de sections manifestent hautement l'intention de terrasser « l'anarchie. » (Patriote français, 15 mai). — Ib., 137. Protestation des sections du Panthéon-Français, des Piques, du Mail et de plusieurs autres (Patriote français, 19 mai). — Ib., 175. Protestation de la section de la Fraternité (séance de la Convention, 23 mai).

2. Schmidt, I, 189 (Dutard, 6 mai).

section, au secours les uns des autres[1]. Sous le nom de députation ou sous prétexte d'empêcher les troubles, une troupe de gaillards solides, envoyée par la section voisine, arrive dans la salle et, subitement, y change la minorité en majorité, ou, à force de vociférations, maîtrise le vote. Parfois, à l'heure tardive où la salle est presque vide, ils se déclarent assemblée générale, et, au nombre de quinze ou vingt, rétractent la délibération du jour. D'autres fois, comme par la municipalité ils ont la police, ils appellent à leur aide la force armée et obligent les récalcitrants à déguerpir. Et, comme il faut des exemples pour imposer le silence

1. Mortimer-Ternaux, VII, 218. Procès-verbal de la réunion des deux sections des Lombards et Bon-Conseil (12 avril), « par lequel « les deux dites sections se sont promis et juré union, aide, fra- « ternité et assistance dans le cas où l'aristocratie voudrait « anéantir la liberté. » — « En conséquence, dit la section Bon- « Conseil, il s'est présenté une quantité de citoyens de la section « des Lombards, justement alarmés du trouble occasionné par des « malveillants, pour nous porter aide et assistance. » — Adhésion de la section des Amis-de-la-Patrie. — Buchez et Roux, XXVII, 158 (article du *Patriote français*, 19 mai) : « Ce brigandage s'ap- « pelle *assemblée des sections réunies.* » — *Ib.*, 256, 26 mai, séance de la Commune. « Des députations des sections de Mon- « treuil, des Quinze-Vingts, des Droits-de-l'Homme sont venues au « secours des patriotes de l'Arsenal ; les aristocrates ont pris la « fuite, en abandonnant leurs chapeaux. » — Schmidt, I, 213, 315. (Dutard, 15 et 27 mai.) Violence contre les modérés dans les sec- tions Bon-Conseil et de l'Arsenal : « coups de chaise donnés, plu- « sieurs personnes blessées, un capitaine emporté dans un fau- « teuil ; les saute-ruisseau, les courtauds de boutique, avaient fui, « les sans-culottes étaient restés maîtres. » — Meillan, 111. — Bu- chez et Roux, XXVII, 237, séance des Jacobins, 26 mai : « Dans la « section de la Butte-des-Moulins, les patriotes, voyant qu'ils « n'étaient pas en force, ont pris des chaises et ont chassé les aris- « tocrates. »

définitif, les quinze ou vingt, qui se sont érigés eux-
mêmes en assemblée plénière, les cinq ou six, qui
forment le comité de surveillance, décernent des mandats d'arrêt contre les plus notables des opposants.
Dans les prisons municipales, le vice-président de la
section Bon-Conseil, le juge de paix de la section de
l'Unité, apprennent qu'il est périlleux de présenter à la
Convention une adresse contre les anarchistes ou de
signer une délibération contre Chaumette[1]. — Vers la
fin de mai, dans les assemblées de section, personne
n'ose plus ouvrir la bouche contre une motion jacobine;
souvent même, il n'y a pour assistants que des Jacobins; par exemple, aux Gravilliers, ils ont chassé tout
ce qui n'était pas de leur bande, et désormais aucun
« intrigant[2] » n'a l'imprudence de s'y présenter. —
Devenus le peuple délibérant et munis de pleins pouvoirs pour désarmer, mettre à l'index, destituer, taxer,
déporter à l'armée, tenir en prison quiconque leur porte
ombrage, ils peuvent maintenant, avec la municipalité
pour complice et pour guide, tourner contre la Convention les armes qu'ils ont reçues d'elle, attaquer les Girondins dans leur dernier asile et s'emparer du seul fort
qu'on ne leur ait pas encore rendu.

1. Buchez et Roux, XXVII, 78, sur le juge de paix Roux, enlevé
de nuit et emprisonné le 16 avril. — Mortimer-Ternaux, III, 220,
sur le vice-président Sagnier, 10 mai. — Buchez et Roux, XXVII,
251, 26 mai, sur cinq citoyens de la section de l'Unité arrêtés par
le comité révolutionnaire de la section, « pour avoir parlé contre
Robespierre et Marat ».

2. Buchez et Roux, XXVII, 154. Discours de Léonard Bourdon aux
Jacobins, 20 mai.

VI

Pour cela, ils n'ont qu'à faire dans toutes les sections
à la fois ce qu'ils ont coutume de faire dans chaque
section prise à part : substitués ainsi par force et par
fraude au peuple véritable, ils pourront dresser devant
la Convention le fantôme de la réprobation populaire. —
De la municipalité qui siège à l'Hôtel de Ville et du
conciliabule central qui se tient à l'Évêché partent des
émissaires qui, au même instant, présentent la même
adresse dans toutes les sections de Paris[1] : « Voici une
« pétition qu'il faut signer. — Lisez-la. — Inutile, elle
« est déjà adoptée par la majorité des sections. » —
« Ce mensonge réussit auprès de quelques-unes, où
« plusieurs signent de bonne foi, sans lire. Dans plu-
« sieurs, on lit et on refuse de signer ; dans d'autres,
« on lit et l'on se contente de passer à l'ordre du jour.
« Qu'arrive-t-il ? Les intrigants et les meneurs demeu-
« rent, jusqu'à ce que les bons citoyens se soient
« retirés ; alors, maîtres de la délibération, ils dé-
« cident qu'il faut signer la pétition, et ils la signent.
« Le lendemain, quand les citoyens arrivent à la sec-
« tion, on leur présente la pétition à signer, et on se

---

1. Buchez et Roux, XXVI, 3. Adresse rédigée par les commissaires des 48 sections, approuvée par 35 sections et par la Commune, et présentée à la Convention, le 15 avril. — Elle a été pré-
cédée de plusieurs autres, lancées comme ballons d'essai. — *Ib.*,
XXV, 319. Pétition de la section Bon-Conseil, 8 avril. — XXV, 320.
Pétition de la section de la Halle-au-Blé, 10 avril.

« prévaut contre eux de la délibération prise la veille.
« S'ils veulent faire quelques observations, on leur
« répond par ces mots terribles : « Signez, ou point de
« certificat de civisme ». — Et, comme sanction à cette
« menace, plusieurs sections, où règnent en maîtres les
« rédacteurs des listes de proscription, décident que
« l'on changera les cartes de civisme et refusent d'en
« accorder de nouvelles à ceux qui ne veulent pas signer
« la pétition. On ne s'en tient pas à ces manœuvres : on
« aposte dans les rues des hommes armés de piques
« pour forcer les passants à signer[1]. » — Tout le poids
de l'autorité municipale a été publiquement jeté dans la
balance. « Des commissaires [de la Commune, accom-
« pagnés de secrétaires municipaux avec tables, encre,
« papiers et registres, se promènent dans Paris, au son

1. Buchez et Roux, XXVI, 83. Discours de Vergniaud à la Convention, séance du 20 avril : « Tous ces faits sont notoires, il n'y a
« personne qui puisse les contredire ; ils seraient attestés par plus
» de 10000 témoins. » — Mêmes procédés à Lyon, le 13 janvier 1793, pour faire signer une pétition contre l'appel au peuple.
(Guillon de Montléon, I, 145, 155.) Le procès-verbal des Jacobins
prétend que la pétition a recueilli 40215 signatures : « La pétition
« fut d'abord signée par deux cents clubistes environ qui se
« disaient le peuple... Ils ont répandu dans le peuple que tous
« ceux qui ne signeraient pas cette adresse seraient notés sur une
« liste noire ou de proscription. De là, ils sont allés placer des
« banques dans toutes les places publiques, prenant par le bras
« tous ceux qui se présentaient pour les forcer à signer. Cette
« démarche n'ayant pas été fructueuse, ils ont fait signer des en-
« fants de six à sept ans, des femmes, des gens de campagne
« illettrés. » On leur disait que cela ferait baisser le prix du pain...
« Je vous jure que cette adresse est le fruit de cent personnes au
« plus ; la très grande majorité des citoyens de Lyon désirent jouir
« de leur souveraineté pour juger Louis. » (Lettre de David, de
Lyon, au président de la Convention, 16 janvier.)

« d'un tambour d'alarme, et précédés d'une milice. »
De temps en temps, ils font « une halte solennelle »,
et déclament contre Brissot, Vergniaud, Guadet, puis
« ils demandent et recueillent des signatures [1] ». —
Ainsi extorquée et portée à la Convention par le maire,
au nom du conseil général de la Commune et de trente-
cinq sections, la pétition impérieuse dénonce vingt-deux
Girondins comme traîtres et réclame insolemment leur
expulsion. — Un autre jour, il se trouve qu'une som-
mation pareille et présentée de même au nom des quarante-huit sections n'est autorisée que par treize ou
quatorze [2]. — Parfois la parade politique est plus impudente encore. De prétendus députés du faubourg
Saint-Antoine viennent signifier à la Convention le programme révolutionnaire. « Si vous ne l'adoptez pas,
« disent-ils, nous déclarons que nous sommes en état
« d'insurrection ; 40 000 hommes sont à la porte [3]. » Le
fait est « qu'une cinquantaine de bandits, à peine
« connus dans le faubourg », et conduits par un ci-
devant tapissier devenu commissaire de police, ont
« ramassé sur leur route tout ce qu'ils ont trouvé dans
« les ateliers et dans les boutiques », et que la multitude, entassée sur la place Vendôme, ne sait pas ce
qu'ils viennent dire en son nom [4]. — Si factice que soit

1. *Fragment*, par Lanjuinais (dans les Mémoires de Durand de
Maillane, 297).
2. Meillan, 113.
3. Buchez et Roux, XXVI, 319 (12 mai). — Meillan, 113.
4. Buchez et Roux, XXVI, 327. La foule avertie finit par envoyer
de nouveaux députés qui disent des premiers : « Nous les désa-
« vouons ».

le tumulte, il est utile d'en faire; cela montre à la Convention son maître, et cela prépare les voies pour une invasion plus efficace. Le jour où Marat a été absous, toute sa « crapaudière », mâle et femelle, est venue avec lui; sous prétexte de défiler devant la Convention, elle a envahi la salle, elle s'est répandue sur les gradins, et, soutenue par les galeries, au milieu d'une tempête d'applaudissements et de clameurs, elle a installé de nouveau à la tribune le promoteur attitré de l'insurrection, du pillage et de l'assassinat[1]. — Pourtant, si énergique et si persistante que soit l'obsession, la Convention, qui cède sur tant de points, ne consent pas à se mutiler elle-même. Elle déclare calomnieuse la pétition présentée contre les Vingt-Deux; elle institue une commission extraordinaire de douze membres pour rechercher dans les papiers de la Commune et des sections les preuves légales de la conspiration permanente que les Jacobins trament à ciel ouvert contre la représentation nationale; le maire Pache est mandé à la barre; des mandats d'arrêt sont lancés contre Hébert, Dobsent et Varlet. — Puisque les manifestations de la volonté populaire n'ont pas suffi et que la Convention, au lieu d'obéir, se rebelle, il ne reste plus à employer que la force.

« Depuis le 10 mars, dit Vergniaud à la tribune[2], on ne « cesse de provoquer publiquement au meurtre contre « vous. » — « Ce moment est terrible, écrit le 12 mai

1. Buchez et Roux, XXVI, 143.
2. *Ib.*, XXVII, 175, 23 mai.

un observateur[1], et ressemble beaucoup à ceux qui
« ont préparé le 2 septembre ». — Le même soir, aux
Jacobins, un membre propose « d'exterminer tous les
« scélérats avant de partir ». — « J'ai étudié la Conven-
« tion, dit-il[2]; elle est composée en partie de scélérats
« dont il faut faire justice. Il faut que tous les partisans
« de Dumouriez et tous les conspirateurs périssent; il
« faut tirer le canon d'alarme et fermer les barrières. »
Le lendemain matin, « les murs de Paris sont tapissés
« d'affiches » invitant les Parisiens « à se hâter d'égor-
« ger les hommes d'État[3] ». — « Il faut en finir », c'est
le mot des sans-culottes. — La semaine suivante, aux
Jacobins comme partout, « l'insurrection instantanée
« est à l'ordre du jour.... Ce que nous appelions autre-
« fois le saint enthousiasme de la liberté, du patrio-
« tisme, est métamorphosé en une fureur qui fait écla-
« ter un peuple enragé et qu'il n'est plus possible de
« régler, de discipliner que par la force. Il n'y a aucun
« de ces malheureux qui ne consentit à la contre-révo-
« lution, à condition qu'on lui laisserait écraser sous
« ses doigts, sous ses pieds, ceux des noirs qui sont
« le plus notés[4].... Conclusion : le jour, l'heure, le
« moment où l'insurrection aura lieu sera sans doute
« celui où la faction croira pouvoir utilement et sans

1. Schmidt, I, 212. Rapport de Dutard, 13 mai. — *Ib.*, I, 218 :
« Il y a véritablement un projet, et plusieurs têtes sont marquées. »
(Terrasson, 13 mai.)

2. Buchez et Roux, XXVII, 9. Récit de Guadet à la Convention,
14 mai.

3. Buchez et Roux, XXVII, 2. (*Patriote français*, 13 mai.)

4. Schmidt, I. 242. Rapport de Dutard, 18 mai. — *Ib.*, 245

« risque mettre en jeu tous les brigands de Paris[1], » et à la mairie, à l'Évêché, aux Jacobins, les énergumènes de bas étage arrangent déjà le plan du massacre[2].

On choisira une maison isolée, avec trois pièces au rez-de-chaussée, en enfilade, et une petite cour par derrière; on enlèvera de nuit les vingt-deux Girondins, et on les mènera dans cet abattoir préparé d'avance; on les poussera tour à tour dans la dernière pièce; là on les tuera, puis on jettera leurs corps dans une fosse creusée au milieu de la cour, on versera dessus de la chaux vive; ensuite on les supposera émigrés et, pour prouver le fait, on imprimera des correspondances fausses[3]. Un membre du comité municipal de police déclare que l'opération est facile : « Nous les septembri-« serons, non pas nous-mêmes, mais nous avons des « hommes tout prêts que nous payerons bien. » — Nulle objection de la part des Montagnards présents, Léonard Bourdon et Legendre; celui-ci remarque seulement qu'on ne doit pas toucher aux Girondins dans la Convention; hors de la Convention, « ce ne sont que des scélérats

1. Schmidt, I, 254. Rapport de Dutard, 19 mai.
2. Bergoeing, Chatry, Duboscq, *Pièces recueillies par la commission des Douze et publiées à Caen, le 28 juin* 1793. (Dans les *Mémoires* de Meillan (176 à 198) : Au reste, les tentatives de meurtre avaient déjà commencé. « Lanjuinais a failli être assas-« siné; plusieurs députés ont été insultés et menacés. La force « armée est d'accord avec les malveillants; ainsi nous sommes « sans aucun moyen de répression. » — (Mortimer-Ternaux, VII, 562, lettre du député Michel à ses commettants, 20 mai.)
3. Bergoeing, *Pièces*, etc. — Meillan, 39 et 40. — Les dépositions sont toutes faites par des témoins oculaires. Les propositions de massacre ont été faites à l'assemblée de la mairie, les 19, 20 et 21 mai, aux Cordeliers, les 22 et 23 mai

« dont la mort sauverait la république », et l'acte est licite ; il verrait « périr à côté d'eux tous les coquins du « côté noir, sans s'opposer à leur destruction ». — Plusieurs, au lieu de vingt-deux députés, en demandent trente ou trente-deux, et quelques-uns trois cents ; on y adjoindra les suspects de chaque section, et dix ou douze listes de proscrits sont déjà faites. Par une rafle générale, exécutée la même nuit, à la même heure, on les conduira aux Carmes près du Luxembourg, et, « si le « local est insuffisant, » à Bicêtre ; là « on les fera dis- « paraître de la surface du globe[1] ». Certains meneurs

1. Mêmes projets d'extermination par les Jacobins à Lyon. (Guillon de Montléon, I, 248.) Châlier disait au Club : « Trois cents têtes « marquées ne nous manqueront pas. Allons nous emparer des « membres du département, des présidents et des secrétaires des « sections ; faisons-en un faisceau que nous mettrons sous la « guillotine, et nous nous laverons les mains dans leur sang. » Là-dessus, dans la nuit du 28 au 29 mai, la municipalité révolutionnaire s'empare de l'arsenal et garnit de canons l'Hôtel de ville. Mais les sections de Lyon, plus énergiques que celles de Paris, prennent les armes, et, après un combat terrible, s'emparent de l'Hôtel de ville. — La différence morale des deux partis est très bien marquée dans les lettres de Gonchon. (*Archives nationales*, AF, II, 43. Lettres de Gonchon à Garat, 31 mai, 1er et 3 juin) : « Rassurez bien la Convention ; qu'elle n'ait aucune crainte. Les « citoyens de Lyon se sont couverts de gloire ; ils ont montré le « plus grand courage dans tous les combats qui ont eu lieu dans « les différents quartiers de la ville, et la plus grande générosité « envers leurs ennemis qui se sont conduits comme des scélé- « rats. » — La municipalité avait envoyé un trompette avec drapeau comme pour parlementer, puis, tout d'un coup, en trahison, avait foudroyé de ses canons la colonne des sectionnaires et jeté les blessés dans la rivière : « Les citoyens de Lyon qu'on a tant « calomniés auront donné les premiers l'exemple du caractère « d'un vrai républicain ; parcourez l'histoire des révolutions et « trouvez-moi un exemple pareil : étant victorieux, ne pas faire « répandre une goutte de sang. » Ils ont soigné les blessés, sous-

voudraient confier l'épuration de Paris à la sagacité de l'instinct populaire. « En phrases coupées et non déter-« minées, » ils disent au peuple : « Lève-toi et agis d'a-« près les mouvements de ton âme, puisque je ne puis « te donner des conseils qui feraient fuir ceux que tu « dois frapper. » Au contraire, Varlet propose un projet de salut public, très précis et complet, en quinze arti-cles : « enlever les députés de la Plaine et autres députés « de l'Assemblée constituante et législative, tous les « nobles, prêtres, robins, etc. ; exterminer toute cette « race et les Bourbons, avec suppression entière des « ministres. » De son côté, Hébert, parlant des Giron-dins, écrit dans sa gazette que « la dernière heure de « leur mort va sonner », et que, « lorsque leur sang « impur sera versé, les aboyeurs de l'aristocratie rentre-« ront dans leurs caves, comme au 10 août. » — Naturel-lement, les tueurs de profession sont avertis. Un certain Laforêt, fripier au quai du Louvre, qui, avec sa femme, s'est déjà distingué au 2 septembre, calcule « qu'ils sont « à Paris six mille sans-culottes prêts à massacrer, au « premier signal, les mauvais députés et huit mille pé-« titionnaires », sans doute les pétitionnaires qui, dans plusieurs sections, ont signé des adresses à la Conven-tion contre la Commune. — Un autre septembriseur[1],

crit pour les veuves et les enfants des morts sans acception de parti. — Cf. Lauvergne, *Histoire du Var*, 175. Même spectacle à Toulon (insurrection des modérés, 12 et 13 juillet 1703). — A Toulon comme à Lyon, il n'y a eu aucun meurtre après la victoire, mais seulement jugement régulier, puis exécution de deux ou trois assassins dont les crimes furent légalement prouvés.

1. Schmidt, I, 335. Rapport de Perrière, 29 mai.

commandant du bataillon du Jardin-des-Plantes, Henriot, rencontrant des ouvriers du port, leur dit de sa voix rauque : « Bonjour, camarades; nous aurons bientôt « besoin de vous, et pour un meilleur ouvrage; ce n'est « pas du bois, ce sont des cadavres que vous transpor- « terez dans votre tombereau. — Eh bien, eh bien, c'est « bon, répond un manœuvre, d'un ton demi-ivre; nous « ferons comme nous avons déjà fait le 2 septembre; « cela nous fera gagner des sous. » — « On fabrique « des poignards chez Cheynard, maître serrurier, ma- « chiniste de la Monnaie..., et les femmes des tribunes « en ont déjà reçu deux cents. » — Enfin, le 29 mai, aux Jacobins[1], Hébert propose « de courir sus aux membres « de la commission des Douze », et un autre Jacobin dé- clare que « ceux qui ont usurpé le pouvoir dictatorial », entendez par là les Girondins, « sont hors de la loi ».

Tout cela est excessif, maladroit, inutile, dangereux, ou du moins prématuré, et les chefs de la Montagne, Danton, Robespierre, Marat lui-même, mieux informés et moins bornés, comprennent qu'un massacre brut ré- volterait les départements déjà à demi soulevés[2]. Il ne faut pas casser l'instrument législatif, mais l'employer : on se servira de lui pour pratiquer sur lui la mutilation

---

1. Bergoeing, *Pièces*, etc., 195. — Buchez et Roux, XXVII, 296.

2. L'insurrection de Lyon est du 29 mai. Le 2 juin, on annonce à la Convention que l'armée des insurgés de la Lozère, forte de plus de 30 000 hommes, s'est emparée de Marvejols et va prendre Mende (Buchez et Roux, XXVII, 587). — Adresse menaçante de Bordeaux (14 mai) et des trente-deux sections de Marseille (25 mai) contre les Jacobins (Buchez et Roux, XXVII, 3 et 214). — Cf. Robinet, *le Procès des Dantonistes*, 503, 505.

requise : de cette façon, l'opération aura de loin une apparence légale, et, sous le décor des phrases ordinaires, pourra être imposée aux provinciaux. Dès le 3 avril[1], aux Jacobins, Robespierre, toujours circonspect et décent, a d'avance défini et limité l'émeute prochaine. « Que les bons citoyens, dit-il, se réunissent dans leurs « sections et viennent *nous forcer à mettre en état d'ar-* « *restation les députés infidèles.* » Rien de plus mesuré, et, si l'on se reporte aux principes, rien de plus correct. Le peuple garde toujours le droit de collaborer avec ses mandataires, et déjà, dans les tribunes, c'est ce qu'il fait tous les jours. Par une précaution suprême et qui le peint bien[2], Robespierre refuse d'intervenir davantage. « Je suis incapable de prescrire au peuple les « moyens de se sauver; cela n'est pas donné à un seul « homme; cela n'est pas donné à moi qui suis épuisé « par quatre ans de révolution et par le spectacle dé- « chirant du triomphe de la tyrannie,... à moi qui suis « consumé par une fièvre lente et surtout par la fièvre « du patriotisme. J'ai dit; il ne me reste pas d'autre « devoir à remplir en ce moment. » D'ailleurs, il enjoint à la municipalité « de s'unir au peuple, de former « avec lui une étroite alliance ». — En autres termes, c'est à la Commune à faire le coup; il ne faut pas que la Montagne paraisse. Mais « elle est tout entière dans « le secret[3] », ses chefs tiennent les ficelles des gros-

1. Mortimer-Ternaux, VII, 38.
2. Buchez et Roux, XXVII, 297, séance des Jacobins, 29 mai.
3. Barère, *Mémoires*, II 91, 94. Si menteur que soit Barère, on peut admettre ici son témoignage; je ne lui vois aucune raison

siers pantins qui s'agitent sur les tréteaux publics à l'Hôtel de Ville ; « Danton et Lacroix ont écrit, sur le bu-« reau même du Comité de Salut public », la somma-tion insultante que l'orateur de la Commune viendra, le 31 mai, lire à la Convention, et pendant les sept jours de crise, Danton, Robespierre, Marat, conseillers, direc-teurs, modérateurs de toutes les menées, conduiront, pousseront, retiendront dans les limites de leur pro-gramme les comparses de l'insurrection.

VII

C'est un drame tragi-comique, en trois actes, dont chacun s'achève par un coup de théâtre toujours le même et toujours prévu : un des principaux machinis-tes, Legendre, a pris soin de l'annoncer d'avance. « Si

pour mentir, et il a pu être bien informé, puisqu'il était du Comité de Salut public. Au reste, ses assertions sur la complicité de la Montagne et sur le rôle de Danton sont confirmées par tout l'ensemble des faits. — Buchez et Roux, XXVIII, 200. Discours de Danton à la Convention, 13 juin : « Sans les canons du 31 mai, « sans l'insurrection, les conspirateurs triomphaient, ils nous « donnaient la loi. Que le crime de cette insurrection retombe sur « nous ! *Je l'ai appelée, moi, cette insurrection...* Je demande que « la Convention déclare que, sans l'insurrection du 31 mai, il n'y « avait plus de liberté. » — *Ib.*, 220, Discours de Leclerc aux Cordeliers, 27 juin : « N'est-ce pas Legendre qui a fait échouer « les sages mesures que nous avions prises tant de fois *pour* « *exterminer nos ennemis ? C'est lui avec Danton qui, par leur* « *coupable résistance, nous ont réduits au modérantisme dans* « *les journées du 31 mai;* c'est Legendre et Danton qui se sont « opposés aux moyens révolutionnaires que nous avions pris « dans ces grands jours *pour écraser tous les aristocrates de* « *Paris.* »

« la chose dure plus longtemps, dit-il aux Cordeliers[1],
« si la Montagne est plus longtemps impuissante, j'ap-
« pelle le peuple et je dis aux tribunes : Descendez ici
« délibérer avec nous. » — Pour commencer, le 27 mai,
à propos de l'arrestation d'Hébert et consorts, la Montagne, appuyée par les galeries, fait rage[2]. Vainement la
majorité s'est prononcée et se prononce à plusieurs reprises. « S'il y a cent bons citoyens, dit Danton, nous
« résisterons. — Président, crie Marat à Isnard, vous
« êtes un tyran, un infâme tyran. — Je demande, dit
« Couthon, que le président soit cassé. — A l'Abbaye
« le président! » — La Montagne a décidé qu'il ne pré-
sidera pas; elle descend de ses bancs et court sur lui,
elle parle de « l'assassiner », elle brise sa voix à force
de vociférations, elle l'oblige à quitter son fauteuil, de
lassitude et d'épuisement; elle chasse de même Boyer-
Fonfrède, qui lui succède, et finit par mettre au fauteuil
un de ses complices, Hérault de Séchelles. — Cependant,
à l'entrée de la Convention, « les consignes ont été vio-
« lées, » une multitude de gens armés « se sont répan-
« dus dans les couloirs et obstruent toutes les avenues »;
les députés Meillan, Chiappe et Lidon, ayant voulu sortir,
sont arrêtés, on met à Lidon « le sabre sur la poitrine[3] »,
et les meneurs du dedans excitent, protègent, justifient
leurs affidés du dehors. — Avec son audace ordinaire,

1. Schmidt, I, 244. Rapport de Dutard, 18 mai.
2. Buchez et Roux, XXVII, 253 et suivantes, séance du 27 mai.
— Mortimer-Ternaux, VII, 294. — Buchez et Roux, XXVIII, 9 (*Précis rapide*, par Gorsas).
3. Buchez et Roux, XXVII, 258. — Meillan, 43.

Marat, apprenant que le commandant Raffet fait évacuer les couloirs, vient à lui « un pistolet à la main et le « met en état d'arrestation[1] » : car il faut respecter le peuple, le droit sacré de pétition et les pétitionnaires. Il y en a « cinq ou six cents, presque tous en armes[2] », qui depuis trois heures stationnent aux portes de la salle ; au dernier moment, deux autres troupes, envoyées par les Gravilliers et par la Croix-Rouge, viennent leur apporter l'afflux final. Ainsi accrus, ils débordent au delà des bancs qui leur sont assignés, se répandent dans la salle, se mêlent aux députés qui siègent encore. Il est plus de minuit ; nombre de représentants, excédés de fatigue et de dégoût, sont partis ; Pétion, La Source et quelques autres, qui veulent rentrer, « ne peuvent per- « cer la foule menaçante ». Par compensation et à la place des absents, les pétitionnaires, s'érigeant eux-mêmes en représentants de la France, votent avec la Montagne, et le président jacobin, loin de les renvoyer, les invite lui-même « à écarter tous les obstacles qui s'op- « posent au bien du peuple ». Dans cette foule gesticulante, sous le demi-jour des lampes fumeuses, au milieu du tintamarre des tribunes, on n'entend pas bien quelle motion est mise aux voix ; on distingue mal qui reste assis ou qui se lève ; et deux décrets passent ou semblent passer, l'un qui élargit Hébert et ses complices, l'autre qui casse la commission des Douze[3]. Aussitôt des

1. Buchez et Roux, XXVII, 259 (Paroles de Raffet).
2. Meillan, 44. — Buchez et Roux, XXVII, 267, 280.
3. Meillan, 44 : « Placé vis-à-vis du président, à dix pas de lui « les regards toujours fixés sur lui, parce que, à travers le tumulte.

messagers, qui attendaient l'issue, courent porter la bonne nouvelle à l'Hôtel de Ville, et la Commune célèbre son triomphe par une explosion d'applaudissements.

Mais le lendemain, malgré les terreurs de l'appel nominal et les fureurs de la Montagne, la majorité, par un retour défensif, révoque le décret qui la désarme, et un décret nouveau maintient la commission des Douze. L'opération est donc à refaire ; non pas toute l'opération, car Hébert et les autres détenus restent en liberté, et la majorité qui, par pudeur ou par instinct de conservation, a remis en place sa garde d'avant-poste, consent, par faiblesse ou par espoir de conciliation, à relâcher ses prisonniers. — Elle a donc eu le dessous dans le combat ; partant, ses adversaires encouragés recommencent aussitôt l'attaque, et leur tactique, très simple, est celle qui déjà, le 10 août, leur a si bien réussi.

Il s'agit d'invoquer contre les droits dérivés et provisoires du gouvernement établi le droit supérieur et inaliénable du peuple, et de substituer aux autorités légales, qui par nature sont bornées, le pouvoir révolutionnaire,

« horrible qui dégradait l'Assemblée, nous ne pouvions avoir
« d'autre boussole, je puis attester que je n'ai ni vu ni entendu
« mettre aux voix le décret. » — Buchez et Roux, XXVII, 278. Discours d'Osselin, séance du 28 mai : « J'ai présenté ce matin la
« rédaction du décret à la signature des secrétaires. L'un d'eux,
« après l'avoir lu, m'a observé que le dernier article n'avait pas
« été décrété, mais que les articles précédents l'avaient été. » —
Mortimer-Ternaux, VII, 562. Lettre du député Michel, 29 mai : « Les
« gardes ont été forcées, et le sanctuaire des lois investi depuis
« environ quatre heures jusqu'à dix heures passées, de manière
« que personne ne pouvait sortir, même pour les besoins les plus
« pressants. »

qui par essence est absolu. A cet effet, la section de la
Cité, sous la vice-présidence de Maillard le septembriseur, invite les quarante-sept autres à nommer chacune
deux commissaires munis de « pouvoirs illimités ». Dans
trente-trois sections, purgées, terrifiées ou désertées,
les Jacobins, seuls ou presque seuls[1], élisent les plus
déterminés de leur bande, notamment des étrangers[2] et
des drôles, en tout soixante-six commissaires qui, le 29
au soir, s'assemblent à l'Évêché[3] et choisissent neuf
d'entre eux, pour composer, sous la présidence de Dobsent, un comité central et révolutionnaire d'exécution.
Rien de plus inconnu que ces neuf, tous subalternes obs-

1. Mortimer-Ternaux, VII, 308. Extrait des procès-verbaux de la
Société patriotique de la Butte-des-Moulins, 30 mai : « Attendu que
« la majorité de la section, connue par son incivisme et son
« esprit antirévolutionnaire,... se refuserait à cette nomination ou
« nommerait des commissaires qui n'auraient pas la confiance des
« patriotes,... » la Société patriotique se charge elle-même de
nommer les deux commissaires demandés.

2. Durand de Maillane, 207. — *Fragment*, par Lanjuinais : « Sept
« étrangers, sept agents du dehors, Desfieux, Proly, Pereyra, Du-
« buisson, Gusman, les deux frères Frey, etc., furent, par la Com-
« mune, érigés en comité d'insurrection. » — La plupart sont
aussi des gredins ; c'est le cas notamment pour Varlet, Dobsent,
Hassenfratz, Rousselin, Desfieux, Gusman, etc.

3. Buchez et Roux, XXVIII, 156 : « Nous, les membres de la
« commission révolutionnaire, les citoyens : Clémence, de la sec-
« tion Bon-Conseil ; Dunouy, section des Sans-Culottes ; Bonin, de
« la section des Marchés ; Auvray, de la section du Mont-Blanc ;
« Séguy, de la section de la Butte-des-Moulins ; Moissard, de Gre-
« nelle ; Berot, canton d'Issy ; Rousselin, section de l'Unité ; Mar-
« chand, section du Mont-Blanc ; Grespin, section des Gravilliers. »
Ils donnent leur démission le 6 juin. — La commission, composée d'abord de 9 membres, finit par en comprendre 11 (Buchez et
Roux, XXVII, 316. *Procès-verbaux de la Commune*, 31 mai), puis 25
(discours de Pache au Comité de Salut public, 1er juin). -

curs, simples mannequins et marionnettes; huit jours après, quand ils auront joué leur rôle et qu'on n'aura plus besoin d'eux, on les fera rentrer dans la coulisse. En attendant, ils sont censés les mandataires du peuple souverain, autorisés à tout, car il leur a délégué son omnipotence, seuls autorisés à tout, car leur investiture est toute neuve, et ils paradent en cette qualité, à peu près comme les figurants chamarrés d'or et de pourpre qui, à l'Opéra, représentent le conclave des cardinaux ou la diète du saint-empire : jamais la comédie politique n'a dégénéré en une farce si effrontée. — Le 31, à six heures et demie du matin, Dobsent et ses suppôts se présentent au conseil général de la Commune, lui exhibent leurs pouvoirs et lui signifient qu'il est cassé. Avec une complaisance édifiante, le conseil se reconnaît déchu et sort de la salle. Avec une gratitude non moins empressée, Dobsent le rappelle aussitôt, le rétablit dans ses fonctions au nom du peuple, et déclare qu'il a bien mérité de la patrie[1]. En même temps, un autre démagogue, Varlet, fait la même opération sur le conseil du département, et les deux corps, consacrés par un nouveau baptême, se réunissent aux soixante-six commissaires pour exercer en commun la dictature. — Rien de plus légitime, et la Convention aurait tort de s'y opposer : « elle n'a été nommée que pour juger le tyran et faire « la Constitution; le souverain ne lui a donné aucun

---

1. Buchez et Roux, XXVII, 306. *Procès-verbaux de la Commune*, . 31 mai. — *Ib.*, 136. — Mortimer-Ternaux, VII, 319.

« autre pouvoir[1] » ; partant, ses autres actes, ses mandats d'arrêt, ne sont qu'usurpation et despotisme. D'ailleurs Paris, bien mieux qu'elle, représente la France ; car il est « l'extrait de tous les départements, le miroir « de l'opinion[2] », l'avant-garde du patriotisme. « Sou« venez-vous du 10 août[3] ; avant cette époque, les opi« nions étaient partagées dans la république ; mais, à « peine avez-vous eu frappé le coup décisif, tout est « rentré dans le silence. Ne craignez rien des départe« ments ; avec un peu de terreur et des instructions, « nous tournerons les esprits à notre gré. » Des chicaniers s'obstinent à demander la convocation des assemblées primaires. « Est-ce qu'il en a fallu le 10 août ? Et « les départements n'ont-ils pas alors approuvé Paris ? « Ils feront de même cette fois ; c'est Paris qui les « sauve[4]. » — En conséquence, le nouveau gouvernement donne le commandement général de la force armée à un homme sûr, Henriot, l'un des massacreurs de septembre ; puis, par un attentat que la loi déclarait capital, il prescrit de tirer le canon d'alarme ; d'autre part, il fait battre la générale, sonner le tocsin, fermer les barrières ; les administrateurs des postes sont mis en état d'arrestation, les lettres interceptées et ouvertes ; ordre

1. Buchez et Roux, XXVII, 274. Discours d'Hassenfratz aux Jacobins, 27 mai.

2. *Ib.*, 346. Discours de Lhuillier à la Convention, 31 mai.

3. *Ib.*, 302, séance de la Convention, 30 mai. Paroles prononcées par Hassenfratz, Varlet, Chabot et dénoncées par Lanjuinais.

4. Mme Roland, *Appel à l'impartiale postérité.* Conversation de Mme Roland, le soir du 31 mai, sur la place du Carrousel, avec un canonnier.

est donné de désarmer les suspects et de remettre leurs
armes « aux patriotes; 40 sous par jour sont accordés
« aux citoyens peu fortunés, tant qu'ils resteront sous
« les armes[1] ». On n'a pas manqué d'avertir la veille
les affidés de quartier; par suite, dès le matin, dans les
sections jacobines, le comité de surveillance a déjà choisi
« les compagnies les plus nécessiteuses, afin d'armer les
« bras qui sont vraiment dignes de combattre pour la
« liberté », et il a distribué tous ses fusils « aux ou-
« vriers *bons républiquains*[2] ». — D'heure en heure, à
mesure que la journée s'avance, on voit, dans les sections réfractaires, l'autorité passer du côté de la force;
au Finistère, à la Butte-des-Moulins, aux Lombards, à la
Fraternité, au Marais[3], les sans-culottes encouragés
prennent l'ascendant, cassent les délibérations des modérés, et, dans l'après-midi, leurs délégués viennent
prêter serment à l'Hôtel de Ville.

Cependant la Commune, traînant derrière elle le simu-
lacre de l'unanimité populaire, assiège la Convention de
pétitions multipliées et menaçantes. Comme au 27 mai,
les pétitionnaires envahissent la salle et « se confondent
« fraternellement avec les membres du côté gauche »

1. Buchez et Roux, XXVII, 307 à 323. *Procès-verbaux de la Commune*, 31 mai.

2. *Archives nationales*, F⁷, 2494, registre du comité révolutionnaire de la section de la Réunion, procès-verbal du 31 mai, six
heures du matin.

3. Buchez et Roux, XXVII, 335, séance de la Convention, 31 mai.
Pétition présentée par les commissaires au nom des 48 sections;
il résulte de leurs pouvoirs qu'ils ne sont d'abord autorisés que par
26 sections.

Aussitôt, sur la motion de Levasseur, la Montagne, sachant que « sa place sera bien gardée », la quitte et passe au côté droit[1]. Envahi à son tour, le côté droit refuse de délibérer ; Vergniaud demande que « l'Assem- « blée aille se joindre à la force armée qui est sur la « place et se mette sous sa protection » ; il sort avec ses amis, et la majorité décapitée retombe dans ses hésitations ordinaires. Autour d'elle tout est vacarme et bagarre. Dans la salle, les clameurs de la Montagne, des pétitionnaires et des galeries, semblent le mugissement continu d'une tempête. Hors de la salle, vingt ou trente mille hommes vont peut-être s'entre-choquer dans les rues[2]; le bataillon de la Butte-des-Moulins, avec des détachements envoyés par les sections voisines, s'est retranché dans le Palais-Royal, et Henriot, criant partout que les riches sections du centre ont arboré la cocarde blanche, envoie contre elles les sans-culottes des faubourgs Saint-Antoine et Saint-Marceau ; des deux côtés, les canons sont braqués. — Il ne faut pas mettre le feu à ces canons chargés, il ne faut pas donner le signal de la guerre civile, il faut « prévenir les suites d'un mouve-

1. Buchez et Roux, XXVII, 347, 348. — Mortimer-Ternaux, VII, 550, troisième dépêche des délégués de l'Hôtel de Ville, présents à la séance : « L'Assemblée nationale n'a pu parvenir à prendre les « grandes mesures ci-dessus... qu'après que les perturbateurs de « l'Assemblée, connus sous la dénomination de côté droit, *se sont* « *rendu assez de justice pour voir qu'ils n'étaient pas dignes d'y* « *participer*, et ont évacué l'Assemblée après de grands gestes et « les imprécations dont vous les savez susceptibles. »

2. Dauban, *la Démagogie en* 1793. — *Diurnal* de Beaulieu, 31 mai. — Déclaration de Henriot, 4 germinal, an III. — Buchez et Roux, XXVIII, 331.

« ment qui ne pourrait qu'être funeste à la liberté[1] »,
il est urgent de rétablir et d'assurer la paix publique.
La majorité croit donc faire un acte de courage en refu-
sant à la Commune l'arrestation des Vingt-Deux, des ministres Lebrun et Clavière ; en échange, elle consent à
supprimer sa commission des Douze ; elle confirme l'arrêté par lequel la Commune alloue 40 sous par jour aux
ouvriers qui sont sous les armes ; elle déclare libre l'entrée de ses tribunes, et, remerciant toutes les sections,
tant celles qui voulaient la défendre que celles qui voulaient l'attaquer, elle maintient la garde nationale en
réquisition permanente, elle annonce une fédération
générale pour le 10 août suivant, elle va fraterniser au
Palais-Royal avec les bataillons que les calomnies de la
Commune avaient armés l'un contre l'autre et qui, dé-
trompés à la dernière minute, s'embrassent maintenant
au lieu de s'égorger.

Encore cette fois, tout l'avantage est pour la Commune. Non seulement plusieurs de ses demandes ont
été converties en décrets, mais encore son baptême
révolutionnaire demeure valable, son comité d'exécution est tacitement reconnu, le gouvernement nouveau
reste en fonctions, ses usurpations sont consacrées, son
général Henriot garde le commandement de toute la
force armée, toutes ses mesures dictatoriales s'exécutent
sans entraves. — Raison de plus pour les continuer et
pour les aggraver. « Vous n'avez qu'une demi-victoire,
écrit Hébert dans son *Père Duchesne*, tous ces b....

____

1. Mortimer-Ternaux, VII, 565. Lettre du député Loiseau, 5 juin.

« d'intrigants vivent encore. » — Dès le soir du 31 mai,
la Commune a lancé des mandats d'arrêt contre les
ministres Clavière et Lebrun, contre Roland et sa femme.
Le même soir, et le lendemain pendant toute la journée
et pendant toute la nuit, puis le surlendemain encore,
dans les quarante-huit sections, les comités de surveillance, conformément aux instructions de l'Hôtel de
Ville[1], relisent leurs listes de quartier[2], y pointent de
nouveaux noms, envoient des commissaires pour désarmer et arrêter les suspects. Quiconque a mal parlé des
comités révolutionnaires, ou s'est opposé aux attentats
du 31 mai, ou ne s'est pas montré le 10 août, ou a mal

1. Buchez et Roux, XXVII, 352 à 360, 368 à 377. *Procès-verbaux
de la Commune*, 1ᵉʳ et 2 juin. Proclamation du Comité révolutionnaire, 1ᵉʳ juin : « Vos délégués ont ordonné l'arrestation de tous
« les gens suspects qui se cachent dans les sections de Paris. Cette
« arrestation s'effectue en ce moment de toutes parts. »
2. *Archives nationales*, F⁷, 2494, section de la Réunion, procès-
verbal du 1ᵉʳ juin. — *Ib.*, 2 juin. Le 2 juin, le citoyen Robin est
arrêté « comme ayant manifesté des opinions contraires à la sou-
« veraineté du peuple dans l'Assemblée législative. » Le même jour,
sur le territoire de la section, proclamation, par une députation de
la Commune escortée d'un membre du comité et de deux tambours,
« tendantes à faire connaître au peuple que la patrie sera sauvée
» en atendans avec courage le décret qui doit être rendu pour que
« les traître ne siège plus dans le sénat. » — *Ib.*, 4 juin. Le
comité arrête qu'il adjoindra de nouveaux membres, mais qu'il
les choisira tous « bons sans-culote et ne recevra au qu'un notaire,
« clerc de notaire, avoué et leurs clerc, banquier et gros rentier, »
a moins qu'ils n'aient fait preuve d'un civisme irréprochable
depuis 1789. — Cf. F⁷, 2497 (section des Droits-de-l'Homme),
F⁷, 2484 (section de la Halle-au-Blé), analogie des arrêtés et de
l'orthographe. Le registre de la section des Piques (F⁷, 2475) est
un des plus intéressants; on y trouvera les détails de la compa-
rution des ministres; le comité qui les interroge ne sait pas
même l'orthographe de leurs noms; il écrit à plusieurs reprises
« Clavier » pour Clavière, « Goyer » pour Gohier.

voté dans l'ancienne Assemblée législative, est bon à prendre : c'est une razzia universelle et simultanée; dans toutes les rues on ne voit que des gens empoignés et conduits au comité de la section ou en prison, sous escorte, en première ligne des journalistes « antipatriotes »; par surcroît, leurs feuilles tirées sont confisquées et leurs journaux cessent de paraître; les ateliers de Gorsas sont saccagés, les scellés sont mis sur ses presses[1], Prudhomme lui-même est écroué. Dans les sections du Contrat-Social, de la Fraternité, du Marais, de Marseille, les dernières résistances sont brisées, et la Commune, tranquille du côté de la rue, peut recommencer son attaque contre la Convention.

Elle a fait dresser, dans chaque section, « la liste des « ouvriers sans-culottes, » et leur alloue 6 francs par tête, payables par la Convention, pour les indemniser de leur chômage temporaire[2] : c'est une prime offerte à l'émeute, et, comme il n'y a rien de plus efficace que l'argent comptant, Pache fait les fonds en détournant 150 000 francs destinés aux colons de Saint-Domingue; pendant la journée du 2 juin, on verra des affidés passer dans les rangs et distribuer des assignats de 5 livres[3]. Pour mieux retenir les hommes sous les armes, des voitures de subsistances accompagnent

1. Buchez et Roux, XXVIII, 19.
2. Buchez et Roux, XXVII, 357. *Procès-verbaux de la Commune,* 1er juin.
3. Meillan, 307. — *Fragment,* par Lanjuinais. — *Diurnal* de Beaulieu, 2 juin. — Buchez et Roux, XXVII, 299 (discours de Barère).

chaque bataillon[1]; l'estomac a besoin d'être rempli, et une pointe de vin est un très bon réconfortant du patriotisme. Henriot a fait revenir de Courbevoie des bataillons de volontaires qui, peu de jours auparavant, se sont enrôlés pour la Vendée[2], « aventuriers » crapuleux et pillards qu'on appellera plus tard « les héros à « 500 livres ». Il a encore sous la main les hussards de Rosenthal, soudards allemands qui, ne comprenant pas le français, resteront sourds à toutes les sommations légales. Enfin, autour de la Convention, il range en cercle ses sans-culottes de choix, notamment les canonniers, jacobins par excellence[3], qui traînent avec eux le plus formidable appareil d'artillerie, 163 canons, avec des grilles et du charbon pour faire rougir les boulets. Ainsi les Tuileries sont cernées par la bande des tape-dur et des énergumènes; la garde nationale, cinq ou six

---

1. Buchez et Roux, XXVII, 357. *Procès-verbaux de la Commune,* 1er juin.

2. Meillan, 53, 58, 307. — Buchez et Roux, XXVIII, 14 (*Précis,* par Gorsas).

3. *Ib.,* XXVII, 359. *Procès-verbaux de la Commune,* 1er juin : « Un membre du conseil, qui est allé à la section Beaurepaire, « annonce qu'il n'y a pas été bien accueilli, que le président de « cette section lui a dit des paroles assez dures et l'a pris pour un « *municipal imaginaire,* qu'on l'a menacé de le mettre au violon, « qu'il n'a dû sa liberté qu'aux braves citoyens de la section des « Sans-Culottes et *aux canonniers de la section Beaurepaire* qui « l'ont accompagné. » — Les préparatifs d'investissement commencent dès le 1er juin. (*Archives nationales,* F7, 2497, section des Droits-de-l'Homme, procès-verbal du 1er juin). Ordre d'Henriot au commandant de la section pour qu'il envoie « 400 homme et la » compagnie de canonier avec les 2 pièces de canon au Carouzel « le long des Thuilerie plasse de la Révolution. »

fois plus nombreuse[1], qu'on a convoquée « pour donner
« à l'entreprise de quatre ou cinq mille bandits l'appa-
« rence d'un mouvement populaire », ne peut venir au
secours de la Convention; on l'a reléguée hors de la
portée, au delà du pont Tournant, qui est levé, derrière
la barrière en bois qui sépare le Carrousel du château.
Enchaînée à ses postes par la consigne, réduite à l'état
de décor immobile, employée à son insu[2] contre elle-
même, elle ne peut que laisser faire les factieux qui lui
servent d'avant-garde. — Dès le matin, les vestibules,
les escaliers et les couloirs de la Convention ont été
envahis par les habitués des tribunes et par les femmes
soldées; des « hommes à moustaches », armés de sabres
et de pistolets, ont consigné le commandant du poste
avec ses officiers; la garde légale a été remplacée par
une garde extraordinaire[3], et les députés sont prisonniers. Si quelqu'un d'entre eux est obligé de sortir pour
un instant, c'est sous la surveillance de quatre fusiliers
« qui le conduisent, l'attendent et le ramènent[4] ».
D'autres, ayant voulu regarder par les fenêtres, sont

1. Lanjuinais dit 100 000 hommes. Meillan 80 000; les députés de
la Somme disent 60 000, mais sans aucune preuve. D'après divers
indices, je crois le chiffre beaucoup moindre, à cause du désarmement et des abstentions; il est peut-être de 30 000 hommes,
comme au 31 mai.

2. Mortimer-Ternaux, VII, 566. Lettre du député Loiseau : « Je
« parcourus tout un bataillon; tous les soldats me dirent qu'ils
« ignoraient la cause de ce mouvement, qu'elle n'était connue que
« de leurs chefs. » (1er juin).

3. Buchez et Roux, XXVII, 400, séance de la Convention, 2 juin.
— XXVIII, 43. Compte rendu de Saladin.

4. Mortimer-Ternaux, VII, 392. Procès-verbal de la Société des
Jacobins, 2 juin : « Les députés étaient entourés au point qu'ils ne

couchés en joue; le vieux Dusaulx est frappé, Boissy
d'Anglas, pris à la gorge, rentre avec sa cravate et sa
chemise en lambeaux. Pendant sept heures d'horloge, la
Convention reste aux arrêts, et, lorsqu'elle a décrété
l'éloignement de la force armée qui l'assiège, Henriot
répond à l'huissier chargé de lui notifier le décret :
« Dis à ton f... président que je me f... de lui et de son
« Assemblée, et que si dans une heure elle ne me livre
« pas les Vingt-Deux, je la fais foudroyer[1]. »

Dans la salle, la majorité, abandonnée par ses guides
reconnus et par ses orateurs préférés, faiblit d'heure en
heure. Brissot, Pétion, Guadet, Gensonné, Buzot, Salle,
Grangeneuve, d'autres encore, les deux tiers des Vingt-
Deux, retenus par leurs amis, sont restés chez eux[2].
Vergniaud, qui est venu, se tait, puis s'en va; probablement, la Montagne, qui gagne à son absence, a levé
pour lui la consigne. Quatre autres Girondins qui
restent à l'Assemblée jusqu'à la fin, Isnard, Dusaulx,
Lanthenas et Fauchet, consentent à se démettre; quand
les généraux rendent leur épée, les soldats ne tardent
pas à rendre les armes. Seul Lanjuinais, qui n'est pas
Girondin, mais catholique et Breton, parle en homme

« pouvaient sortir même pour faire leurs besoins. » — *Ib.*, 568.
Lettre du député Loiseau.

1. Buchez Roux, XXVIII, 44. Compte rendu de Saladin. — Meillan, 237. — Mortimer-Ternaux, VII, 547. Déclaration des députés
de la Somme.

2. Meillan, 52. — Pétion, *Mémoires*, 109 (édition Dauban). —
Lanjuinais, *Fragment*, 299 : « Presque tous ceux qu'on appelait
« Girondins avaient jugé à propos de s'absenter. » — Lettre de
Vergniaud, 3 juin (dans le *Républicain français*, du 5 juin 1793) :
« Je sortis hier de l'Assemblée entre une et deux heures. »

contre l'attentat que subit la représentation nationale;
on lui court sus, il est assailli à la tribune; le boucher
Legendre, faisant de ses deux bras « le geste du mer-
« lin », lui crie : « Descends ou je t'assomme »; un
groupe de Montagnards s'élance pour aider Legendre,
on porte à Lanjuinais un pistolet sur la gorge[1]; il a
beau persévérer, se cramponner à la tribune, autour de
lui, dans son parti, les volontés défaillent. — A ce moment, Barère, l'homme aux expédients, propose à la
Convention de lever la séance et d'aller délibérer « au
« milieu de la force armée qui la protégera[2] ». Faute
de mieux, la majorité s'accroche à ce dernier débris
d'espérance. Elle se lève, malgré les cris des tribunes,
descend le grand escalier et arrive jusqu'à l'entrée du
Carrousel. Là, le président montagnard, Hérault de
Séchelles, lit à Henriot le décret qui lui enjoint de se
retirer et, correctement, officiellement, lui fait les sommations d'usage. Mais quantité de Montagnards ont
suivi la majorité et sont là pour encourager l'insurrection; Danton serre la main de Henriot et lui dit à voix
basse : « Va toujours ton train, n'aie pas peur, nous
« voulons constater que l'Assemblée est libre; tiens
« bon[3]. » Sur ce mot, le grand escogriffe à panache
retrouve son assurance, et, de sa voix avinée, dit au
président : « Hérault, le peuple ne s'est pas levé pour
« écouter des phrases. Tu es un bon patriote;... pro-

1. Lanjuinais, *Fragment*, 299.
2. Buchez et Roux, XXVII, 400.
3. Robinet, *le Procès des Dantonistes*, 169. Paroles de Danton
(d'après les notes du juré Topino-Lebrun).

« mets-tu, sur ta tête, que les Vingt-Deux seront livrés
« dans vingt-quatre heures? — Non. — En ce cas, je
« ne réponds de rien. Aux armes, canonniers, à vos
« pièces! » Les canonniers prennent leurs mèches allu-
mées, « la cavalerie tire le sabre, et l'infanterie couche
« en joue les députés[1] ». — Repoussée de ce côté, la
malheureuse Convention tourne à gauche, traverse le
passage voûté, suit la grande allée du jardin, avance
jusqu'au pont Tournant pour trouver une issue. Point
d'issue : le pont Tournant est levé; partout la barrière
de piques et de baïonnettes reste impénétrable; on crie
autour des députés : « Vive la Montagne! vive Marat!
« A la guillotine Brissot, Vergniaud, Guadet, Gensonné!
« Purgez le mauvais sang! » et la Convention, pareille à
un troupeau de moutons, tourne en vain dans son
enclos fermé. Alors, pour les faire rentrer au bercail,
comme un chien de garde aboyant, de toute la vitesse
de ses courtes jambes, Marat accourt, suivi de sa
troupe de polissons déguenillés, et crie · « Que les
« députés fidèles retournent à leur poste! » Machinalement, la tête basse, ils reviennent; aussitôt leur salle
est fermée et ils y sont consignés de nouveau. Pour
collaborer à leurs délibérations, des étrangers de bonne
volonté sont entrés pêle-mêle avec eux. Pour surveiller
et hâter leur besogne, des sans-culottes, la baïonnette
au bout du fusil, gesticulent et menacent du haut des
galeries. Au dehors, au dedans, la nécessité, de sa main

1. Buchez et Roux, XXVII, 44. Compte rendu par Saladin. — Meillan, 59. — Lanjuinais, 308, 310

de fer, les a saisis et les serre à la gorge. Silence morne. On voit le paralytique Couthon se soulever de son banc : ses amis le portent à bras jusqu'à la tribune ; ami intime de Robespierre, c'est un personnage important et grave ; il s'assoit, et, de sa voix douce : « Ci- « toyens, tous les membres de la Convention doivent « être maintenant rassurés sur leur liberté.... Mainte- « nant vous reconnaissez que, dans vos délibérations, « vous êtes libres[1]. » — Voilà le mot final de la comédie ; il n'y en a pas d'égal, même dans Molière. — Aux applaudissements des galeries, le cul-de-jatte sentimental conclut en demandant que l'on mette en arrestation les Vingt-Deux, les Douze, les ministres Clavière et Lebrun. Nul ne combat sa motion[2], « parce que les « besoins physiques commencent à se faire sentir, et « qu'une impression de terreur est répandue sur l'As- « semblée ». Plusieurs se disent « qu'après tout les « proscrits ne seront pas bien à plaindre d'être obligés « de rester chez eux, qu'ils y seront en sûreté,... qu'il « vaut mieux faire un petit mal que de s'exposer à de « grands périls ». Un autre s'écrie : « Mieux vaut se « dispenser de voter que de trahir son devoir ! » — Voilà le biais trouvé et les consciences à l'aise. Les deux tiers de l'Assemblée déclarent qu'ils ne prennent plus part à la délibération, s'abstiennent, restent assis à l'épreuve et à la contre-épreuve. Sauf une cinquantaine

1. Buchez et Roux, XXVII, 401.
2. Mortimer-Ternaux, VII, 569. Lettre du député Loiseau. — Meillan, 62.

de membres de la droite qui se lèvent pour les Girondins, la Montagne, accrue des insurgés ou amateurs qui fraternellement siègent avec elle, vote seule et rend enfin le décret. — A présent que la Convention s'est mutilée elle-même, elle est matée pour toujours, et va devenir une machine de gouvernement au service d'une clique; la conquête jacobine est achevée, et, sous la main des conquérants, le grand jeu de la guillotine peut commencer.

VIII

Regardons-les à ce moment décisif : je ne crois pas qu'en aucun pays ni en aucun siècle on ait vu un tel contraste entre une nation et ses gouvernants. — Par une série d'épurations pratiquées à contre-sens, la faction s'est réduite à sa lie; du vaste flot soulevé en 1789, il ne lui est demeuré que l'écume et la bourbe; tout le reste a été rejeté ou s'est écarté, d'abord la haute classe, clergé, noblesse et parlementaires, ensuite la classe moyenne, industriels, négociants et bourgeois, enfin l'élite de la classe inférieure, petits propriétaires, fermiers[1] et artisans-maîtres, bref tous les notables de toute profession, condition, état ou métier, tout ce qui avait un capital, un revenu, un établissement, de l'honorabilité, de la considération, de l'éducation, une culture mentale et morale. Pour composer le parti, il n'y a plus guère, en juin 1793, que les ouvriers instables,

1. Buchez et Roux, XXVI, 341. Discours de Chasles à la Convention, 2 mai : « Les cultivateurs... sont presque tous aristocrates. »

les vagabonds de la ville et de la campagne, les habitués ·
d'hôpital, les souillons de mauvais lieu, la populace dé-
gradée et dangereuse[1], les déclassés, les pervertis, les
dévergondés, les détraqués de toute espèce et, à Paris,
d'où ils commandent au reste de la France, leur troupe,
une minorité infime, se recrute justement dans ce rebut
humain qui infeste les capitales, dans la canaille épilep-
tique et scrofuleuse qui, héritière d'un sang vicié et
avariée encore par sa propre inconduite, importe dans
la civilisation les dégénérescences, l'imbécillité, les affo-
lements de son tempérament délabré, de ses instincts
rétrogrades et de son cerveau mal construit[2]. Ce qu'elle
a fait des pouvoirs publics, trois ou quatre témoignages
contemporains vont le dire; on la voit face à face, en
elle-même et dans ses chefs; on contemple en plein
visage les hommes d'action et d'initiative qui ont conduit
son dernier coup de main et qui la représentent le mieux.

— A la Convention, depuis le 2 juin, « la moitié des
« députés à peu près s'abstiennent de prendre part aux

1. Siéyès (cité par Barante, *Histoire de la Convention*, III, 169)
la décrit ainsi : « Ce faux peuple, le plus mortel ennemi qu'ait
« jamais eu le peuple français, obstruait sans cesse les avenues
« de la Convention... A l'entrée et à la sortie de la Convention, le
« spectateur interdit était tenté de croire à l'irruption soudaine de
« nouvelles hordes barbares, à l'irruption soudaine d'une nuée de
« harpies voraces et sanguinaires, accourues pour se saisir de la
« révolution comme d'une proie naturelle à leur espèce. »

2. Gouverneur Morris, II, 241. Lettre du 23 octobre 1792 : « La
« populace, chose qui, grâce à Dieu, est inconnue en Amérique... ».
— A plusieurs reprises, il insiste sur ce trait essentiel de la révolution française. — Sur cette classe toujours vivante, lire le livre
si exact, si complet, si bien documenté du docteur Lombroso,
l'Uomo delinquente.

« délibérations; plus de cent cinquante ont même fui et
« disparu[1] » ; des muets, des fugitifs, des détenus, des
condamnés, voilà son œuvre, et, dans la soirée du 2 juin,
son ami de cœur, son directeur de conscience, l'avorton
crasseux, charlatan, monomane et meurtrier qui lui
verse tous les matins le poison politique, Marat, a obtenu enfin le pouvoir discrétionnaire que depuis quatre
ans il demandait, celui de Marius et de Sylla, celui d'Oc-
tave, Antoine et Lépide, le pouvoir de rayer ou d'inscrire
des noms sur la liste des proscrits : « à mesure qu'on
« lisait, il indiquait des retranchements ou des aug-
« mentations, et le lecteur effaçait ou ajoutait des noms
« sur sa simple indication, sans que l'Assemblée fût
« aucunement consultée[2] ». — A l'Hôtel de Ville, le
5 juin, dans la salle de la Reine, Pétion et Guadet, arrêtés, voient de leurs yeux ce comité central qui vient de
lancer l'insurrection et qui, par une délégation extraordinaire, trône au-dessus de toutes les autorités établies.
« Ils ronflaient[3], les uns étendus sur les bancs, les
« autres les coudes appuyés sur la table; les uns étaient
« nu-pieds, les autres avaient leurs souliers en pantou-
« fles, presque tous mal vêtus, malpropres, tout débou-
« tonnés, les cheveux hérissés, des figures affreuses, des
« pistolets à leurs ceintures, des sabres et des écharpes

1. Mortimer-Ternaux, VII. Lettre du député Laplaigne, 6 juillet.
2. Meillan, 51. — Buchez et Roux, XXVII, 356. *Procès-verbaux
de la Commune*, séance du 1er juin. Dans l'après-midi, Marat vient
à la Commune, harangue le conseil général, et donne le dernier
coup d'épaule à l'insurrection. — Visiblement il a eu dans ces deux
journées (1er et 2 juin) le premier rôle.
3. Pétion. 116.

« en bandoulière. Des bouteilles étaient jetées çà et là ;
« des morceaux de pain, des débris de viande, des os
« jonchaient le plancher ; l'odeur était infecte ; » c'est
l'aspect d'un tapis franc. Là, le chef de bande n'est pas
Chaumette, qui a des scrupules de légalité[1], ni Pache,
qui louvoie en sournois sous le masque de son flegme
suisse, mais un autre Marat, plus grossier et surtout
plus vil, Hébert, qui profite de l'occasion « pour mettre
« de la braise dans les fourneaux de son *Père Du-*
« *chesne* », tire à 600 000 exemplaires, se fait donner
155 000 livres comme prix des numéros adressés aux
armées, et gagne 75 pour 100 sur la fourniture[2]. —
Dans la rue, le personnel actif se divise en deux bandes,
l'une militaire, l'autre civile, la première composée des
tape-dur qui tout à l'heure fourniront l'armée révolutionnaire. « Cette armée[3], qu'on croit une institution

1. Schmidt, I, 570. — Mortimer-Ternaux, VII, 591. Lettre de
Marchand, membre du Comité central : « J'ai vu Chaumette faire
« tous ses efforts pour entraver cette révolution glorieuse,... crier,
« pleurer, s'arracher les cheveux. » — Buchez et Roux, XXVIII, 46.
Selon Saladin, Chaumette alla jusqu'à demander l'arrestation
d'Hébert.

2. Mortimer-Ternaux, VII, 300. — Cf. *le vieux Cordelier*, par
C. Desmoulins, n° 5.

3. Mallet du Pan, II, 52 (8 mars 1794). — Le général en titre de
l'armée révolutionnaire fut Ronsin : « Avant la révolution, c'était
« un auteur de grenier, travaillant pour vivre et bornant sa gloire
« aux tréteaux des boulevards... Un jour, on vint lui dire : « Votre
« état-major se conduit bien mal ; aux spectacles et partout il exerce
« une tyrannie exécrable ; il bat les femmes, met leur bonnet en
« pièces. Votre troupe vole, pille, massacre. » Il répondit : « Que
« voulez-vous que j'y fasse ? Je sais comme vous que c'est un
« ramas de brigands ; mais il me faut de ces coquins-là pour mon
« armée révolutionnaire. Trouvez-moi des honnêtes gens qui veuil-

« nouvelle, existe (en fait) depuis 1789. Les agents du
« duc d'Orléans en formèrent le premier noyau. Elle se
« grossit, s'organisa, reçut des commandants, des lieux
« de rendez-vous, des mots d'ordre, un argot.... Toutes
« les révolutions se sont exécutées avec son secours ;
« elle donnait le mouvement aux violences populaires
« partout où elle ne paraissait pas en masse. Elle faisait
« porter le buste de Necker et fermer les théâtres le
« 12 juillet 1789, courir la populace à Versailles le
« 5 octobre, arrêter le roi dans la cour des Tuileries
« le 20 avril 1791.... Conduite par Westermann et Four-
« nier et grossie par les galériens de Brest et de Mar-
« seille, elle fut le bataillon central de l'attaque du
« 10 août 1792 ; elle exécuta les massacres de septem-
« bre ; elle a couvert les Maratistes à la journée du
« 31 mai 1793.... Sa composition répond à ses exploits
« et à ses fonctions. Elle renferme les scélérats les plus
« déterminés, les brigands d'Avignon, l'écume de Mar-
« seille, du Brabant, de Liège, de la Suisse, de la côte
« de Gênes. » Par un triage soigné[1] on va la vérifier, la
fortifier, l'empirer, et faire d'elle un corps légal de
janissaires à triple solde ; une fois « grossie des perru-
« quiers désœuvrés, des laquais sans place, des faiseurs
« de motions en plein air, des misérables hors d'état de
« gagner leur pain par un travail honnête », elle pourra
fournir les détachements qui tiendront garnison à Bor-

« lent faire ce métier. » (Prudhomme, *Crimes de la Révolution*,
V, 130.)

1. Buchez et Roux, XXIX, 152.

deaux, Lyon, Dijon, Nantes, et il restera encore « dix
« mille de ces mameluks pour contenir la capitale »,
Quant au personnel civil, il comprend d'abord.les habitués de section que l'on va payer 40 sous par séance,
ensuite la troupe des figurants qui, dans les autres lieux
publics, doivent représenter le peuple, environ mille
claqueurs et clabaudeurs, « dont les deux tiers de
« femmes ». — « Pendant tout le temps que j'ai été libre,
« dit Beaulieu[1], j'ai beaucoup observé leur manège :
« c'était une lanterne magique continuellement en
« mouvement. Ils allaient de la Convention au Tribunal
« révolutionnaire, et du Tribunal révolutionnaire aux
« Jacobins ou à la Commune qui tenaient leurs séan-
« ces le soir.... Ils prenaient à peine le temps de
« satisfaire à leurs besoins naturels; souvent on les
« voyait dîner et souper à leur poste, lorsqu'il s'agis-
« sait de quelque mesure générale ou de quelque
« assassinat important. » Comme général en chef, les
deux hordes ont Henriot, jadis escroc, puis mou-
chard, puis détenu pour vol à Bicêtre, puis massacreur
de septembre; autrefois, dans les carrefours, sur
l'estrade des vendeurs d'orviétan, il a joué la parade en
costume de général ; de là sa tenue militaire et sa popularité ; c'est le parfait sacripant, toujours ivre ou imbibé
d'eau-de-vie. Tête de buse, voix de rogomme, œil cligno-
tant, visage traversé de tics nerveux, il a tous les dehors
de l'emploi. « Quand il parle, on entend des vociféra-
« tions pareilles à celles des hommes qui ont un scor-

1. Beaulieu, *Essais sur la Révolution*, V, 200.

« but; une voix sépulcrale sort de sa bouche, et, quand
« il a parlé, sa figure ne reprend son assiette qu'après
« des vibrations dans les traits; il donne de l'œil par
« trois fois, et son visage reprend son équilibre[1]. » —
Marat, Hébert et Henriot, le fou, le coquin et la brute,
sans le couteau de Charlotte Corday, il est presque probable que ce trio, maître de la presse et de la force
armée, aidé de Jacques Roux, Leclerc, Vincent, Ronsin
et des enragés des bas-fonds, aurait écarté Danton, sup-
primé Robespierre et gouverné la France. Tels sont les
conseillers, les favoris et les meneurs de la classe gou-
vernante[2]; si l'on ne savait pas ce que pendant quatorze
mois elle va faire, on pourrait, d'après sa qualité, se
figurer son gouvernement.

Et pourtant, ce gouvernement, tel qu'il est, la France
l'accepte ou le subit. — A la vérité, par un premier
mouvement d'horreur, Lyon, Marseille, Toulon, Nîmes,
Bordeaux, Caen, d'autres villes encore, qui se sentent le
couteau sur la gorge[3], détournent le coup, se soulèvent

1. Schmidt, II, 85. Rapport de Dutard, 24 juin (sur la revue passée la veille): « Une espèce d'artisan du bas rang, qui m'a paru
« avoir été soldat.... Il m'a paru n'avoir fréquenté que des hommes
« désordonnés; je suis sûr qu'on trouverait en lui l'amour du jeu,
« du vin, des femmes, et tout ce qui peut constituer un mauvais
« sujet. »

2. Barbaroux, 12 : « Le mouvement imprimé à la révolution tend
« à faire disparaître les hommes de bien, et à porter au timon
« des affaires les hommes les plus gangrenés d'ignorance et de
« vices. »

3. Lauvergne, *Histoire de la Révolution dans le département du
Var*, 176. A Toulon, « l'esprit contre-révolutionnaire ne fut autre
« chose que le sentiment de la conservation individuelle. » —

contre leurs Jacobins locaux ; mais ce n'est là qu'un geste instinctif : elles ne songent point à former des États dans l'État, comme le prétend la Montagne, ni à usurper l'autorité centrale, comme le fait la Montagne. Lyon crie « Vive la république une et indivisible! » accueille avec honneur les commissaires de la Convention, laisse passer les convois d'armes et de chevaux destinés à l'armée des Alpes; pour le révolter, il faudra les exigences insensées du despotisme parisien, comme, pour insurger la Vendée, il a fallu la persistance brutale de la persécution·religieuse. Sans l'oppression prolongée qui pèse sur les consciences et sans le danger imminent qui plane sur les vies, aucune ville ou province ne se détacherait. Même sous ce gouvernement d'inquisiteurs et de bourreaux, nul groupe, sauf Lyon et la Vendée, ne fait un effort persévérant pour rompre l'union, se cantonner et vivre à part. Le faisceau national a été trop solidement lié par la centralisation séculaire ; il y a une patrie, et, quand la patrie est en danger, quand l'étranger en armes attaque la frontière, on suit le porte-drapeau, quel qu'il soit, usurpateur, aventurier, chenapan, coupe-tête, pourvu qu'il marche en avant et tienne le drapeau d'une main ferme[1]. A lui arracher ce

Même motif à Lyon (Nolhac, *Souvenirs de trois années de la Révolution à Lyon*, 14).

1. Gouverneur Morris, II, 595. Lettre du 21 janvier 1794 : « En « admettant ce qui a été affirmé par des personnes bien placées « pour connaître la vérité et cependant ayant grand intérêt à prou- « ver le contraire de leur assertion, à savoir que les neuf dixièmes « de la nation sont hostiles au gouvernement, ce n'en est pas « moins une vérité incontestable que les quatre-vingt-dix-neuf

drapeau, à contester son prétendu droit, à le chasser, à le remplacer, on perdrait la chose publique. Les braves gens sacrifient leurs répugnances au salut commun, et, pour servir la France, servent son indigne gouvernement. — Au comité de la guerre, les officiers de génie et d'état-major, qui passent leurs journées à étudier la carte, ne songent qu'à la bien lire; l'un d'eux, d'Arçon, « a dirigé la levée du siège de Dunkerque et le déblocus « de Maubeuge[1]; personne ne le surpasse en pénétra- « tion, en connaissances pratiques, en promptitude de « coup d'œil et en imagination; c'est une âme de feu « et une tête pétrie de ressources. — Je parle de lui, « dit Mallet du Pan, par une liaison intime de dix « années; il n'est pas plus révolutionnaire que moi. » Carnot fait davantage; il donne son honneur, en signant, avec ses collègues du Comité de Salut public, avec Billaud-Varennes et Couthon, avec Saint-Just et Robespierre, des arrêtés qui sont des assassinats. Un dévouement égal jette dans les armées les recrues par centaines de mille, bourgeois[2] et paysans, depuis les volontaires

« centièmes de la nation sont opposés à toute idée de démembr.
« ment et combattront pour l'empêcher. »

1. Mallet du Pan, II, 44.

2. Entre autres documents, la lettre suivante montrera la condition des recrues, surtout des recrues de 1791, qui furent de beaucoup les meilleures (Lettre des officiers municipaux de Dorat, 28 décembre 1792, *Archives nationales*, F[7], 3275) : « La commune « de Dorat est composée de trois classes de citoyens. La plus « riche, formée de personnes entêtées des préjugés de l'ancien « régime, avait été désarmée. La seconde, composée de gens « aisés, occupe les places d'administration; c'est contre elle que « se dirigeait la fureur des malveillants; encore *ce qu'il y avait* « *dans cette classe de capable de résister est allé combattre l'en-*

de 1791 jusqu'à la réquisition de 1793, et ceux-ci combattent, non seulement pour la France, mais encore et surtout pour la révolution. — Car, à présent que l'épée est tirée, l'exaspération mutuelle et croissante n'a laissé debout que les partis extrêmes. Depuis le 10 août et surtout depuis le 21 janvier, il ne s'agit plus de traiter avec l'ancien régime, d'en élaguer les portions mortes ou les épines blessantes, de l'accommoder aux besoins modernes, d'établir l'égalité civile, la monarchie tempérée, le gouvernement parlementaire. Il s'agit de ne pas subir la conquête à main armée, les exécutions militaires de Brunswick[1], la vengeance des émigrés proscrits, la restauration et l'aggravation de l'ancien ordre féodal et fiscal. Cet ordre ancien, la grosse masse rurale le hait, par expérience et tradition, de toute la haine accumulée que peut enfanter une spoliation incessante et séculaire ; à aucun prix, elle ne souffrira le retour du collecteur, du rat-de-cave et du gabelou, et, pour elle, l'ancien régime n'est que cela ; car, depuis la

« nemi du dehors. Enfin la troisième, qui est la plus nombreuse,
« est composée partie de séditieux, partie d'ouvriers, qui, n'osant
« se mêler à la révolte, convoitaient la taxe des grains. » — Toulongon, *Histoire de France depuis la Révolution*, IV, 94 : « Il ne
« faut pas dégrader une nation en lui supposant des motifs bas
« et une crainte servile. Ce fut au contraire un instinct relevé de
« salut public dont chacun se sentit intérieurement pénétré. » —
Gouvion-Saint-Cyr, *Mémoires*, I, 56 : « Un jeune homme aurait
« rougi de rester dans ses foyers, quand l'indépendance natio-
« nale paraissait menacée : chacun abandonna ses études, sa pro-
« fession. »

1. Gouvion-Saint-Cyr, I, 56 : « Le manifeste de Brunswick donna
« à la France plus de cent bataillons, qui, en moins de trois
« semaines, furent levés, armés et mis en route. »

révolution, elle ne paye plus-ou presque plus d'impôts. Là-dessus son idée est faite, fixe, inébranlable; sitôt qu'elle aperçoit dans le lointain le rétablissement possible de la taille, de la dîme et des droits seigneuriaux, son parti est pris : elle se bat à mort. — Quant aux artisans et petits bourgeois, ils ont pour stimulant la grandiose perspective de la carrière ouverte à deux battants, de l'avancement illimité, des grades offerts au mérite; mais surtout leurs illusions sont encore intactes. Là-bas, au camp, devant l'ennemi, les nobles idées générales, qui, entre les mains des démagogues parisiens, sont devenues des prostituées sanguinaires, restent des vierges pures dans l'imagination de l'officier et du soldat. Liberté, égalité, droits de l'homme, avènement de la raison, toutes ces vagues et sublimes images flottent devant leurs yeux quand ils gravissent sous la mitraille l'escarpement de Jemmapes, ou quand ils hivernent, pieds nus, dans la neige des Vosges. Elles ne se sont pas souillées et déformées sous leurs pas, en tombant du ciel en terre; ils ne les ont pas vues se changer dans leurs mains en hideuses caricatures. Ils ne font point le sale ménage quotidien de la politique et de la guillotine. Ils ne sont pas des piliers de club, des braillards de section, des inquisiteurs de comité, des dénonciateurs à primé, des pourvoyeurs de l'échafaud. Hors du sabbat révolutionnaire, ramenés au sens commun par la présence du danger, ayant compris l'inégalité des talents et la nécessité de l'obéissance, ils font œuvre d'hommes, ils pâtissent, ils jeûnent, ils affrontent

les balles, ils ont conscience de leur désintéressement
et de leurs sacrifices, ils sont des héros[1] et ils peuvent
s'envisager comme des libérateurs. Sur cette idée, leur
orgueil s'exalte. Selon un grand observateur[2] qui a
connu leurs survivants, « beaucoup d'entre eux croyaient
« que les Français seuls étaient des êtres raisonnables....
« A nos yeux, les habitants du reste de l'Europe, qui se
« battaient pour conserver leurs chaînes, n'étaient que
« des imbéciles pitoyables ou des fripons vendus aux
« despotes qui nous attaquaient. Pitt et Cobourg nous
« semblaient les chefs de ces fripons... et la personni-
« fication de tout ce qu'il y a de traître et de stupide au
« monde.... En 1794, notre sentiment intérieur et sérieux
« était tout renfermé dans cette idée : *être utile à la
« patrie*. Tout le reste, l'habit, la nourriture, l'avance-
« ment, était à nos yeux un misérable détail éphémère.
« Comme il n'y avait pas de société, *les succès de société*,
« chose si principale dans le caractère de notre nation,
« n'existaient pas. Nos seules réunions étaient des fêtes,
« des cérémonies touchantes qui nourrissaient en nous
« l'amour de la patrie. Dans la rue, nos yeux se remplis-
« saient de larmes en rencontrant une inscription en
« l'honneur du jeune tambour Barra.... Ce sentiment fut
« notre seule religion », mais il en fut une. Lorsque
dans une nation le cœur est si haut[3], elle se sauve mal-

---

1. Sur ces sentiments, cf. Gouvion-Saint-Cyr, *Mémoires*, et
Fervel, *Campagnes de la Révolution française dans les Pyrénées-
Orientales*.

2. Stendhal, *Mémoires sur Napoléon*.

3. Gouvion-Saint-Cyr, *Mémoires*, 43 : « Le patriotisme suppléa

gré ses gouvernants, quelles que soient leurs extravagances et quels que soient leurs crimes; car elle rachète leur ineptie par son courage et couvre leurs forfaits sous ses exploits.

« à tout: lui seul nous a donné la victoire, et celle-ci a pourvu
« aux plus indispensables besoins. »

TABLE DES MATIÈRES

TABLE DES MATIÈRES

LIVRE TROISIÈME

LA SECONDE ÉTAPE DE LA CONQUÊTE

LES
GRANDS ÉCRIVAINS FRANÇAIS

ÉTUDES SUR LA VIE
LES ŒUVRES ET L'INFLUENCE DES PRINCIPAUX AUTEURS
DE NOTRE LITTÉRATURE

Notre siècle a eu, dès son début, et léguera au siècle prochain un goût profond pour les recherches historiques. Il s'y est livré avec une ardeur, une méthode et un succès que les âges antérieurs n'avaient pas connus. L'histoire du globe et de ses habitants a été refaite en entier; la pioche de l'archéologue a rendu à la lumière les os des guerriers de Mycènes et le propre visage de Sésostris. Les ruines expliquées, les hiéroglyphes traduits ont permis de reconstituer l'existence des illustres morts, parfois de pénétrer jusque dans leur âme.

Avec une passion plus intense encore, parce qu'elle était mêlée de tendresse, notre siècle s'est appliqué à faire revivre les grands écrivains de toutes les littératures, dépositaires du génie des nations, interprètes de la pensée des peuples. Il n'a pas manqué en France d'érudits pour s'occuper de cette tâche; on a publié les œuvres et débrouillé la biographie de ces hommes fameux que nous chérissons comme des ancêtres et qui ont contribué, plus même que les princes et les capitaines, à la formation de la France moderne, pour ne pas dire du monde moderne.

Car c'est là une de nos gloires, l'œuvre de la
France a été accomplie moins par les armes que par
la pensée, et l'action de notre pays sur le monde a
toujours été indépendante de ses triomphes militaires : on l'a vue prépondérante aux heures les plus
douloureuses de l'histoire nationale. C'est pourquoi
les maîtres esprits de notre littérature intéressent
non seulement leurs descendants directs, mais encore
une nombreuse postérité européenne éparse au delà
des frontières.

Beaucoup d'ouvrages, dont toutes ces raisons justifient du reste la publication, ont donc été consacrés
aux grands écrivains français. Et cependant ces
génies puissants et charmants ont-ils dans le
monde la place qui leur est due? Nullement, et
pas même en France.

Nous sommes habitués maintenant à ce que toute
chose soit aisée; on a clarifié les grammaires et les
sciences comme on a simplifié les voyages ; l'impossible d'hier est devenu l'usuel d'aujourd'hui. C'est
pourquoi, souvent, les anciens traités de littérature
nous rebutent et les éditions complètes ne nous
attirent point : ils conviennent pour les heures
d'étude qui sont rares en dehors des occupations
obligatoires, mais non pour les heures de repos qui
sont plus fréquentes. Aussi, les œuvres des grands
hommes complètes et intactes, immobiles comme
des portraits de famille, vénérées, mais rarement
contemplées, restent dans leur bel alignement sur les
hauts rayons des bibliothèques.

On les aime et on les néglige. Ces grands hommes

semblent trop lointains, trop différents, trop savants, trop inaccessibles. L'idée de l'édition en beaucoup de volumes, des notes qui détourneront le regard, l'appareil scientifique qui les entoure, peut-être le vague souvenir du collège, de l'étude classique, du devoir juvénile, oppriment l'esprit ; et l'heure qui s'ouvrait vide s'est déjà enfuie ; et l'on s'habitue ainsi à laisser à part nos vieux auteurs, majestés muettes, sans rechercher leur conversation familière.

L'objet de la présente collection est de ramener près du foyer ces grands hommes logés dans des temples qu'on ne visite pas assez, et de rétablir entre les descendants et les ancêtres l'union d'idées et de propos qui, seule, peut assurer, malgré les changements que le temps impose, l'intègre conservation du génie national. On trouvera dans les volumes en cours de publication des renseignements précis sur la vie, l'œuvre et l'influence de chacun des écrivains qui ont marqué dans la littérature universelle ou qui représentent un côté original de l'esprit français. Les livres sont courts, le prix en est faible ; ils sont ainsi à la portée de tous. Ils sont conformes, pour le format, le papier et l'impression, au spécimen que le lecteur a sous les yeux. Ils donnent, sur les points douteux, le dernier état de la science, et par là ils peuvent être utiles même aux spécialistes. Enfin une reproduction exacte d'un portrait authentique permet aux lecteurs de faire, en quelque manière, la connaissance physique de nos grands écrivains.

En somme, rappeler leur rôle, aujourd'hui mieux

connu grâce aux recherches de l'érudition, fortifier leur action sur le temps présent, resserrer les liens et ranimer la tendresse qui nous unissent à notre passé littéraire; par la contemplation de ce passé, donner foi dans l'avenir et faire taire, s'il est possible, les dolentes voix des découragés : tel est notre objet principal. Nous croyons aussi que cette collection aura plusieurs autres avantages. Il est bon que chaque génération établisse le bilan des richesses qu'elle a trouvées dans l'héritage des ancêtres, elle apprend ainsi à en faire meilleur usage; de plus, elle se résume, se dévoile, se fait connaître elle-même par ses jugements. Utile pour la reconstitution du passé, cette collection le sera donc peut-être encore pour la connaissance du présent.

J. J. JUSSERAND.

LES
GRANDS ÉCRIVAINS FRANÇAIS

ÉTUDES

SUR LA VIE, LES ŒUVRES ET L'INFLUENCE
DES PRINCIPAUX AUTEURS DE NOTRE LITTÉRATURE

Chaque volume in-16, orné d'un portrait en héliogravure, broché. 2 fr.

LISTE DANS L'ORDRE DE LA PUBLICATION

DES 48 VOLUMES PARUS

(Avril 1904)

VICTOR COUSIN, *par M. JULES SIMON*
de l'Académie française.

MADAME DE SÉVIGNÉ, *par M. GASTON BOISSIER*
secrétaire perpétuel de l'Académie française.

MONTESQUIEU, *par M. ALBERT SOREL*
de l'Académie française.

GEORGE SAND, *par M. E. CARO*
de l'Académie française.

TURGOT, *par M. LÉON SAY*
de l'Académie française.

THIERS, *par M. P. DE RÉMUSAT*
sénateur, membre de l'Institut.

D'ALEMBERT, *par M. JOSEPH BERTRAND*
de l'Académie française.

MADAME DE STAEL, *par M. ALBERT SOREL*
de l'Académie française.

THÉOPHILE GAUTIER, *par M. MAXIME DU CAMP*
de l'Académie française.

BERNARDIN DE SAINT-PIERRE,
par M. ARVÈDE BARINE.

MADAME DE LAFAYETTE,
par M. le comte D'HAUSSONVILLE
de l'Académie française.

MIRABEAU, *par M. EDMOND ROUSSE*
de l'Académie française.

RUTEBEUF, *par M. CLÉDAT*
professeur de Faculté.

STENDHAL, *par M. ÉDOUARD ROD.*

ALFRED DE VIGNY,
par M. MAURICE PALÉOLOGUE.

BOILEAU, *par M. G. LANSON.*
professeur de Faculté.

CHATEAUBRIAND, *par M. de LESCURE.*

FÉNELON, *par M. Paul JANET.*
membre de l'Institut.

SAINT-SIMON, *par M. GASTON BOISSIER*
secrétaire perpétuel de l'Académie française.

RABELAIS, *par M. RENÉ MILLET*

J.-J. ROUSSEAU, *par M. ARTHUR CHUQUET*
professeur au Collège de France.

LESAGE, *par M. EUGÈNE LINTILHAC.*

VAUVENARGUES, *par M. MAURICE PALÉOLOGUE.*

DESCARTES, *par M. ALFRED FOUILLÉE*
membre de l'Institut.

VICTOR HUGO, *par M. LÉOPOLD MABILLEAU*
professeur de Faculté.

ALFRED DE MUSSET, *par M. ARVÈDE BARINE.*

JOSEPH DE MAISTRE, *par M. GEORGE COGORDAN.*

FROISSART, *par Mme MARY DARMESTETER.*

DIDEROT, *par M. JOSEPH REINACH.*

GUIZOT, *par M. A. BARDOUX*
membre de l'Institut.

MONTAIGNE, *par M. PAUL STAPFER*
professeur de Faculté.

LA ROCHEFOUCAULD, *par M. J. BOURDEAU.*

LACORDAIRE, *par M. le comte D'HAUSSONVILLE*
de l'Académie française.

ROYER-COLLARD, *par M. E. SPULLER.*

LA FONTAINE *par M. G. LAFENESTRE*
membre de l'Institut.

MALHERBE, *par M. le duc DE BROGLIE*
de l'Académie française.

BEAUMARCHAIS, *par M. ANDRÉ HALLAYS.*

MARIVAUX, *par M. GASTON DESCHAMPS.*

RACINE, *par M. GUSTAVE LARROUMET*
membre de l'Institut.

MÉRIMÉE, *par M. AUGUSTIN FILON.*

CORNEILLE, *par M. G. LANSON*
professeur de Faculté.

FLAUBERT, *par M. ÉMILE FAGUET*
de l'Académie française.

BOSSUET, *par M. ALFRED RÉBELLIAU.*

PASCAL, *par M. ÉMILE BOUTROUX*
membre de l'Institut.

FRANÇOIS VILLON, *par M. GASTON PARIS*
de l'Académie française.

ALEXANDRE DUMAS père,
par M. HIPPOLYTE PARIGOT.

ANDRÉ CHÉNIER, *par M. ÉMILE FAGUET*
de l'Académie française.

LA BRUYÈRE, *par M. MORILLOT*
professeur de Faculté.

(Divers autres volumes sont en préparation.)

PARIS. — IMPRIMERIE LAHURE
9, rue de Fleurus, 9

BIBLIOTHÈQUE VARIÉE, FORMAT IN-16, A 3 FR. 50 LE VOLUME
Histoire et documents historiques

BOISSIER, de l'Académie française : *Cicéron et ses amis*; 12ᵉ édition. 1 vol.
— *La religion romaine d'Auguste aux Antonins*; 5ᵉ édition. 2 vol.
— *Promenades archéologiques : Rome et Pompéi*; 8ᵉ édition. 1 vol.
— *Nouvelles Promenades archéologiques : Horace et Virgile*; 5ᵉ édition. 1 vol.
— *L'opposition sous les Césars*; 4ᵉ édit. 1 vol.
— *L'Afrique romaine*; 2ᵉ édition. 1 vol.
— *La fin du paganisme*; 4ᵉ édition. 2 vol.
— *Tacite*. 1 vol.

BOULAY DE LA MEURTHE (Le comte) : *Les dernières années du duc d'Enghien* (1801-1804). 1 vol.

BRUNET (L.), député : *La France à Madagascar*. 1 vol.

CHARMES (F.) : *Études historiques et diplomatiques*. 1 vol.

COTTIN (P.) et M. H. ÉNAULT : *Mémoires du sergent Bourgogne*, 4ᵉ édition. 1 vol.

COYNART (Ch. de) : *Une sorcière au XVIIIᵉ siècle. Marie-Anne de la Ville* (1680-1725). 1 vol.

DAUDET (E.) : *Histoire des conspirations royalistes du Midi sous la Révolution* (1790-1793). 1 vol. avec 2 cartes.

DU CAMP (M.), de l'Académie française :
— *Les convulsions de Paris*; 8ᵉ édit. 4 vol.
— *Souvenirs de l'année 1848*; 2ᵉ édit. 1 vol.

DURUY (V.), de l'Académie française : *Introduction générale à l'histoire de France*; 4ᵉ édition. 1 vol.

FUNCK-BRENTANO (F.), *Légendes et archives de la Bastille*, 7ᵉ édition. 1 vol.
Ouvrage couronné par l'Académie française.
— *Le drame des poisons*. 6ᵉ édition. 1 vol.
— *L'affaire du collier*. 5ᵉ édition. 1 vol.
— *La mort de la reine*. 4ᵉ édition. 1 vol.

FUSTEL DE COULANGES, de l'Institut : *La cité antique*; 18ᵉ édition. 1 vol.
Ouvrage couronné par l'Académie française.

GEBHART (E.), professeur à la Faculté des lettres de Paris : *L'Italie mystique*. 4ᵉ édition. 1 vol.
— *Moines et papes*, essai de psychologie historique. 3ᵉ édition. 1 vol.
— *Au son des cloches*. 5ᵉ édition. 1 vol.

GUIRAUD (P.), professeur à la Faculté des lettres de Paris : *Fustel de Coulanges*. 1 vol.

GUIZOT (F.) : *Le duc de Broglie*. 1 vol.
— *Lettres de M. Guizot à sa famille et à ses amis*, recueillies par Mme de Witt, née Guizot; 2ᵉ édition. 1 vol.

HANOTAUX (G.) : *Études historiques sur le XVIᵉ et le XVIIᵉ siècle en France*. 1 vol.

HAURÉAU (B.), de l'Institut : *Bernard Délicieux et l'inquisition albigeoise* (1300-1320). 1 vol.

HERVÉ (E.) : *La crise irlandaise depuis la fin du XVIIIᵉ siècle jusqu'à nos jours*. 1 vol.

HUBNER (Cⁱᵉ de) : *Sixte-Quint d'après des correspondances diplomatiques inédites*; 2ᵉ édition. 2 vol.

IDEVILLE (H. d') : *Journal d'un diplomate en Allemagne et en Grèce* (Dresde, Athènes, 1867-1868); 2ᵉ édition. 1 vol.

JULLIAN (C.), professeur à l'Université de Bordeaux : *Vercingétorix*. 3ᵉ édition. 1 vol.
Ouvrage couronné par l'Académie française.

JUSSERAND (J.) : *Les Anglais au moyen âge.* 2 vol. :
La vie nomade et les routes d'Angleterre au XIVᵉ siècle.
L'épopée mystique de William Langland. 1 vol.
Ouvrage couronné par l'Académie française.

LAMARTINE (de) : *Histoire des Girondins*, 6 vol.

LANGLOIS (Ch.-V.). *Questions d'histoire et d'enseignement.* 1 vol.
— *La Société française au XIIIᵉ siècle.* 1 vol.

LANGLOIS et SEIGNOBOS : *Introduction aux études historiques.* 1 vol.

LARCHEY : *Les cahiers du capitaine Coignet* (1772-1850). 1 vol.
— *Journal du canonnier Bricard* (1792-1802). 1 vol.

LAVISSE (E.), professeur à la Faculté des lettres de Paris : *Études sur l'histoire de Prusse*; 4ᵉ édition. 1 vol.
— *Essais sur l'Allemagne impériale*; 2ᵉ édition. 1 vol.

LÉGER (L.), professeur au Collège de France : *Russes et Slaves*. 3 vol.
— *Le monde slave*. 2 vol.

LEROY-BEAULIEU (A.) : *Un homme d'État russe (Nicolas Milutine), d'après sa correspondance écrite* (1855-1872). 1 vol.

LUCE (S.), de l'Institut : *Jeanne d'Arc à Domremy*; 2ᵉ édition. 1 vol.
— *La France pendant la guerre de Cent Ans*; 2ᵉ édition. 1 vol.

METCHNIKOFF (L.) : *La civilisation et les grands fleuves historiques*. 1 vol.

MOUY (Ch. de) : *Discours sur l'histoire de France*. 1 vol.

PICOT (G.), de l'Institut : *Histoire des États généraux*; 2ᵉ édition. 5 vol.
Ouvrage qui a obtenu en 1874 le grand prix Gobert.

PRÉVOST-PARADOL : *Essai sur l'histoire universelle*; 5ᵉ édit. 2 vol.

REINACH (Joseph) : *Études de littérature et d'histoire*. 1 vol.

ROSEBERY (lord) : *Napoléon, la dernière phase*, 4ᵉ édition. 1 vol.

ROUSSET (C.) : *Histoire de la guerre de Crimée*; 2ᵉ édition. 2 vol.

SAINT-SIMON : *Mémoires complets et authentiques*, 22 vol.
— *Scènes et portraits*, choisis dans les Mémoires, par M. de Lanneau. 2 vol.

TAINE (H.), de l'Académie française : *Les origines de la France contemporaine*. 11 vol.

VILLEHARDOUIN : *Histoire de la conquête de Constantinople*. 1 vol.

WALLON, de l'Institut : *La Terreur*, études critiques sur l'histoire de la Révolution française; 2ᵉ édition. 2 vol.
— *Jeanne d'Arc*; 7ᵉ édition. 2 vol.
Ouvrage qui a obtenu de l'Académie française le grand prix Gobert.

ZURLINDEN (Général) : *La guerre de 1870-1871*. 1 v.

52534. — Imprimerie LAHURE, rue de Fleurus, 9, à Paris. — 4-1904.

www.ingramcontent.com/pod-product-compliance
Ingram Content Group UK Ltd.
Pitfield, Milton Keynes, MK11 3LW, UK
UKHW021015140726
13695UKWH00001B/268